# 中國巨災補償基金運作機制研究

潘席龍／著

# 前　言

呈獻在您面前的這本書，是課題組全體同仁在一次次巨災肆虐的背景下，經三十多次頭腦風暴、前后八年反覆探索的成果。不能說找到了應對巨災風險的終極辦法，但我們相信至少從理論上和模擬中找到了一套適合中國社會制度、經濟水平和文化環境的應對之策。

本書的選題，產生於 2008 年 5 月 12 日下午 2 點 28 分的大地震中。十餘萬同胞的生命、8500 多億元人民幣的財產損失，災難中那一雙雙無助的眼睛和發自斷垣殘壁中的聲聲呼喚，都在向全社會訴求：我們需要一種制度性的巨災應對方案，單靠政府財政的轉移支付，是遠遠不夠的。

從最初作為四川省哲學社會科學規劃的選題，到進一步成為教育部青年基金的研究內容，再后來成為國家自然科學基金的面上項目，我們的研究也從最初提出基本的制度架構、再到具體的運作機制、相關規則、關鍵細節等逐步深入，最后通過計算機模擬的方式，初步檢驗了所提方案的可行性、現實性和有效性，算是給了我們前后十餘位課題組成員一個交代，也算自己在良知上的得到了一絲安慰。

除了 2010 年已經出版的《巨災補償基金制度研究》中眾多研究者的前期貢獻外，本題在后續研究中得到了西南財經大學保險學院卓志教授的指導，中國金融研究中心曾康霖教授、劉錫良教授、陳野華教授的關懷和幫助，在此謹表誠摯的感謝！

本題在完成中，主要分工是：潘席龍負責課題的設計、安排和控制及最后定稿，並對整個課題的完成質量承擔全部責任；文獻整理和基礎理論方面主要由鄧博文、王淇完成；巨災補償基金制度概述主要由丁蕊完成；一級市場相關內容，主要由張忻宇完成；二級市場部分主要由王嘉琳完成；雙帳戶資金變化及補償金額的確定部分主要由潘席龍和吳雪芹完成；補償基金的模擬運作，主要由張琳副教授和劉夢嬌完成。另外，在巨災補償基金註冊地的劃分、二級市

場交易制度、巨災補償基金定價和巨災債券定價方面，我的學生餘維良、劉武華、蔣衛華和潘磊也做了大量的工作。在此，謹向課題組全體成員表示感謝！

此外，在本選題的申請和完成過程中，西南財經大學科研處的謝波老師給予了大量的幫助，在此一併表示感謝！

從《巨災補償基金制度研究》到本書的出版，西南財經大學出版社的編輯們付出了艱辛的努力，糾正了原稿中存在的許多謬誤，特別是本書的編輯高小田老師，不辭辛勞三閱書稿，也請允許我在此表達由衷的謝意！

按理，課題完成了、書也出了、文章也在發表中，似乎一切都很"完美"，應該感到如釋重負才對。可我卻感到從未有過的「無力感」：作為一個理論工作者，根本沒有力量來推動整個巨災補償基金的建設；人微而言輕，無論理論上、模擬中這些東西是多麼「完美」，也無法真正有效應對千千萬萬老百姓所面臨的巨災風險。

這些理論上的東西究竟能不能走入現實？什麼時候我們在面對巨災時才能不再那麼無助？市場化、制度性的解決方案如何才能成真？我仿佛看到了大地震中那一雙雙無助的眼睛，聽到了斷垣殘壁中的呼喚，他們都在問著同樣的問題：行動吧，還在等什麼？

讓我們一起積極參與到中國巨災應對體系的建設中來吧，期待著這套理論上、模擬中都還說得過去的東西，能真正在實踐中造福於民，那就不枉多年的辛勞，能給上面的問題一個實際的回答了。

潘席龍

# 目　錄

## 1　研究背景與文獻綜述 / 1

### 1.1　巨災風險應對模式的對比分析 / 2
1.1.1　政府主導型 / 2
1.1.2　市場主導型 / 9
1.1.3　政府與市場結合型 / 16

### 1.2　巨災風險分擔機制分析 / 24
1.2.1　分擔主體及其角色定位 / 24
1.2.2　分擔方式 / 25
1.2.3　分擔技術 / 26
1.2.4　分擔市場 / 26
1.2.5　分擔機制的比較分析 / 27
1.2.6　巨災補償基金的損失分擔機制 / 28

### 1.3　巨災保險、再保險 / 29
1.3.1　發展概況 / 29
1.3.2　巨災保險、再保險的風險分析 / 29

### 1.4　巨災聯繫證券 / 30
1.4.1　發展概況 / 30
1.4.2　「四性」分析 / 33

1.4.3　巨災補償基金對巨災聯繫證券的優勢 ／ 34

        1.4.4　巨災補償基金對巨災保險、再保險的優勢 ／ 35

    1.5　中國巨災救助體系現狀 ／ 35

        1.5.1　巨災相關法律制度不健全 ／ 36

        1.5.2　補償主體單一、補償比例低下 ／ 37

        1.5.3　巨災保險業落后 ／ 38

        1.5.4　補償額與獲賠成本不匹配 ／ 39

        1.5.5　補償機制與防控機制相互脫節 ／ 39

    1.6　中國巨災補償體系建立的基本原則 ／ 40

        1.6.1　兼具公益性和商業性的原則 ／ 40

        1.6.2　跨險種、跨地區、跨時間的「三跨」原則 ／ 40

        1.6.3　精確性與經濟性平衡的原則 ／ 41

        1.6.4　可持續性原則 ／ 41

        1.6.5　有利於風險預防和控制的原則 ／ 41

    1.7　巨災補償基金模式分析 ／ 42

    1.8　巨災補償基金相對財政救助的優勢 ／ 45


2　巨災補償基金制度設計概述 ／ 47

    2.1　設立巨災補償基金的目標 ／ 47

        2.1.1　基本目標 ／ 47

        2.1.2　政府目標 ／ 48

        2.1.3　企業目標 ／ 50

        2.1.4　個人目標 ／ 51

        2.1.5　不同主體的目標差異 ／ 51

        2.1.6　不同主體目標的統一 ／ 52

2.2 巨災補償基金的基本特徵 / 53
    2.2.1 雙帳戶設計 / 53
    2.2.2 註冊地設計 / 54
    2.2.3 期權特徵 / 55
    2.2.4 投資特徵 / 55
    2.2.5 半封閉式 / 56
    2.2.6 保值性 / 57

2.3 巨災補償基金的運作模式 / 57

2.4 巨災補償基金的模式選擇與運作架構分析 / 58
    2.4.1 巨災保險基金 / 58
    2.4.2 中國社會保障儲備基金 / 61
    2.4.3 證券投資基金 / 64

2.5 巨災補償基金的類型選擇 / 66
    2.5.1 公司型與契約型的選擇 / 66
    2.5.2 開放式、封閉式與半開放式 / 71

2.6 巨災補償基金的管理架構 / 75
    2.6.1 基金資本金及股份安排 / 76
    2.6.2 巨災補償基金公司職能界定 / 77
    2.6.3 巨災補償基金公司的內部治理原則 / 78
    2.6.4 基金持有人大會及職能界定 / 80
    2.6.5 基金專業委員會 / 81

2.7 巨災補償基金的組織結構 / 84
    2.7.1 投資者 / 85
    2.7.2 持有人大會 / 85
    2.7.3 中國巨災補償基金公司 / 86

2.7.4　其他相關當事人／86
2.8　基金的資金來源／87
　　　2.8.1　初始資金來源／87
　　　2.8.2　后續資金來源／88
　　　2.8.3　不同資金來源基金的性質與管理／93
2.9　基金的資產管理／95
　　　2.9.1　基金資產管理機構及職能劃分／95
　　　2.9.2　基金資產外包管理／96
　　　2.9.3　基金資產的安全性管理／99
　　　2.9.4　基金資產的流動性管理／100
　　　2.9.5　基金資產的盈利性管理／101
2.10　基金的負債管理／101
　　　2.10.1　特別國債融資／102
　　　2.10.2　專項貸款／102
　　　2.10.3　巨災債券／102
　　　2.10.4　資產擔保債券／103

# 3　巨災補償基金一級市場運行機制研究／104
3.1　基金份額及其合約設計／105
　　　3.1.1　基金合約的主體界定／105
　　　3.1.2　基金性質／106
　　　3.1.3　基金目標／106
　　　3.1.4　巨災風險補償範圍／106
　　　3.1.5　不同巨災風險的補償比例／106
　　　3.1.6　持有人權利／107

    3.1.7　持有人義務 / 107

    3.1.8　基金發行人的權利 / 108

    3.1.9　基金發行人的義務 / 108

3.2　基金發行渠道 / 109

    3.2.1　網上發行 / 109

    3.2.2　網下發行 / 109

    3.2.3　常年發行 / 109

3.3　基金發行對象 / 109

    3.3.1　企業 / 109

    3.3.2　個人 / 110

    3.3.3　其他機構 / 110

    3.3.4　國際投資人 / 110

3.4　基金發行限制 / 110

    3.4.1　規模總量限制 / 111

    3.4.2　單一投資人限制 / 111

3.5　基金利潤分配 / 113

    3.5.1　基金利潤分配原則 / 113

    3.5.2　基金利潤分配順序 / 114

    3.5.3　社會帳戶收益繳存 / 114

    3.5.4　巨災補償基金風險的承擔比例 / 115

# 4　巨災補償基金二級市場運行機制 / 116

4.1　巨災補償基金註冊地變更機制 / 116

    4.1.1　註冊地劃分標準 / 116

    4.1.2　不同險種的註冊地劃分 / 119

4.1.3 干旱註冊地劃分 / 121

4.1.4 註冊地變更的原因 / 126

4.1.5 註冊地變更的影響 / 127

4.2 巨災補償基金受益人問題 / 130

4.2.1 投資人作為默認受益人 / 130

4.2.2 投資人指定受益人 / 130

4.2.3 投資人身故無指定受益人而有繼承人 / 130

4.2.4 投資人身故且無受益人和繼承人 / 131

4.3 巨災補償基金二級市場交易形式探討 / 131

4.3.1 交易價格公示方式 / 131

4.3.2 不同註冊地基金價格的換算 / 132

4.3.3 註冊地換算系數的調整 / 133

4.3.4 基金價格指數 / 133

4.3.5 基金的登記與結算 / 134

# 5 巨災補償基金雙帳戶資金變化分析 / 135

5.1 巨災補償基金雙帳戶資金變化的一般分析 / 135

5.2 巨災補償基金雙帳戶資金變化的簡化分析 / 138

5.3 影響補償額相關參數的估計 / 140

# 6 商業補償金的確定與補償流程 / 144

6.1 商業補償倍數的計算與調整 / 144

6.1.1 單一註冊地商業補償倍數的計算與調整 / 144

6.1.2 多註冊地商業補償倍數的計算與調整 / 146

6.2 補償額計算標準與方法 / 148

### 6.3 巨災補償基金的定價 / 149
### 6.4 補償資金來源 / 150
 6.4.1 補償資金的常規來源 / 150
 6.4.2 補償資金的特別來源 / 153
### 6.5 補償資金不足及其處理 / 154
 6.5.1 補償資金臨時不足的處理 / 154
 6.5.2 補償資金長期不足的處理 / 156
### 6.6 補償金超額餘額的處理 / 158
### 6.7 商業補償金的支付流程 / 158
 6.7.1 巨災發生及災區確認 / 158
 6.7.2 投資人信息確認 / 159
 6.7.3 補償金額確認 / 159
 6.7.4 公益補償金的支付 / 159
 6.7.5 商業補償金的支付 / 160
 6.7.6 特殊事項處理 / 160
### 6.8 出險后投資人基金份額贖回管理 / 160
 6.8.1 贖回資格的認定 / 160
 6.8.2 贖回額的計算 / 161
 6.8.3 補償卻不贖回的處理 / 161
### 6.9 巨災補償基金贖回管理 / 161
 6.9.1 應對贖回風險的現金管理方法 / 162
 6.9.2 基金資產的配置分析與管理 / 164

## 7 巨災補償基金運作模擬 / 165
### 7.1 模型公共參數選擇 / 165

7.1.1　巨災補償基金社會帳戶初始投資 / 165

7.1.2　巨災補償基金社會帳戶投資收益率 / 166

7.1.3　巨災補償基金社會帳戶收益分配比例 / 166

7.1.4　巨災補償基金國家帳戶初始資金 / 166

7.1.5　國家帳戶運作參數 / 166

7.2　地震巨災風險及其補償情況模擬 / 168

7.2.1　地震巨災發生頻率模擬 / 168

7.2.2　不同級別地區巨災發生模擬 / 169

7.2.3　不同級別地區地震巨災損失模擬 / 170

7.2.4　地震巨災補償基金國家帳戶模擬 / 171

7.3　洪澇巨災補償基金運作模擬 / 177

7.3.1　洪澇巨災分級模擬 / 177

7.3.2　洪澇巨災損失模擬 / 178

7.3.3　洪澇巨災補償情況模擬 / 179

7.3.4　洪澇巨災補償基金國家帳戶模擬 / 180

7.4　臺風巨災補償基金運作模擬 / 183

7.4.1　臺風巨災註冊地分級巨災發生模擬 / 183

7.4.2　臺風巨災損失模擬 / 185

7.4.3　臺風巨災分級補償模擬 / 185

7.4.4　臺風巨災補償基金國家帳戶模擬 / 186

7.5　三種巨災綜合模擬 / 189

7.5.1　巨災發生頻率與補償模擬 / 189

7.5.2　巨災損失模擬 / 191

7.5.3　國家帳戶餘額模擬 / 191

7.6　總結 / 196

# 8 研究展望、存在的問題與討論 / 197

## 8.1 巨災分佈複雜性問題 / 197

### 8.1.1 單一巨災分佈的複雜性 / 197
### 8.1.2 中國巨災的空間分佈複雜性 / 198
### 8.1.3 中國巨災的時間分佈複雜性 / 198

## 8.2 巨災分佈統計的局限性 / 199

## 8.3 對於嚴重程度衡量的偏差 / 199

## 8.4 註冊地劃分的精確性與經濟性的平衡 / 200

## 8.5 模擬研究中存在的不足與改進方向 / 200

### 8.5.1 註冊地劃分精度問題 / 200
### 8.5.2 補償倍數問題 / 201
### 8.5.3 補償有效性問題 / 201
### 8.5.4 運作成本和稅收問題 / 202

# 9 課題研究基本結論 / 203

# 附　表 / 205

# 主要參考文獻 / 212

# 1　研究背景與文獻綜述

巨災是全人類共同面臨的問題，據聯合國統計，從 1970 年開始，全球有記錄的災難超過 7,000 次，造成損失超過 2 萬億美元，導致至少 250 萬人死亡[1]。而且，巨災造成的損失不斷增長，20 世紀 70 年代，每年自然災害造成的損失大約 50 億美元，而 1987—2003 年驟增至約 220 億美元[2]。僅 2008 年，因巨災造成的經濟損失就達到 2,690 億美元，2011 年則創紀錄地達到 3,708 億美元[3]。巨災對各國的經濟發展和社會穩定帶來了極為不利的影響。

中國更是屬於巨災高發國家，據聯合國統計，20 世紀全世界 54 起最嚴重的自然災害中，就有 8 起發生在中國。20 世紀 50 年代，中國災害發生頻率為 12.5%，60 年代升至 42.9%，80 年代高達 70%，而進入 21 世紀，幾乎年年發生巨災[4]。據統計，1990—2009 年的 20 年間，中國因災造成的直接經濟損失占國內生產總值（GDP）的 2.48%，平均每年約有 1/5 的國內生產總值增長率被自然災害損失抵消[5]。2013 年，各類自然災害共造成全國 38,818.7 萬人次受災，1,851 人死亡，433 人失蹤，1,215 萬人次緊急轉移安置；87.5 萬間房屋倒塌，770.3 萬間房屋不同程度損壞；農作物受災面積 31,349.8 千公頃，其中絕收 3,844.4 千公頃；直接經濟損失就高達 5,808.4 億元[6]。

為了降低巨災損失，有效防範巨災風險，世界各國採取了不同的應對模式，有政府主導型、市場主導型、政府與市場結合型等，這些模式各自具有不同的優勢和劣勢，而且需要同自身國情緊密結合。此外，各國的巨災風險分擔機制也不一樣，主要有政府分擔、保險市場分擔、資本市場分擔等，不同風險

---

[1] United Nations. World Economic and Society Survey 2008：Overcoming Economic Insecurity. New York：NY, 2008. 6.
[2] 謝家智，陳利. 中國巨災風險可保性的理性思考 [J]. 保險研究，2011（11）：20-30.
[3] 數據來源：瑞士再保險 Sigma 雜誌、慕尼黑再保險資料.
[4] 王和. 中國巨災保險制度建設刻不容緩 [J]. 巨災風險分擔機制研究，2013：前言.
[5] 王和. 中國巨災保險制度建設刻不容緩 [J]. 巨災風險分擔機制研究，2013：前言.
[6] http：//www.chinanews.com/gn/2014/01-04/5697341.shtml.

分擔機制也各具優勢和劣勢，需要各國結合自身實際情況來選擇。

就中國來說，因巨災種類多、發生頻率高、損失大、範圍廣，加之巨災保險市場滲透率低、保費不足、賠付準備金規模小，借助資本市場分擔巨災風險還存在許多障礙，所以採取政府為主體、公共財政為支撐的「舉國體制」。這種「舉國體制」在歷史上曾經發揮過重要作用，但弊端也日益突出，比如成本高、效率低、保障弱、浪費大、不公平、不利於防災減災，難以避免舞弊和腐敗等。

為了有效應對巨災風險，減少巨災損失，避免巨災對中國國民經濟和社會發展造成嚴重不利影響，勢必需要探索適合中國國情的巨災風險應對模式。潘席龍等人（2009）基於中國巨災保險不發達的現狀，運用金融工程的原理和方法，融合基金、保險和證券等多種金融工具，設計出巨災補償基金模式。該模式是一種金融創新，具有相對於傳統模式的許多優勢，旨在為中國建立全國性、綜合性、廣覆蓋、可持續、高效率的巨災風險管理體系發揮建設性作用。以下對各種巨災風險應對模式和分擔機制進行對比分析，讓大家對巨災補償基金的特點有一個整體性、框架性的瞭解和認識。

## 1.1　巨災風險應對模式的對比分析

世界各國由於在政治體制、經濟實力、風險特徵、金融狀況、法律規範、民眾意識等方面各不相同，因而採取了不同的應對巨災風險的模式。目前通行的做法是按照政府和市場在巨災風險應對中的定位進行劃分，可以分為三種模式，即政府主導型、市場主導型和政府與市場結合型，這三種模式各有其特點和優劣勢。

### 1.1.1　政府主導型

政府主導型即政府在防災、救災、災后重建等巨災風險應對工作中居於主導地位，以新西蘭、美國洪災和核災為主要代表。

#### 1.1.1.1　理論依據

由政府主導防災、救災和災后重建等巨災應對工作，有其理論基礎和現實依據。從理論研究方面來看，主要從以下幾方面論證政府參與的必要性：

（1）巨災風險的不可保性。Kleindorfer 和 Kunreuther（1999）、Kunreuther（2006）研究發現，對於概率非常低、損失可能非常慘重的地震、颶風和洪水等自然災害，由於風險不確定性很高，難以準確預測損失分佈，保險公司往往

不願意承保，即使承保，價格也會偏高。Browne 和 Hoyt（2000）以及 Auffret（2003）研究投保主體行為得出，人們容易低估巨災風險發生的概率和損失，會覺得保費過高。供需兩方面對巨災風險認識的偏差，使得巨災風險在保險市場無法有效分散而成為不可保風險。

　　胡新輝等（2008）結合有限理性假說，從個體選擇行為出發，得出在中國經濟、社會和保險業承保能力等條件下，私人保險市場對洪水巨災風險不可保的結論。

　　丁元昊（2009）指出只有解決了逆向選擇、可評估性和經濟可行性等傳統風險可保條件後，巨災風險才具有可保性。

　　卓志、丁元昊（2011）指出，由於巨災風險的小概率、高損失、高不確定性，無法滿足大數法則要求的大量獨立同質風險，因而在純市場框架內，巨災風險不可保且難以負擔，只有在政府與資本市場的參與下，巨災風險才能成為可保風險並有限定的可負擔。

　　田玲、邢宏洋、高俊（2013）研究認為：巨災風險的模糊性、低頻高損失、難以聚合以及保險人的償付能力、管理能力和經營目標等因素都可能會影響巨災風險的可保性。

　　目前學者普遍認為，巨災風險在商業保險市場範圍內不可保，只有政府、市場以及政策法規的有效結合，巨災風險才可保。

　　(2) 市場失靈。由於巨災風險市場信息不充分，很難掌握巨災的準確信息，加之國際再保險市場處於寡頭壟斷狀態，不是一個完全競爭市場，再保險價格遠高於充分競爭的價格，且供給具有不完全彈性，以及巨災風險市場的交易費用高等原因，使得巨災風險市場失靈，必須通過政府參與來解決該問題。

　　(3) 巨災風險管理屬於準公共品。由於巨災風險管理並不具有完全的競爭性和排他性，比如公共救助、災害防護基礎設施等，所以按照經濟學基本原理，會出現巨災風險管理供給不足的市場失靈現象。

　　卓志、王化楠（2012）基於公共物品角度的分析，認為巨災風險管理不是純公共物品，具有準公共物品屬性，是在私人物品和公共物品上更接近公共物品的一種產品和服務，因此政府必須參與巨災風險管理產品和服務的供給，才能避免市場失靈的問題。

　　(4) 逆向選擇和道德風險。由於保險市場存在逆向選擇和道德風險，從而導致保險市場不完美，巨災保險市場也不例外。Freeman 和 Kunreuther（1997）、Gollier（2005）、Freeman 和 Scott（2005）認為，逆向選擇使得高風險的人比低風險的人更願意購買巨災保險，如果過多的高風險人群購買了巨災

保險，無疑會對保險公司的償付能力產生影響，保險公司因此會提高巨災保險保費，減少巨災保險供給。

Henriet 和 Michel Kerjan（2008）則通過研究發現，保險公司對於地震、颶風、洪水等巨災風險，比投保人更瞭解他們面臨的風險，保險公司具有的這種信息優勢使得其在承保風險時出現逆向選擇現象，也即只接受低風險的投保人，而拒絕高風險的投保人。

Gollier（2005）認為道德風險會對巨災風險產生不利影響，投保人投保後，缺乏足夠的激勵措施進行風險防範，保險人不能觀察並督促投保人的風險防範行為，從而可能導致巨災損失的擴大。

正因為巨災保險市場的逆向選擇和道德風險導致有效供給和需求均不足，並可能降低人們防災的努力從而擴大損失，所以僅憑保險市場是無法有效應對巨災風險的，必須讓政府發揮應有的作用。

（5）金融功能觀。Merton（1995）最早提出金融功能觀，他指出金融唯一原始的功能是「在不確定的環境中，促進經濟資源跨時期、跨國家和地區的配置」。高海霞、姜惠平（2011）從金融功能觀角度分析認為，巨災損失分擔對金融功能首要的需求就是風險的分散，包括時間維度和空間維度的分散。保險和資本市場主要從空間上進行損失分擔和風險分散，而對某一時點發生的巨災損失無可奈何，因為在時間維度上分散風險存在很多困難，成本太高。而政府在時間維度上分散風險具有相對優勢，一方面國家可以通過稅收、信貸等多種手段累積巨災準備金，成本比商業機構更低，另一方面在巨災發生時，以國家信用為基礎的融資成本也更低。鑒於政府在時間維度上分散風險的優勢，所以巨災風險應對需要政府的參與。

### 1.1.1.2　現實依據

從現實依據來看，巨災保險市場確實存在以下失靈現象：

（1）巨災保險的供給有限，而且價格較高。
（2）許多面臨巨災風險的消費者並不願意購買保險。
（3）巨災保險市場的價格和承保能力存在明顯的波動性。
（4）許多國家的政府都不同程度地干預巨災保險市場。

現實中的市場失靈，為政府參與巨災管理提供了依據，而完全由市場提供巨災風險管理的失敗案例，更是使得各國政府不得不介入巨災風險管理。自1980年以來，國際財產保險業所出現的三次償付能力危機中有兩次是由巨災損失造成的，可見保險業對於巨災風險的承擔能力有著很大的局限性。

美國保險業在20世紀20年代后期因洪水災害遭受了巨大損失，使得商業

保險公司不再提供洪水保險，洪水保險因此缺失了幾十年，遭受洪水侵襲的民眾只能從政府和慈善機構獲得一些救助。政府不得不創設聯邦洪水保險制度，出抬「國家洪水保險計劃」，建立國家洪水保險基金，為洪水風險轉移和分散提供服務。

1994年美國發生的北嶺地震使眾多保險公司賠付掉幾十年甚至半個世紀累積的保費，它們開始停止地震保險的銷售，或給地震保險附加諸多苛刻的條件，加州房地產資產因而嚴重暴露在地震風險之下。加州政府不得不介入地震保險市場，推出「小保單」地震保險，在降低保險公司承保風險的同時，降低保險費率，使民眾可以接受。但由於該項制度由市場主導，不具有強制性，投保率嚴重不足，目前僅在10%左右，可見市場主導在提高巨災保險覆蓋範圍和保障能力方面存在明顯的局限。

綜上所述，無論從理論基礎，還是從巨災應對的現實實踐來看，政府都是不可或缺的重要一員，所以政府主導型的巨災應對模式就應運而生，並在巨災應對方面發揮了重大作用。

1.1.1.3 實踐案例①

從實踐來看，政府主導型主要有新西蘭、美國的洪災和美國核災幾種模式。以下分別就這些不同模式的組織機構、應對策略、金融產品、資金來源、運作方式、損失分擔等方面予以比較。

（1）新西蘭模式

地震委員會作為核心管理機構，由新西蘭國家財政部組建，其職責包括設計地震產品、管理地震保險基金、進行再保險安排等。在應對策略上，則是通過強制購買火災險的居民購買附加的地震險，實現基金的有效累積，並通過再保險、分層設計和國際市場來分散風險，提高償付能力，為民眾提供可靠的巨災風險保障。新西蘭地震委員會的主要金融產品為保險和再保險，居民向保險公司購買地震保險，地震委員會購買再保險產品轉移較高層次的風險。其主要有三個資金來源渠道：①財政撥款，初始資金約15億新西蘭元來源於政府的「新西蘭自然災害基金」；②強制徵收的保費；③基金的投資收益。

從運作方式看，地震委員會設計統一費率、統一條款的地震保單，商業保險公司擔當經紀人，負責銷售和理賠。商業保險公司銷售的地震保費上交地震委員會，由後者統一管理，累積的基金或用於投資，購買本國或外國的債券，

---

① 王和，何華，吳成丕，等．巨災風險分擔機制研究[M]．北京：中國金融出版社，2013；王和，何華，吳成丕，等．國際巨災保險制度比較研究[M]．北京：中國金融出版社，2013．

或用於購買再保險以轉移較高層次的賠付風險,或用於賠付巨災發生后的損失。

在損失分擔上,新西蘭地震損失分擔劃為四層,具體如下:

第一層,發生巨災后,地震委員會先行承擔 2 億新西蘭元的賠付責任。

第二層,損失 2 億~7.5 億新西蘭元,再保險人承擔 40%的損失,地震委員會承擔 60%的損失。

第三層,損失 7.5 億~20.5 億新西蘭元,由超賠再保險進行賠款攤回。

第四層,損失超過 20.5 億新西蘭元時,先由政府所轄自然災害基金支付,基金耗盡后由政府承擔最后賠付責任。地震委員會每年要向政府支付一定的保證金。

(2) 美國洪災模式

聯邦緊急事故管理總署為美國洪災的核心管理機構,負責計算和繪製洪水風險區劃圖,設計保險條款,厘定保險費率,制訂洪水保單和洪泛區居民遷移標準,評估國家洪水保險計劃執行情況,並為地方政府、企業和居民提供技術支持。聯邦緊急事故管理總署所轄的聯邦保險管理局負責「國家洪水保險計劃」的具體經營和管理。

在應對策略上,通過採取部分強制購買洪水保險,設定國家和社會洪泛區管理標準以減少潛在風險暴露,以及通過國家臨時財政資助來應對洪水災害衝擊,降低災害損失,為民眾提供基本的洪水災害保障。其主要金融產品為保險,社區和居民向保險公司購買保險,保險公司將保費上繳「國家洪水保險計劃」。主要資金來源為保費,在遭受嚴重洪水損失時,可以向國家財政臨時借款,但需由洪水保險基金償還。

在運作方式上,聯邦緊急事故管理總署制定洪水保單,由參加自行簽單計劃的商業保險公司代理出售洪水保單,並將售出的保單全部轉交給聯邦保險管理局,所收取的保險費由聯邦保險管理局統一管理和使用。商業保險公司只獲取佣金,不承擔風險,政府負責對賠付限額內的損失進行補償。對損失的分擔,則主要通過保險在投保人之間分散風險,面臨重大洪災損失時國家財政提供臨時支持,沒有分層的損失分擔機制。

(3) 美國核災模式

在核災方面,核共體作為其核心管理機構,由美國 60 家保險公司聯合成立。核管理委員會統一負責核能及核安全管理,包括制定核安全相關政策法規,核電站執照發放和更新,民用核反應堆的安全監督管理,建立和執行核事故應急預案等。在策略上,通過成立核共體,強制投保,建立儲備金,以及全

國統一的核安全管理和事故應急機制，有效降低和分散核安全風險，構建一套完整的核安全保障體系。其主要金融產品為保險和再保險，各個核反應堆每年向核共體購買保險，核共體向國內、國際的再保險公司購買再保險，轉移風險。資金則主要來源於：①各核電站繳納的保費；②核電站營運商每年繳納的1,750萬美元的儲備金。

在運作方式上，每個核電站每年向核共體購買保險，並繳納一定數額的儲備金，核共體購買再保險進行風險分散。一旦發生核事故，首先由核共體承擔第一位損失，當保險不能滿足賠付時，由各個核電站繳納的儲備金負責賠付。

在損失分擔方面，總的來說分為兩個層次：

第一層次為核共體，承擔第一位的損失，為每個核反應堆的所有者和經營者提供1.6億美元的損失保障，既包括財產保險也含責任保險。

第二個層次為各個核電站繳納的儲備金，目前已累積到122億美元。當保險不能滿足賠付時，由儲備金提供補償，從而實現各個核電站共擔事故損失，大大提高了賠付能力。

#### 1.1.1.4 特點總結

以下從單項或綜合、強制或自願、差別費率、有無免賠額、有無賠付限額、有無兜底、運行效果七個方面對以上三種政府主導型巨災應對模式進行比較，見表1-1：

表1-1 　　政府主導型的三種巨災風險應對模式特點一覽表

| 項目 | 新西蘭模式 | 美國洪災模式 | 美國核災模式 |
| --- | --- | --- | --- |
| 單項/綜合 | 綜合風險 | 洪水單項 | 核事故單項 |
| 強制/自願 | 強制 | 條件性強制 | 強制 |
| 差別費率 | 無 | 有 | 基本無 |
| 免賠額 | 有 | 有 | 無 |
| 賠付限額 | 有 | 有 | 有 |
| 兜底 | 有 | 無 | 無 |
| 運行效果 | 投保率高、費率低廉、運作高效、激勵不足 | 運作較好、激勵有效，但債務沉重 | 運作高效、保障有力 |

由表1-1可見，儘管都是政府主導型的巨災風險應對模式，但是三者在六個方面各有異同，新西蘭模式是對包括地震、海嘯、地層滑動、火山爆發及地熱等綜合自然災害風險提供保障，在全國範圍內強制實施，費率統一，對賠付

有免賠額和限額，政府提供最后兜底保障。而美國洪災模式只針對洪災風險，對居於洪水危險區的居民進行強制，非洪水危險區居民自願，根據洪水風險大小和防護措施等實行差別費率，有免賠額和賠付限額，政府只在重大洪水災害時提供臨時資助，並不提供兜底保障。美國核災模式只針對核災風險，對核電站實施強制，各核反應堆的保費基本相同，只是同一座核電站的第二個或第三個反應堆的保費相應調低以反應限額共享原則，各核電站每年繳納相同的儲備金，沒有免賠額，有賠付限額，政府不提供兜底。

從運行效果看，新西蘭模式運作高效，投保率高，超過90%的民宅房屋以及約80%的室內財產都購買了地震保險，且該模式管理成本低，保費費率低廉，民眾可負擔。但由於無差別費率，對民眾主動採取防災減災的措施激勵不足。美國洪災模式在保障居民洪災風險，減少洪災風險暴露，節約聯邦救災援助和防洪支出等方面運作良好，差別費率有效激勵民眾為防災減災努力，但由於損失承擔主體單一和巨災損失的長尾性，導致「國家洪水保險計劃」債務沉重。美國核災模式運作高效，對核災風險保障有力，在三哩島事故中，損失單位得到了有效賠付。

### 1.1.1.5 政府主導的優勢

綜合分析，政府主導型巨災應對模式具有以下幾個方面的優勢：

第一，解決市場失靈。由於巨災風險管理屬於準公共品，巨災風險市場的信息不充分性和不完全競爭，市場交易費用過高，以及逆向選擇和道德風險的存在，使得巨災風險市場失靈。對於市場失靈，只有政府參與才能有效解決產品和服務的供給，降低供給成本，並改善整個社會的效用水平。

第二，實現社會公平。由於巨災風險管理的根本目的之一是保障民生，使民眾在遭受巨災後能夠獲得基本的生活保障，有很強的公益性，因此必須注重公平性。政府主導能夠使低收入群體也能享受到巨災風險管理服務，更有利於實現社會公平的目標，而市場在解決低收入者巨災風險保障方面卻存在很大的局限。

第三，節約成本。政府通過統一的巨災風險管理規劃，建設各種防護工程和設施，提供巨災管理信息，培育公眾防災減災意識等，具有規模效應，能夠降低由社會組織分散提供、重複生產、信息不對稱等增加的成本。

第四，可有效組織公共資源和力量。政府可以通過法律、稅收等手段實現巨災風險成本的有效分攤，在面臨巨災時還可以通過動用財政、軍隊、金融、發動民眾等手段來應對，能夠在更大範圍、更大規模、更高效率地組織防災、救災和災后重建的資源和力量，而市場力量卻難以做到。

第五，分散風險。由於巨災風險市場在時間維度上分散風險的局限性，使得市場主體在面臨巨災時風險極大，甚至破產。政府主導則可以更好地在時間維度上分散風險，比如政府可以通過法律、稅收手段等更快、更低成本地累積起巨災風險基金，借助國家信用支持也不必承擔金融市場的高額融資成本等。

#### 1.1.1.1.6 政府主導的劣勢

除了具有上述優勢，政府主導也潛藏一些不足和劣勢，主要表現為：

第一，救助能力。政府主導的巨災風險應對模式受到國家財政能力的較大制約，對於財政資金有限或不足的政府來說，不能保證民眾在巨災發生時得到有效的救助。

第二，機會成本。政府對巨災的救助，往往需要把先前確定好的預算支出，如一些重大工程的投資、重點項目的建設，轉移到災後救濟和重建上，從而影響經濟增長，具有較高的機會成本。

第三，賠付程度。由於政府救助屬於非契約性賠付，受到政府的財政能力、巨災發生的範圍和損失的大小等影響，具有很大的不確定性。特別當財政能力有限，或巨災損失慘重，賠付程度往往較低，不能充分彌補民眾巨災的損失。

第四，賠付速度。政府救助要通過各個行政部門的審批，除了巨災發生後用於保障基本生活的救災物資能夠迅速到位外，后續的賠付資金往往較為緩慢。

第五，賠付資金使用效率。由於財政賠付是無償的，缺乏有效的內生性制約機制，容易導致賠付資金的浪費、擠占或挪用，甚至出現舞弊和腐敗等問題，從而導致賠付資金的運用效率不高，運用效果不好。

第六，負向激勵。政府對巨災的救助可能導致人們產生依賴心理，帶來「道德風險」和「慈善危害」，即降低災民購買保險的積極性，在災害易發地區從事生產生活，不採取必要的風險減輕措施，增加高風險地區的風險暴露，從而使政府在以後的巨災中可能面臨更大的救助支出。政府賠付的無差異性，實際上是低風險納稅人補貼高風險納稅人，向民眾發出錯誤的激勵信號。

### 1.1.2 市場主導型

市場主導型即市場在防災、救災、災后重建等巨災風險應對工作中居於主導地位，以英國模式、美國加州震災模式、德州風災模式和挪威模式為主要代表。由市場主導防災、救災和災后重建等巨災應對工作，同樣有其理論基礎和現實依據。

#### 1.1.2.1 理論依據

從當前學術界來看，主張市場主導的理論包括：

第一，資源優化配置論。由於市場在產品定價和提供激勵方面有政府無法達到的優勢，能夠實現資源的最優化配置。同樣，由市場主導的巨災風險應對模式能夠實現用於防災、救災、災后重建的資源達到最優化配置，而政府主導則可能造成資源的巨大浪費。Garrett 和 Sobel（2001）通過對美國聯邦緊急事務署在 1991—1999 年期間的救助支出進行考察發現，幾乎有一半的救助支出是出於政治原因而不是實際救災需要。另根據美國審計署 2005 年的統計，重複損失的建築在國家洪水保險計劃承保建築中儘管占比很少，但每年卻有很高的賠付額，其中近 10%的重複損失建築的保險賠付金額超過了建築物本身的價值，造成了較大的浪費。

第二，效率論。卓志、王化楠（2012）指出巨災風險管理由市場供給的最大優勢在於可以顯著提高效率，包括質量提高，產品多樣化，生產更靈活，滲透更廣泛，通過價格信號引導人們作出理性決策等。高海霞、姜惠平（2011）認為巨災的市場化賠付更具經濟效率，具體包括賠付程度確定、賠付速度更迅速、賠付資金使用效率更高等。

第三，政府局限論。Priest（1996）認為政府由於政治和社會原因的局限，很難嚴格執行科學的保險經營準則，導致其承保範圍和規模遠大於私人保險公司，而保險標的的相關性可能使其面臨重大損失。王銀成等（2013）指出政府在巨災應對中存在較多局限，包括救助能力有限、風險管理技術不如市場主體專業、理賠服務經驗缺乏等。

第四，激勵理論。Kaplow（1991）、Coate（1995）等人的研究表明，如果人們預期到政府會進行災后救助，就會減少巨災保險的需求。同時生活在高風險地區的人們無法提高風險防範意識，甚至更多在災害易發地區生產和生活，增加巨災風險暴露，出現負向激勵現象。Priest（1996）指出政府經營的保險項目通常不會嚴格執行差別費率制度，從而導致低風險的投保人補貼高風險投保人，保費沒有反應出投保人的實際風險水平，因此無法激勵社會的減災努力。此外，政府為了爭取選民的支持，往往降低理賠標準，甚至進行無償援助，導致嚴重的道德風險。因此他認為政府的干預不僅不利於減少社會風險，甚至有可能增加社會風險。

#### 1.1.2.2 現實依據

英國採取市場主導的洪災風險應對模式，經實踐證明是成功的。英國存在洪水風險的財產比例約 10%，洪水保險投保率達 80%以上，洪水風險得到有

效分散，洪水保險費率也較低，並持續提供。據英國政府估計，全英有2,000多億英鎊的財產受到洪災威脅，如果不採取應對措施，每年洪災損失將高達35億英鎊，採取措施後，每年洪災損失為8億英鎊，意味著防洪投資收益每年高達675%。

美國洪水風險由政府主導應對，由於損失承擔主體單一，沒有充分借助市場手段分散風險，導致目前債務沉重，財務難以持續。運行過程中，還出現重複賠付問題，造成嚴重的資源浪費。

此外，從許多國家的政府在巨災救助過程中表現出的反應遲緩，官僚作風，擠占挪用救災物資，營私舞弊，浪費嚴重和效率低下等現象，也從另一個方面證明了由市場主導巨災風險應對的必要性。

綜上所述，無論從理論依據，還是從現實依據來看，由市場主導巨災風險應對均有其合理性，因此，許多國家採取了市場主導的巨災風險應對模式。

#### 1.1.2.3 實踐案例①

**（1）英國洪災模式**

英國洪災的核心管理機構為私營保險公司，提供洪水保險和理賠服務，承擔賠付損失。政府不參與洪水保險經營管理，不承擔損失賠付，主要負責投資防洪工程、建立有效的防洪體系，並向保險公司提供洪水災害評估、災害預警、氣象研究資料等相關公共產品。其應對策略是通過私人保險公司和政府的密切配合，充分發揮各自優勢，由私人保險公司提供洪水保險服務，政府提供防洪設施、技術支持和信息服務等公共產品，並借助再保險有效分散風險，為民眾提供可靠的洪水風險保障。

英國洪水保險所用主要金融產品為保險和再保險，居民向保險公司購買保險，保險公司購買再保險進行風險分散。所以，其主要資金來源為保費收入、投資收益以及再保險的賠付，對再保險的依賴性很強。

在運作方式上，英國的洪水保險採取市場化經營方式，各商業保險公司根據自己的統計數據進行精算，沒有標準的保費水平和免賠額。家庭和企業向保險公司購買洪水保險，保險公司通過再保險進一步分散風險。只有某地區採取達到特定標準的防禦工程措施或積極推進防禦工程改進計劃，各商業保險公司才會在該地區的家庭財產保險和小企業保單中包含洪災保險。當發生洪災時，各保險公司通過自己的分銷網路完成理賠服務。

---

① 王和，何華，吳成丕，等. 巨災風險分擔機制研究［M］. 北京：中國金融出版社，2013；王和，何華，吳成丕，等. 國際巨災保險制度比較研究［M］. 北京：中國金融出版社，2013.

英國洪災的損失分擔分為兩層：保險公司承擔第一層次的損失賠付，再保險公司承擔第二層次的損失賠付，具體賠付比例由各保險公司向再保險公司的分保比例決定。

（2）美國加州震災模式

加州地震局為核心管理機構，由各保險公司提供資金組建而成，負責制定保單、收取保費、管理保費以及承擔損失。其應對策略是通過建立私有資金基礎上的非營利性公共機構，採取非強制方式，以「小保單」籌集保險基金，並採用再保險、巨災聯繫證券等手段分散風險，為民眾提供大範圍內的基本地震風險保障。

所用的金融產品主要包括保險、再保險和巨災聯繫證券，民眾向保險公司購買保險，加州地震局購買再保險和發行巨災聯繫證券。主要資金來源包括：保險公司籌集的初始資金、保費、投資收益和巨災聯繫證券的賠付收入。

在運作方式上，加州地震局制定保單，由加入加州地震局的保險公司成員負責銷售「小保單」，辦理續保和理賠等業務。保費上繳加州地震局管理，其中約83%用於損失賠付，14%為保險公司的佣金，只有3%用於加州地震局營運。加州地震局把保費累積的基金用於購買再保險和投資，並發行巨災聯繫收益債券。一旦發生地震災害，較低層次由加州地震局承擔，只有頂層的損失由加州地震局成員保險公司分擔。

對地震損失，其分擔分為四個層次：

第一層，由加州地震局自有資金約36億美元，承擔底層比較常見的地震損失。

第二層，再保險公司承擔第二層約31億美元的損失。

第三層，由巨災聯繫收益債券承擔第三層約3億美元的損失。

第四層，頂層比較罕見的嚴重災害損失由加州地震局成員保險公司分擔。

（3）美國德克薩斯州風災模式

德克薩斯州風災模式是以德克薩斯州風暴保險協會為核心管理機構，由保險公司組成的共保體，負責保單制定、銷售和理賠，並聯合在災害研究領域領先的高校制定建築規範，監督建築規範在沿海的實施。其應對策略是通過保險公司構成的共保體，嚴格執行建築標準規範和控制保險房屋質量，並採用再保險、發行債券等方式分散風險，有效降低風險暴露，為民眾提供可靠的颶風風險保障。所使用的金融產品包括保險、再保險、金融債券，居民向德克薩斯州風暴保險協會購買保險，德克薩斯州風暴保險協會購買再保險分散風險，並發行金融債券籌集資金。主要資金來源為保費和成員保險公司的繳費，也通過發

行金融債券籌集賠付資金。

在運作方式上，德克薩斯州風暴保險協會隸屬德克薩斯州保險部，是由眾多成員保險公司組成的保險共保體，提供保險承保、續保和理賠等一系列服務。德克薩斯州風暴保險協會對投保標的有嚴格的限制條件，不符合規定的風險單位不予承保，其提供的保險也相對便宜。成員保險公司按照德克薩斯州風暴保險協會的規定審核風險單位，銷售協會設計的保險，並負責理賠。保費上繳給德克薩斯州風暴保險協會，由其統一管理和使用，當發生巨災時，由其承擔損失負責賠付。其損失分擔分為三層：德克薩斯州風暴保險協會承擔底層損失，比較高層的損失由購買的再保險承擔，超過再保險的部分或者通過發行債券，或者由納稅人承擔。

（4）挪威自然災害共保組織模式

自然災害共保組織為核心管理機構，由各保險公司組建而成，負責會員公司之間的收付分攤，釐定保險費率，進行再保險投保，督導理賠作業等。其應對策略是通過成立行業性的共保組織和國家自然災害賠付基金，採取強制性保險方式，借助國際再保險市場，使自然災害風險得到有效分散，為民眾提供滿意的自然災害風險保障。所採用的金融產品為保險和再保險，民眾向保險公司購買保險，共保組織在國際市場上購買再保險。資金來源則是由國家出資建立的自然災害賠付基金，共保組織的資金來源於保費收入、投資收益和再保險賠付。

在運作方式上，由保險公司銷售保單、收取保費並進行理賠，保單中明確列出保費明細。損失發生後，保險公司為自己的保單持有人進行賠付，然後把他們的損失報告給共保組織。共保組織根據保險公司各自所佔市場份額，向保險公司提供相應的賠付。其損失分擔主要分為三個層次：共保組織承擔第一層次的損失賠付，再保險承擔較高風險的第二層次的損失賠付，巨災基金承擔發生巨災後的第三層次的損失賠付。

#### 1.1.2.4 特點總結

以上四種市場主導型巨災風險應對模式的特點如表1-2所示：

**表1-2　市場主導型的四種巨災風險應對模式特點一覽表**

| 項目 | 英國洪災模式 | 美國加州震災模式 | 美國德州風災模式 | 挪威共保模式 |
| --- | --- | --- | --- | --- |
| 單項/綜合 | 洪水單項 | 地震單項 | 颶風和冰雹 | 綜合風險 |
| 強制/自願 | 自願 | 自願 | 自願 | 強制 |

表1-2(續)

| 項目 | 英國洪災模式 | 美國加州震災模式 | 美國德州風災模式 | 挪威共保模式 |
|---|---|---|---|---|
| 差別費率 | 有 | 有 | 有 | 無 |
| 免賠額 | 依保單而定 | 有 | 有 | 有 |
| 賠付限額 | 依保單而定 | 有 | 有 | 有 |
| 兜底 | 無 | 無 | 無 | 無 |
| 運行效果 | 投保率高、費率較低、運作高效 | 運行良好、費率偏高、投保率低 | 運作良好、投保率高、減災有效 | 運作高效、業界和客戶滿意 |

以上四種市場主導型的巨災風險應對模式各有異同，英國模式只針對洪水風險，民眾自願，保險公司實行差別費率，免賠額和賠付限額依據客戶和保險公司所簽保單而定，完全由市場運作，政府不提供任何兜底。美國加州震災模式只針對地震風險，民眾自願購買，根據地區和房屋建築實行差別費率，有15%的免賠額，有賠付限額，無政府兜底擔保。美國德克薩斯州風災模式針對颶風和冰雹風險，民眾自願，根據房屋建築實行差別費率，有免賠額和賠付限額，無政府兜底。挪威模式針對自然災害綜合風險，所有購買火災保險的投保人必須同時購買自然災害保險，統一費率，並設有免賠額和賠付限額，政府不提供兜底保證。

從運行效果看，英國模式政府和市場的界限清晰，配合良好，市場化程度高，保險費率較低，民眾投保率高，達到了80%左右，運作高效。美國加州震災模式整體運行良好，但由於地震風險和再保險成本高，費率偏高，其最大問題為投保率不足，僅在10%左右。美國德克薩斯州風災模式通過建築規範的有效實施，對防災減災措施到位的房屋建築給予保費折扣，防災減災激勵充分，取得良好成效，投保率較高，且不斷增長。挪威模式運作高效，自然災害損失的60%以上由保險賠付，保險業和客戶對自然災害共保組織這種制度安排較為滿意。

#### 1.1.2.5 市場主導的優勢

（1）賠付程度。市場一般採用契約性賠付，賠付程度較為確定，而政府賠付是一種非契約性賠付，受制於財政能力，具有很大的不確定性。

（2）賠付速度。市場賠付按照契約約定的責任條款和程序進行賠付，因此賠付速度較為迅速，而政府賠付受到行政程序和職能部門效率的影響，往往較為遲緩。

（3）賠付質量。市場供給使私人部門在逐利動機驅使下設法提高質量，降低成本，豐富產品種類，不斷提高巨災服務專業水平，讓人們享受到更高服務質量的巨災保障。而政府供給往往因缺乏內生動力，專業服務不足，賠付質量得不到提高。

（4）滲透性。市場對巨災保障服務的滲透更加廣泛，可以為不同類別風險、不同層次需求提供巨災保障服務，滲透率高，而政府供給在滿足民眾不同層次需求方面存在局限，滲透往往不足。

（5）生產效率。通過市場可以更準確、更及時瞭解到巨災保障產品和服務的現狀和變化，參與主體可以迅速作出反應，開發出滿足市場需求的巨災保障產品和服務。而由政府供給則會出現信息效率低下，內生動力不足，導致巨災保障產品和服務的生產效率不高。

（6）交易效率。市場供給通過價格信號及時反應風險狀況，有利於人們作出理性決策，在合理價格基礎上達成交易，提高了交易效率。而政府供給往往採取平均分配原則，不能充分滿足各個主體的內在需求，因此交易效率不高。

（7）賠付資金使用效率。市場化賠付的資金有明確的用途，在成本約束條件下，資金使用效率較高。而財政賠付是無償的，缺乏成本約束，容易造成較大的浪費。

（8）激勵作用。市場主導巨災保障供給可以通過差別費率反應風險差異，鼓勵人們的防災減災努力。而政府主導巨災保障供給可能使受災者產生依賴心理，減少巨災保險的購買和防災減災努力，造成「慈善危害」和負向激勵。

### 1.1.2.6 市場主導的劣勢

（1）不可保性。由於巨災風險的長尾性和難預見性，不滿足大數法則，因此存在不可保性的問題，市場不能提供合理定價的巨災保障產品和服務。甚至由於定價不夠合理，使保險公司的保費收入不足以彌補特定年份的巨災損失，導致保險公司破產。

（2）公平性。由市場主導提供巨災風險保障，可能使得低收入群體無力購買巨災保障產品和服務，當發生巨災時，他們的損失最大，甚至失去基本的生活保障，可能引發社會危機。因此，市場在實現巨災保障普惠性和公平性方面，存在較大問題。

（3）市場失靈。市場存在失靈問題，特別是對於像巨災保障這種準公共品，具體表現為巨災風險市場的信息不充分性和不完全競爭，巨災保險供給有限且價格偏高，保險公司因風險模糊厭惡而承保意願不足，消費者投保意願不足，交易費用過高，以及逆向選擇和道德風險等。由於市場失靈，不能以合理價格提供足

夠的巨災保障產品和服務，社會的巨災保障需求無法得到有效滿足。

（4）供給的穩定性。當發生巨災後，保險人面臨巨大賠付，其資本遭受負面衝擊而急遽減少，承保供給萎縮，承保價格和利潤率上升，帶來承保價格和承保能力的明顯波動，難以可持續地提供巨災風險保障。而巨災保障屬於準公共品，其供給是要穩定地改善社會整體福利，供給的波動性會降低巨災保障的效率，與建立初衷不符。

（5）風險分散。無論是保險市場，還是資本市場，在風險分散特別是時間維度的風險分散上存在較大局限，應對巨災風險的準備金成本太高，面對難以預見的巨災時存在很大的時間風險敞口。

### 1.1.3 政府與市場結合型

政府與市場結合型即政府和市場互相協作，共同應對巨災風險，提供巨災風險保障，以日本模式、法國模式、臺灣模式、美國佛羅里達州風災模式、土耳其模式、加勒比巨災模式為主要代表。

#### 1.1.3.1 理論依據

（1）可保性與可負擔性。卓志、丁元昊（2011）通過研究認為：在純市場框架內，巨災風險不可保且難於負擔；在政府與資本市場參與下的巨災風險管理框架內，巨災風險才能成為可保風險。要使巨災風險可保且可負擔，需要政府與市場兩相結合才行。

（2）市場增進論。Lewis 和 Murdock（1999）提出：私人保險市場雖然能夠實現損失賠付和鼓勵減災的雙重目的，但由於其自身局限使其只能部分解決巨災損失賠付問題，而政府調動資源的能力使其能夠實現災後社會財富再分配的目的，但會產生道德風險，並制約私人保險市場的發展。因此，市場增進論主張政府的干預應致力於彌補市場自身的不足，從而更好地發揮私人保險市場的基礎作用。該理論同時強調，主張政府干預巨災保險市場的目的是進一步增強私人保險市場的發展效率，但不應當擠出和替代私人保險市場。Swiss Re（2008）、Cummins（2009）對市場增進論進行了進一步的闡述，他們認為政府應當積極發展和完善基礎設施和服務，並鼓勵和支持私人保險公司承保巨災風險，同時通過多種途徑增進人們的巨災風險防範意識，從供給和需求兩方面促進巨災風險市場的發展。

（3）準公共品供給理論。卓志、王化楠（2012）提出，由於巨災風險管理既不屬於私人物品，也不屬於公共物品，而是屬於準公共物品，因此無論由市場或政府單方面供給，都存在較多局限，從而無法實現巨災風險管理的有效供給。

只有兩者優勢互補，才有助於實現巨災風險管理可持續和有效率的供給。

（4）政府與市場整合論。高海霞、姜惠平（2011）從巨災風險的屬性、金融功能觀和市場失靈三個方面闡述政府和市場雙方結合對風險進行賠付的必要性，指出市場或政府財政任一賠付機制都不能單獨承擔巨災損失的賠付，因此，必須對市場和政府進行整合，才能有效應對巨災風險。王化楠（2013）則提出政府、市場和公益組織三方面在結構和職能上進行整合，才是應對巨災風險的有效手段。

### 1.1.3.2 現實依據

美國佛羅里達州採用政府和市場兩者結合的方式，政府成立佛羅里達颶風巨災基金為私人保險公司提供颶風風險再保險，私人保險公司為民眾提供颶風風險保險。佛羅里達颶風巨災基金具有稅收豁免的特權，其再保險費率較低，並最終降低保費費率，使民眾受益，且其可以發行收入債券彌補賠付能力的不足。該颶風風險應對模式有效分散了颶風風險，解決了保險市場颶風巨災風險供給不足的問題，保證了颶風保險市場的穩定性，減少了社會經濟的波動。

單獨由市場提供巨災風險保障，存在供給波動性問題，不能保證可持續發展。自1980年以來，國際財產保險業所出現的三次償付能力危機中有兩次是由巨災損失造成的，導致供給能力的急遽萎縮。美國洪水和地震保險都曾因初期僅依靠市場，而造成供給的暫時中斷。

單獨由政府提供巨災風險保障，效率低下和浪費嚴重也是有目共睹。如美國政府在應對2005年的卡特里娜颶風中反應遲緩，官僚作風明顯，受到廣泛的批評。中國歷次巨災應對過程中出現的擠占挪用救災物資、營私舞弊等現象，也佐證了政府獨立應對巨災風險存在的嚴重問題。

因此，無論從理論依據，還是從現實依據來看，政府和市場兩相結合，才是應對巨災風險的最佳模式。許多國家在總結他國成功經驗和失敗教訓的基礎上，選擇了政府與市場結合型的巨災風險應對模式。

### 1.1.3.3 實踐案例①

（1）日本地震基金模式

日本地震基金模式以日本地震再保險株式會社為核心管理機構，由日本各商業保險公司出資成立，負責與保險公司和政府簽訂再保險合同，安排分散巨災風險，以及管理地震保險基金。其應對策略是通過政府、地震再保險株式會社和商

---

① 王和，何華，吳成丕，等.巨災風險分擔機制研究[M].北京：中國金融出版社，2013；王和，何華，吳成丕，等.國際巨災保險制度比較研究[M].北京：中國金融出版社，2013.

業保險公司進行風險分擔，區別對待家庭和企業地震財產保險，設計差別費率鼓勵民眾採取防災減災措施，構建一套可負擔的地震風險保障體系。主要使用金融產品為保險、再保險和再再保險，民眾向保險公司購買地震保險，保險公司向地震再保險株式會社辦理全額再保險，地震再保險株式會社向政府和保險公司辦理再再保險。主要資金來源為保費、基金投資收益和國家財政救助。

在運作方式上，民眾向保險公司購買地震保險，保險公司與地震再保險株式會社簽訂再保險合同，將保險公司承保的地震保險合同全額向地震再保險株式會社辦理再保險。地震再保險株式會社在扣除自留額後，分別與保險公司和政府簽訂轉再保險合同，將風險分散給保險公司和政府，其中保險公司依照各自的危險準備金餘額分配轉再保險比例，政府承擔超額損失保險。當發生地震災害時，按照事先確定的損失層級和責任比例，由地震再保險株式會社、保險公司和政府分別承擔相應損失賠付。

其損失分擔按照三級損失進行責任分擔：

第一級損失，0~750億日元，由地震再保險株式會社100%承擔。

第二級損失，750億~13,118億日元，由地震再保險株式會社和原保險公司承擔50%，政府承擔50%。

第三級損失，13,118億~50,000億日元，由地震再保險株式會社和原保險公司承擔5%，政府承擔95%。

(2) 法國中央再保模式

法國中央再保模式以法國中央再保險公司為核心管理機構，負責設計自然災害保險方案，執行自然災害業務核保、費率釐定及再保險合約管理事宜，並擔任政府與保險業之間的橋樑，研討賠付機制相關的修正或調整事宜。其應對策略是通過建立由國家無限擔保的自然災害再保險體系，採取強制投保提高保險覆蓋率，執行「階梯式免賠額」規定鼓勵各項防災減災措施，為民眾提供穩定的自然災害保障。

所使用金融產品為保險和再保險，民眾向保險公司購買自然災害保險，保險公司向中央再保險公司或其他商業再保險公司購買再保險。主要資金來源為保費收入、再保險賠付和財政救助。

在運作方式上，各商業保險公司向民眾銷售綜合自然災害附加保險，然後以比例再保險或停止損失再保險方式向中央再保險公司購買再保險。當發生自然災害時，由政府跨部門政令對自然災害進行確認，各銷售綜合自然災害保險的保險公司接到政令後，按理賠程序進行理賠。

損失分擔共分三層分擔賠付損失：保險公司承擔自留份額的損失賠付，中

央再保險公司或其他再保險公司承擔分保份額的損失賠付，國家財政對超過中央再保險公司承擔能力的部分提供財政支持。

(3) 臺灣地震保險基金模式

臺灣地震保險基金模式以住宅地震保險基金為核心管理機構，定為財團法人，負責與財險公司協調承保和理賠事項，安排風險分散，管理巨災保險業務和承擔最終風險等。其應對策略是通過商業運作、政府支持，住宅和商業用房區別對待，充分利用再保險和資本市場分散風險，財政有限兜底，為民眾提供基本的地震風險保障。所使用的金融產品包括保險、再保險和巨災債券，民眾向保險公司購買地震保險，保險公司全額分保給住宅地震保險基金，後者向保險公司組成的共保組織、再保險市場購買再保險，並發行巨災債券募集資金。主要資金來源包括保費收入、再保險賠付、投資收益、巨災債券賠付收入和財政救助。

在運作方式上，由保險公司銷售和簽發保單，將保費收入全額分保給住宅地震保險基金，住宅地震保險基金向由保險公司組成的共保組織和再保險市場購買再保險，並在資本市場發行巨災債券分散風險。一旦發生地震災害，由住宅地震保險理賠中心小組和簽單保險公司勘定損失和負責賠付。

其損失分擔共分五層：

第一層，損失 24 億元新臺幣以內，由住宅地震保險共保組織承擔。

第二層，損失 24 億~200 億元新臺幣，由住宅地震保險基金承擔。

第三層，損失 200 億~400 億元新臺幣，由再保險市場或資本市場承擔。

第四層，損失 400 億~480 億元新臺幣，由住宅地震保險基金承擔。

第五層，損失 480 億~600 億元新臺幣，由臺灣當局財政承擔。

(4) 美國佛羅里達州風災模式

美國佛羅里達州風災模式以佛羅里達颶風巨災基金為核心管理機構，負責為商業保險公司提供再保險，發行收入債券籌集賠付資金，以及利用所籌資金進行營運和管理等。其應對策略是通過政府設立颶風巨災基金為商業保險公司提供再保險，對颶風巨災基金實行稅收豁免以降低保費費率，並借助資本市場發行收入債券分散風險，為民眾提供可持續的颶風風險保障。所使用金融產品包括保險、再保險、收入債券，民眾向商業保險公司購買颶風災害保險，商業保險公司向颶風巨災基金購買再保險，颶風巨災基金發行收入債券募集資金。該模式的主要資金來源為保費收入、投資收益和發行收入債券所募資金。

在運作方式上，佛羅里達颶風巨災基金是政府成立的信託基金，保險公司向民眾銷售颶風風險保險，然后自留一定比例風險，超出自留部分風險按比例

合約分保給颶風巨災基金，即颶風巨災基金為保險公司提供一定比例的再保險。當發生颶風災害時，自留部分風險由保險公司負責賠付，超出自留部分時，颶風巨災基金按比例提供賠付。而當損失超過颶風巨災基金償付能力時，啓動緊急評估程序，發行基於保費收入的債券來募集資金。

損失分擔為三層：第一層為保險公司承擔自留部分的賠付，第二層為颶風巨災基金和保險公司按比例承擔超出自留部分的賠付，第三層為颶風巨災基金發行收入債券承擔超出其償付能力的賠付。

（5）土耳其巨災保險基金模式

土耳其巨災保險基金模式以土耳其巨災保險基金為核心管理機構，負責地震保險的專業營運，具體包括外包保單銷售業務給商業保險公司，外包基金營運和管理業務，在國際市場進行再保險，災害理賠等。其應對策略是通過政府、市場、世界銀行的多方合作，建立集中式巨災基金，採取強制方式，實行稅收優惠，充分發揮市場專業機構的力量，並借助國際再保險市場有效分散風險，為民眾提供可持續的巨災風險保障。所使用的金融產品包括保險、再保險，居民向土耳其巨災保險基金購買保險，巨災保險基金在國際市場上購買再保險。該模式的主要資金來源為保費收入、投資收益、再保險賠付、世界銀行的賠付和政府財政支持。

在運作方式上，土耳其巨災保險基金簽發地震保險保單，由商業保險公司代理銷售，商業保險公司向巨災保險基金劃轉保費並收取傭金。巨災保險基金委託專業機構負責基金的營運、投資和管理，在國際市場上辦理再保險。當發生地震災害時，巨災保險基金組織損失評估和進行理賠。

其損失分擔共分四層：

第一層，首層損失 1,700 萬美元以內，由世界銀行承擔。

第二層，超賠損失在 10 億美元以內，世界銀行和再保險公司按 4∶6 的比例分擔責任，世界銀行的責任上限為 1.63 億美元。

第三層，超過 10 億美元，土耳其巨災保險基金用盈餘資金承擔 1.2 億美元賠付責任。

第四層，如果最終賠付超出了土耳其巨災保險基金所能動用的所有金融資源，超出部分由政府承擔。

（6）加勒比巨災模式[①]

加勒比巨災風險保險基金為核心管理機構，負責為加勒比地區的島嶼國家

---

① 謝世清. 加勒比巨災風險保險基金的運作及其借鑑 [J]. 財經科學，2010（1）：32-39.

辦理巨災風險保險，在國際資本市場購買再保險和採用非傳統風險轉移工具分散風險，對受災國家開展理賠等。其應對策略是通過建立區域性的共保體，設立聯合儲備基金，使用參數指數觸發機制以提高賠付透明度和效率，並借助國際資本市場的再保險和非傳統風險轉移工具分散風險，為加勒比地區的島嶼國家提供有限的巨災風險保障。所使用的金融產品包括保險、再保險、風險互換協議，加勒比地區的島國向加勒比巨災風險保險基金購買巨災保險，加勒比巨災風險保險基金在國際市場購買再保險，並與世界銀行簽訂風險互換協議。資金來源主要包括保費收入、國際捐贈、投資收益、再保險賠付和風險互換賠付。

在運作方式上，加勒比巨災風險保險基金的資金來源於參與國所繳納的保費和國際捐贈兩部分，實行分權管理。參與國保費的運作由董事會監控，作為儲備金的一部分。國際捐贈形成一個多方捐贈信託基金，一是支持加勒比巨災風險保險基金的日常營運支出，二是形成部分補充儲備金。信託基金和儲備金之間既互相關聯，又互相獨立。加勒比巨災風險保險基金在國際再保險市場上購買再保險，同世界銀行簽訂風險互換協議，以提高其賠付能力。一旦發生自然災害，加勒比巨災風險保險基金依據參數指數觸發機制，在較短時間內向投保的各島嶼國家提供相應賠付。

其損失分擔共分四層：

第一層：1,000 萬美元以下損失，由加勒比巨災風險保險基金承擔。

第二層：1,000 萬~2,500 萬美元之間的損失，由國際再保險市場承擔。

第三層：2,500 萬~5,000 萬美元之間的損失，由國際再保險市場承擔。

第四層：5,000 萬~12,000 萬美元之間的損失，由再保險市場承擔 71%，世界銀行的掉期產品承擔 29%。

1.1.3.4 特點總結

以上六種政府與市場結合型巨災應對模式的特點總結如表 1-3 所示：

表 1-3　政府與市場結合型的六種巨災風險應對模式特點一覽表

| 項目 | 日本地震基金模式 | 法國中央再保模式 | 臺灣地震基金模式 | 美國佛羅里達州風災模式 | 土耳其保險基金模式 | 加勒比巨災保險基金模式 |
|---|---|---|---|---|---|---|
| 單項/綜合 | 地震單項 | 綜合風險 | 地震單項 | 颶風單項 | 地震單項 | 颶風、地震風險 |
| 強制/自願 | 自願 | 強制 | 強制 | 自願 | 強制 | 自願 |
| 差別費率 | 有 | 無 | 有 | 有 | 有 | 有 |

表1-3(續)

| 項目 | 日本地震基金模式 | 法國中央再保模式 | 臺灣地震基金模式 | 美國佛羅里達州風災模式 | 土耳其保險基金模式 | 加勒比巨災保險基金模式 |
|---|---|---|---|---|---|---|
| 免賠額 | 有 | 有 | 有 | 有 | 有 | 有 |
| 賠付限額 | 有 | 無 | 有 | 有 | 有 | 有 |
| 兜底 | 有 | 有 | 有 | 無 | 有 | 無 |
| 運行效果 | 運作較好、投保率一般、減災有效 | 運行良好、投保率高 | 運作良好、投保率較高 | 運作良好、保費較低、投保率較高 | 運行穩定、保障有效、投保率高 | 保費低廉、運作良好 |

　　以上六種政府與市場結合模式各有異同，日本模式針對地震風險，民眾自願購買地震保險，實行差別費率，有免賠額和賠付限額，政府提供兜底保證。法國模式針對自然災害綜合風險，購買財產險的投保人被強制購買自然災害附加險，實行單一費率，有免賠額，無賠付限額，政府提供無限擔保兜底。臺灣模式只針對地震風險，購買家庭財產險一年期火險強制購買地震險，實行差別費率，有免賠額和賠付限額，政府提供有限兜底。美國佛羅里達州風災模式只針對颶風風險，民眾自願購買，實行差別費率，有免賠額和賠付限額，無政府兜底保證。土耳其模式僅針對地震風險，登記的城市住宅強制投保地震險，實行差別費率，有免賠額和賠付限額，政府提供兜底。加勒比巨災模式針對颶風和地震風險，加勒比地區國家自願購買，實行差別費率，有免賠額和賠付限額，無兜底機制。

　　從運行效果來看，六種模式均運行較好，其中日本模式因採取自願購買政策，加之費率區域劃分較粗，平均投保率一般，僅在20%左右，地震抵禦能力級別評估引入地震保險費率的厘定，能有效激勵民眾的減災防災努力。法國由於採取強制購買政策，投保率高，但其單一費率無法有效激勵民眾的減災努力。臺灣模式採取強制購買政策，投保率較高，且因其高免賠額和賠付上限使其短期內累積了大量資金。美國佛州風災模式因採取稅收優惠，保費較低，投保率較高，並充分發揮了政府和市場各自的優勢。土耳其模式採取強制購買政策，投保率高，風險分擔多元化，整個體系運行穩定，保障有效。加勒比巨災模式保費低廉，風險分擔多元化，自2007年6月成立以來運行良好。

### 1.1.3.5　政府與市場結合的優勢

　　第一，提升可保性和可負擔性。政府和市場兩者結合，可以使本來不可保的巨災風險成為可保風險，這源於政府往往擁有強大的法律、稅收、財政和行

政等資源，加上保險市場、資本市場的多元化風險分散手段，大大提高了損失承擔能力。而且，兩者結合還可以大大提高民眾對巨災風險管理產品和服務的負擔能力，例如，政府可以對購買巨災保險的民眾提供補貼，或者對經營巨災風險的公司實行稅收優惠，從而降低保費等。

第二，提升供給能力。首先，政府和市場相互協作，可以使原來無法供給的巨災風險管理成為可以供給的準公共品；其次，還可以大大提高賠付能力，覆蓋更廣區域和更多民眾，增加對受災主體的賠付程度；再次，供給種類能夠更加豐富，質量獲得提高；最后，兩者配合能使供給更平穩，更可持續，減少供給的波動性。

第三，兼顧公平和效率。政府從公平角度出發，使低收入群體也可以獲得最基本的巨災風險保障，從而維護社會的穩定。市場則可以通過價格機制和成本約束，使巨災風險管理的供給更富有效率。政府和市場兩者結合，則可以兼顧公平和效率。

第四，降低成本。政府在提供災害防護工程設施，建立全國統一的巨災風險分析、評估、預警和應對體系，對國民開展巨災風險宣傳和教育等方面，具有規模優勢。而市場則能在救災賠付方面減少浪費，提高救災資金使用效率。兩者配合能使巨災風險管理的成本大大降低。

第五，風險分散更有效。政府和市場兩者結合能使巨災風險在空間上和時間上得到有效的分散，而且由於風險分散的手段多樣化，能降低風險分散的成本，從而減少因巨災導致機構財務惡化，甚至破產的事件，有利於保持巨災風險市場的穩定。

第六，提供正向激勵。市場通過價格機制和成本約束，能夠採取差別費率、免賠額、共同保險、除外責任等手段，而政府則可以制定巨災保險費率與建築物類型和質量、防災減災措施實施情況等掛勾的政策，兩者結合能有效降低道德風險和逆向選擇，向民眾提供防災減災的正向激勵。

### 1.1.3.6 政府與市場結合的劣勢

政府與市場結合的劣勢在於兩者邊界難以合理確定，政府參與過多或市場參與過多，都會帶來成本的上升，效率的降低，以致社會效用的損失。從採取政府與市場結合應對模式的國家來看，都存在一定的界限不明或不當的情況。例如，日本採取自願投保模式，更多讓市場發揮作用，但其投保率一直不高。法國政府過多參與，採用單一費率，無法激勵民眾的防災減災努力。臺灣則缺乏減災機制，民眾減災動力不足。所以，政府與市場結合的巨災風險應對模式的關鍵是合理確定兩者的邊界，明晰各自的權利和義務，減少交叉和空白，建

立兩者協調聯動的機制，以充分發揮各自優勢，提高巨災保障水平。

從世界各國和地區來看，越來越多的國家和地區認識到政府和市場結合的重要性，因此，政府與市場結合型的巨災風險應對模式也越來越為更多國家所採用，並成為主流模式。對於中國這樣巨災頻發的國家來說，採取政府與市場結合型的巨災風險應對模式是更理性和明智的選擇。

## 1.2 巨災風險分擔機制分析

巨災風險分擔機制是指巨災風險在承災主體、政府、保險公司、再保險公司和資本市場投資者等主體之間合理分擔，各自承擔相應部分的風險。科學合理的巨災風險分擔機制能有效分散巨災風險，減少巨災損失，維持經濟和社會穩定，提高全社會的效用水平。反之，則可能缺乏效率，無法應對巨災衝擊，造成重大的經濟損失，甚至波及社會穩定。

### 1.2.1 分擔主體及其角色定位

巨災風險分擔主體總的說來分為兩類，即政府和市場，前者包括中央政府及各級地方政府，後者包括承災主體、保險公司、再保險公司、資本市場投資者和公益組織等。對於分擔主體的角色定位，學術界有較多研究，具體如下：

Lewis 和 Murdock（1999）提出的「市場增進論」認為：應由巨災風險市場發揮主導和基礎作用，政府應定位於彌補市場自身的不足和增進巨災風險市場的發展效率。

郭建平（2011）提出，巨災風險可以劃分為可預知風險和不可預知風險，前者能通過現有的數理統計理論和技術有效研究並清楚認識，后者無法通過現有統計理論和技術有效研究並清楚認識。市場應定位於為可預知風險提供保障，政府應定位於為不可預知風險提供保障。

高海霞、姜惠平（2011）把巨災風險分為私人風險和社會風險，前者指巨災發生給個人帶來經濟損失和人身傷害的可能性，能由個人控制的部分，後者指個人無法控制的巨災風險部分，包括環境的、心理的、道德的等。市場應定位於提供私人風險所需的保障，而政府應定位於提供社會風險所需的保障。

王化楠（2013）提出，政府應定位於巨災風險管理的頂層設計，包括建設法律法規體系、制定巨災防護規劃、構建巨災管理框架、提供巨災管理信息服務等方面，而讓市場發揮基礎性作用，特別應當注重發揮公益組織的防災、

救災和減災功能。

田玲（2009）指出，巨災債券對高層次的巨災風險承擔具有優勢，而保險、再保險對於非高層次的巨災風險承擔具有優勢，因此保險市場應定位於為非高層次的巨災風險提供保障，資本市場則可以定位於為高層次的巨災風險提供保障。

高俊、陳秉正（2014）基於巨災儲備基金、巨災保險和巨災債券的邊際成本的對比分析指出，對中國來說，巨災儲備基金定位於為相對較小的巨災損失融資是最恰當的，巨災債券定位於對超過的部分來融資是最優選擇，而巨災保險則需要通過其他手段來降低其成本附加和安全附加，才有可能成為最優融資結構的一部分。

關於保險市場因信息不完全、不對稱導致逆向選擇和道德風險的研究文獻不勝枚舉，從理論上證明了承災主體自留一定風險的必要性。因此，在巨災風險管理過程中，為減少逆向選擇和降低道德風險，激勵承災主體的防災、減災努力，應當由承災主體自身承擔部分風險和損失。

實際上，各分擔主體在巨災應對中的角色定位受到一國政治體制、法規制度、經濟水平、風險特徵、金融發展和民眾意識等諸多因素的影響，因此沒有一套普遍適合世界各國的分擔機制。比如，英國保險市場發達，通過市場手段分擔就更多一些。新西蘭國家較小，由政府來主導分擔才能保證足夠的償付能力。法國擁有政府主導的金融體制，由法國中央再保險公司為核心來構建巨災風險分擔體系就不足為怪了。對於中國來說，由於巨災風險種類多，頻次高，分佈廣，加之巨災保險市場和資本市場極不成熟，因此應發揮政府主導作用，建立由承災主體、保險和再保險市場、資本市場、公益組織和政府兜底的多層次巨災風險分擔機制。

### 1.2.2　分擔方式

#### 1.2.2.1　公共財政

由公共財政從預算中拿出資金用於防災、減災、救災和災後重建，該方式在救災應急時較為迅速，但存在較大的機會成本和整體效率低下的問題。

#### 1.2.2.2　社會救助

由社會捐贈（含國內、國際援助）來應對巨災，往往由公益團體發起和組織，該方式大多屬於事後，可以解一時之急，減輕政府負擔，但能力有限，受民眾捐贈意願影響較大。

#### 1.2.2.3　保險

通過保險、再保險提供巨災風險保障是目前國際上通行的做法，能夠較為

有效應對巨災風險，但受到一國保險市場發展程度的影響，也面臨承保能力穩定性的問題。

#### 1.2.2.4 非傳統風險轉移工具

借助資本市場發行巨災債券、巨災期貨、巨災期權、巨災互換、或有資本票據、巨災權益看跌期權、行業損失擔保、側掛車、天氣衍生品等，可以對高層次的巨災風險提供保障，但受一國資本市場發展程度制約，同時也存在交易成本高、流動性不足、基差風險等諸多問題。

#### 1.2.2.5 巨災基金

由國家牽頭成立巨災基金，能夠在時間上有效分散風險，保證巨災發生時有足夠財力可用於減災、救災和災後重建，但資金來源如果僅由財政劃撥，過於單一，則難以保證足夠的償付能力和可持續運轉，還存在政府行政效率低下的問題。如果充分引入社會資金和市場化機制，不僅可以擴大基金規模，增強償付能力，還有利於解決效率低下的問題，提高基金運作的效益。

### 1.2.3 分擔技術

#### 1.2.3.1 縱向分層

將巨災風險劃分為不同層次，由不同的主體分別承擔相應層次的風險，發揮不同主體承擔不同層次風險的相對優勢，比如由承災主體承擔最低一層損失，保險承擔一般規模巨災的損失，更高一級的損失由再保險承擔，對超大規模的損失，可以由資本市場承擔，或由政府分擔一部分損失。

#### 1.2.3.2 橫向分層

巨災風險在不同主體之間分擔，對同一巨災風險，可以由不同主體分擔相應比例的損失，減輕單一主體的風險壓力和償付負擔，從而提高風險承擔能力和分擔機制的穩定性。

### 1.2.4 分擔市場

巨災風險可以通過保險市場和資本市場來分擔，保險市場一般承擔頻率較高、規模較小的巨災損失，再保險市場承擔頻率較低、規模較大的巨災損失，對於頻率極低、損失極大的巨災損失，則需要資本市場來分擔。

巨災風險也可以通過國內、國際兩個市場分擔，借助國際保險市場和資本市場，可以將一國的巨災風險在全球範圍內分散，更有利於降低一國的巨災損失，提高巨災應對能力。

### 1.2.5 分擔機制的比較分析

#### 1.2.5.1 政府損失分擔機制

政府損失分擔機制是指由政府開展防災、救災、減災和災後重建等工作,並承擔災害損失和管理成本的巨災風險分擔機制。該機制的突出優勢包括:①規模效應。政府構建統一的巨災防護體系,建設各種防災減災基礎設施,動員全社會力量參與災害救助,可以大大節約成本。②公平性。政府向民眾提供巨災風險保障不具有排他性,使低收入群體受災後也能平等獲得基本生活的保障,克服了不公平導致的社會矛盾。該機制的顯著劣勢在於:①效率較低。由於受到政府行政管理效率的影響,缺乏成本約束機制,容易造成救災物品和資金的巨大浪費,導致效率低下。②慈善危害。政府的救助可能導致民眾產生依賴心理,缺乏防災、減災的動力,也不利於減少高風險地區的巨災風險暴露,造成所謂的「撒瑪利亞人困境」。

#### 1.2.5.2 保險損失分擔機制

保險損失分擔機制是指依託保險、再保險市場,被保險人、保險人和再保險人以風險利益為紐帶,依據保險制度、再保險制度建立風險基金,對巨災損失進行補償的風險管理機制。該機制的突出優勢包括:①效率較高。通過市場交易契約,可以提高損失補償的確定性、速度和質量,因而效率更高。②正向激勵。巨災保險、再保險由市場定價,具有成本約束,加上免賠額、共同保險、除外責任等契約條款設計,對當事人提供防災、減災的正向激勵,有利於控制風險暴露和降低損失。該機制的突出劣勢在於:①公平性難以有效保證。低收入群體可能沒有能力購買保險,巨災發生時得不到補償,可能引發人道主義危機和加劇社會矛盾。②供給不足和不穩定。由於巨災風險一定程度不可保,保險公司和再保險公司不願承擔模糊風險,導致巨災保險和再保險供給不足或價格偏高。而且,巨災事件的發生可能導致保險公司、再保險公司損失慘重,承保能力嚴重削弱,無法保證供給的穩定和可持續性。

#### 1.2.5.3 資本市場損失分擔機制

資本市場損失分擔機制是指借助資本市場,風險轉移者和風險投資者以風險利益為紐帶,通過風險證券化產品對巨災損失進行補償的風險管理機制。該機制的突出優勢為:①風險承擔容量巨大。由於巨災損失只占全球資本市場很小的份額,資本市場理論上可以容納任何巨災風險且不會受到較大的影響,在承擔高層、超高層的巨災風險上明顯占優。②無信用風險。保險和再保險可能面臨對手方違約的信用風險,而巨災風險證券化產品通過交易機制設計可以有

效規避信用風險。該機制的顯著劣勢在於：①交易成本高。由於設計巨災風險證券化產品技術要求高，需要依靠精確度很高的模型，定價往往非常複雜，一般投資者難以理解，且巨災風險證券化產品的發行涉及 SPV、精算、投行等眾多機構，因此交易成本比較高。②流動性不足。從當前巨災風險證券化產品市場來看，交易活躍度較低，變現較為困難，存在較為嚴重的流動性問題。

### 1.2.6　巨災補償基金的損失分擔機制

巨災補償基金本質上更像一個平臺，該平臺整合了政府、保險和資本市場的損失分擔機制，從而兼具它們的優點，克服了各自的不足。從分擔主體的角色定位來看，政府在基金中發揮規劃、協調、監管和兜底的作用，保證了基金的公益性和穩定性，而具體的營運則交給市場，讓市場發揮基金保值增值的作用，保證了基金的效率和可持續性。承災主體、公益組織、再保險公司、資本市場投資者在巨災風險分擔中有各自明確的角色定位：承災主體和公益組織承擔較低層次的巨災風險，補償基金承擔較高層次的巨災風險，再保險公司承擔高層次的巨災風險，資本市場投資者承擔超高層次的巨災風險，政府則提供兜底擔保。各分擔主體清晰的角色定位，為基金協調、高效、順暢地運行奠定了基礎。

從分擔方式看，巨災補償基金應當屬於巨災基金，但其具有特殊性，不同於單一的政府基金、保險基金等，其資金來源既有「公」的成分，又有「私」的成分，屬於典型的「PPP」，即公私合作。這既保證了其資金來源的廣泛性，有助於資金快速累積，又使其兼具公益性和商業性，充分利用了政府和市場各自的優勢，比較適合中國的國情。

從分擔技術看，巨災補償基金既使用了縱向分層，又使用了橫向分層。如前所述，承災主體、公益組織、補償基金、再保險公司、資本市場投資者和政府分擔不同層次的巨災風險，屬於縱向分層。承災主體和公益組織共同分擔較低層次的巨災風險和巨災風險在廣大基金持有人之間的分擔，則屬於橫向分層。巨災風險的縱橫分層，能有效分散風險，保證了償付能力和體系的穩定。

從分擔市場看，巨災補償基金既利用了保險市場，也利用了資本市場；既利用了國內市場，也利用了國際市場，所以該分擔機制整合了保險市場和資本市場、國內市場和國際市場的相關資源，從而提供了更大的巨災保障能力。

綜上所述，巨災補償基金採用「PPP」方式，整合了政府、保險市場和資本市場、國內市場和國際市場的資源，運用風險縱橫分層技術，構建出一套系統的巨災風險分擔機制。該分擔機制具有高效率、低成本、合理公平、平穩持

續、保障能力強的優點，克服了單一損失分擔機制的諸多弱點。

## 1.3 巨災保險、再保險

### 1.3.1 發展概況[①]

巨災保險、再保險作為傳統的轉移和分散巨災風險的工具，在巨災風險管理中發揮著重要的作用。巨災保險賠款在國外巨災損失中占比達30%以上，而中國僅1%左右。過去30年，全球巨災保險補償呈較快增長速度，在較多年度內都超過100億美元，在2004年、2005年和2011年由於巨災造成的損失超過500億美元。據慕尼黑再保險公司的數據，全球保險市場在1980—2011年間巨災補償合計8,700億美元，平均每年約272億美元。

另根據再保險經紀公司怡安奔福有限公司對全球再保險市場的統計分析，2011年前十大再保險公司市場份額為76%，其中最大的慕尼黑再保險占比近20%。2011年全球再保險保費收入共計1,360億美元，較2010年的1,220億美元上升11%，但2011年的日本地震和新西蘭地震，使再保險業損失慘重，總量超過260億美元，占全球保險損失1,050億美元的25%。

儘管巨災保險、再保險成為國際社會應對巨災風險的主要手段之一，但中國由於保險制度、經濟水平、民眾意識等眾多原因，巨災保險市場滲透率卻很低，保費嚴重不足，補償準備金規模過小，在巨災損失補償中發揮的作用極其有限。1998年特大洪災直接經濟損失2,484億元，保險補償33.5億元，約占1.35%；2008年年初南方雨雪冰凍災害直接經濟損失1,516.5億元，保險補償約50億元，占比3.3%；2008年汶川大地震直接經濟損失8,451億元，保險補償僅18億元，占比0.21%[②]。從以上數據中可以看出，巨災保險、再保險在中國巨災損失中的補償占比太低，與國際差距較大，無法發揮對巨災風險的主要保障作用。

### 1.3.2 巨災保險、再保險的風險分析

任何一種巨災風險金融工具都需要對信用風險、流動性風險、基差風險、

---

[①] 王和，何華，吳成丕，等. 巨災風險分擔機制研究 [M]. 北京：中國金融出版社，2013；王和，何華，吳成丕，等. 國際巨災保險制度比較研究 [M]. 北京：中國金融出版社，2013.

[②] 潘席龍，陳東，李威. 建立中國巨災補償基金研究：全國巨災風險管控與巨災保險制度設計研討交流會論文集 [C]. 2009.

道德風險和逆向選擇風險進行權衡取捨，巨災保險、再保險也不例外，下面對此進行分析：

（1）信用風險。當發生巨災時，保險公司和再保險公司都面臨巨大損失，可能無法補償應當承擔的損失，因而存在較高的信用風險。這從歷史上幾次巨災導致數家保險公司、再保險公司的破產得到印證，因此信用風險是通過保險、再保險轉移和分散巨災風險的重要局限。

（2）流動性風險。保險、再保險通常屬於定制化金融產品，針對特定客戶而設計，缺乏標準化，因此難以在市場中流通和轉讓，流動性嚴重不足，存在較大的流動性風險。

（3）基差風險。保險和再保險根據巨災發生后的實際損失進行理賠，因此基本不存在基差風險，能夠有效降低行業或指數損失與實際損失不一致所帶來的風險。

（4）道德風險。保險人無法有效監督投保人的行為，投保人有可能不採取防災減災的措施，甚至故意擴大損失以獲得保險補償。保險公司也可能存在核保不嚴格、核保信息錯誤、理賠標準不統一等問題，以換取再保險公司更高的再保險補償。因此，保險和再保險都存在較高的道德風險。

（5）逆向選擇風險。高風險的人比低風險的人更願意購買保險，但過多的高風險人群購買巨災保險，則會對保險公司的償付能力帶來嚴重影響，保險公司也會因此提高巨災保險的保費，減少供給。當保險公司擁有對投保人關於巨災風險的信息優勢時，其只接受低風險投保人，而拒絕高風險投保人。因此，保險人和投保人雙方都可能存在逆向選擇問題，從而導致保險、再保險較高的逆向選擇風險。

## 1.4 巨災聯繫證券

### 1.4.1 發展概況[①]

20世紀90年代以來，全球由於巨災頻發，給人們帶來慘重損失，保險業因此補償巨大，巨災保險市場供給不足，保費價格快速上升，人們難以轉移巨災風險且成本高昂，開始認識到通過證券化分散、轉移巨災風險的重要性。現代金融理論的發展，為包括巨災風險在內的風險管理提供了理論基礎和工具，

---

① 謝世清．巨災保險連接證券［M］．北京：經濟科學出版社，2011．

而金融監管的放寬，則為巨災風險證券化提供了良好的政策環境。隨著計算機和通訊技術的進步，巨災風險的分析、評估、建模等技術得到長足發展，為更準確進行巨災風險定價提供了技術支持。因此，伴隨著人們意識的提升、風險管理理論的發展、政策環境的改善、技術水平的提高，巨災聯繫證券應運而生，並成為人們管理巨災風險的重要手段和工具。

巨災聯繫證券自1992年誕生以來，隨著市場的變化和技術的進步，種類不斷豐富，先後出現巨災期貨、巨災期權、巨災債券、巨災互換、或有資本票據、巨災權益看跌期權、行業損失擔保、側掛車、天氣衍生品、CME颶風指數期貨和期權等。其中巨災期貨、巨災期權、巨災互換、行業損失擔保、側掛車、天氣衍生品、CME颶風指數期貨和期權屬於資產避險型巨災聯繫證券，能夠在巨災發生後為財產損失提供補償；巨災債券和或有資本票據為負債避險型巨災聯繫證券，能夠通過增加負債總額來擴大資金來源；巨災權益看跌期權屬於權益避險型巨災聯繫證券，能夠以權益形式在巨災發生後提供彌補損失的資金。以下對上述巨災聯繫證券的產生和發展進行簡要介紹：

（1）巨災期貨

巨災期貨是最早的巨災聯繫證券，於1992年12月由美國芝加哥期貨交易所推出，是基於投保損失率ISO指數的巨災期貨，該期貨由於交易量太小在1995年退出交易。直到2007年，美國芝加哥商品交易所才推出基於CME颶風指數的巨災期貨，目前運行尚好。

（2）巨災期權

美國芝加哥期貨交易所1993年推出基於ISO巨災指數的巨災期貨買權價差，同樣由於交易不活躍，於1996年退出市場。其後美國芝加哥期貨交易所又推出PCS巨災期權，由於交易量逐年下滑於1999年終止交易。百慕大商品交易所1997年推出GCCI巨災期權也未能持續營運，於1999年退出市場。芝加哥商品交易所2007年推出的CME颶風指數期權則相對成功，並於2008年推出新的二元期權，是目前唯一掛牌的巨災期權合約。

（3）巨災債券

1994年漢諾威再保險公司成功推出第一筆巨災債券交易，而1997年美國USAA保險公司發行了最具代表性的巨災債券，其後巨災債券獲得長足發展，並在2005年卡特里娜颶風后取得突破。2007年為巨災債券發行的最高峰，達到71億美元，當年巨災債券未到期餘額138億美元。截至2007年，世界保險業共發行116只巨災債券，融資總額達223億美元。巨災債券是目前最為成功的巨災聯繫證券。

（4）巨災互換

1996 年，漢諾威再保險公司推出首筆巨災互換交易，同年，美國紐約巨災風險交易所成立，開展巨災風險互換交易業務，全球最大的 82 家再保險公司和 1,000 家保險公司均通過該平臺交易。1998 年，百慕大商品交易所也成立巨災風險交易市場。巨災互換業務在 2005 年卡特里娜颶風後交易量迅速上升，成為轉移和分散巨災風險的重要工具。

（5）或有資本票據

1994 年，漢諾威再保險公司以花旗銀行為仲介，首次發行 8,500 萬美元或有資本票據。全美互惠保險公司 1995 年發行的或有資本票據是第一個真正得以執行的或有資本票據。自 20 世紀 90 年代中期以來，全球保險公司共發行約 80 億美元或有資本票據。

（6）巨災權益看跌期權

1996 年，美國 RLI 保險公司和 Genter 再保險公司、Aon 再保險公司簽訂一份價值 5,000 萬美元的巨災權益看跌期權合約，迄今約有十次巨災權益看跌期權交易記錄。巨災權益看跌期權自 2002 年後市場發展曾一度萎縮，交易量不大。

（7）行業損失擔保

20 世紀 80 年代，行業損失擔保誕生於再保險市場，首先被應用於航空業保險領域。隨後，財產和人身意外傷害保險業也引入行業損失擔保應對自然災害，後來又拓展到巨災財產、海事、衛星和恐怖主義等可能發生巨額損失的領域，目前主要用於巨災財產損失。2005 年的卡特里娜颶風對其起到巨大的催化作用，當年交易量增長 35%，實際補償金額達 10 億美元，目前平均每年交易量在 50 億~100 億美元之間。

（8）側掛車

1999 年，State Farm 和 Renaissance 再保險公司聯合發起設立 Top Layer 再保險公司，為側掛車的首次實踐，此後陸續出現了一些小型側掛車。在 2005 年數次大規模颶風後，側掛車數量迅速增長，2005 年市場規模達到 22 億美元，2006 年達到 42 億美元，2007 年年底開始萎縮，2009 年市場出現停滯狀態。

（9）天氣衍生品

1997 年，安然公司與科赫公司以美國威斯康星州東南部港口城市密爾沃基 1997—1998 年冬季氣溫為參考，達成一項基於氣溫指數的交易，標誌著天氣衍生品市場的誕生。隨後，歐洲 1998 年引入天氣衍生品，日本 1999 年引入

天氣衍生品。1999年，天氣衍生品在芝加哥商品交易所正式掛牌交易，CME首先推出4個美國城市的天氣期貨和期貨期權交易。2001年，倫敦國際金融期貨交易所推出倫敦、巴黎和柏林三個城市的每日氣溫匯編指數合約，通過其電子平臺交易。天氣衍生品2006年規模達452億美元，2007年下降到192億美元，2008年回升到320億美元，2009年再次下降到151億美元。總的來說，天氣衍生品正逐漸全球化，由場外交易轉向場內交易，交易品種和風險日趨多元化，參與者類型更加多樣化。

（10）CME颶風指數期貨和期權

美國芝加哥商品交易所2007年3月12日推出三種類型的CME颶風指數期貨和期權，2008年4月3日推出基於CHI指數的颶風二元期權。CME颶風指數期貨和期權交易額具有一定規模，是目前唯一掛牌交易的巨災期貨和期權。

巨災聯繫證券的出現，為人們提供了轉移和分散巨災風險的新工具，提高了巨災的承保能力和風險管理效率，實現了保險市場與資本市場的融合。當前巨災聯繫證券出現兩個發展趨勢，一是多重巨災風險證券化。針對多種類別的巨災風險發行巨災聯繫證券，可以提高風險對沖效率，降低發行成本。二是「儲架發行」流行。發起公司採用儲架發行，可以降低發行成本，把握最佳發行時機。

儘管巨災聯繫證券取得了很大的發展，但由於交易成本太高、流動性不足、監管和會計政策的不一致、定價過於複雜且難以理解、缺乏標準化的定量評級方法等原因，導致其規模始終有限，無法應對巨災發生的巨大損失，還出現部分巨災聯繫證券產品因交易量太小而被迫退出市場的現象。

### 1.4.2 「四性」分析

巨災聯繫證券在穩定性、收益性、流動性和保障性（簡稱「四性」）方面具有明顯的特徵。從穩定性看，巨災聯繫證券的發行和交易受巨災事件的發生影響較大，往往某一巨災事件發生，會激發人們轉移和分散巨災風險的需求，從而提高發行和交易量。如果較長時間未發生巨災事件，人們的購買熱情會大大下降，發行和交易量也會急遽下降。此外，巨災聯繫證券的價值也會受到巨災事件的較大影響，導致其價格在巨災發生前後出現劇烈波動，表現很不穩定。

從收益性來看，由於巨災風險巨大且難以評估，投資者要求較高的風險補償，因此巨災聯繫證券的收益率通常會高於同種級別的公司證券，同時也提高

了發行人的避險成本。

從流動性來看,巨災聯繫證券由於定價複雜難以理解,標準化程度不高,市場參與者有限,因此交易不夠便利,流動性明顯不足,這也是制約巨災聯繫證券規模增長的重要因素。

從保障性來看,儘管資本市場容量巨大,但真正能夠通過資本市場來轉移和分散的巨災風險比例很低,巨災聯繫證券的市場規模非常有限,就連資本市場發達的美國也只有約20%的巨災風險通過巨災聯繫證券來承擔。巨災聯繫證券主要適用於巨災峰值風險,風險覆蓋範圍較為狹窄。市場規模受限,加之風險覆蓋範圍較窄,使巨災聯繫證券對巨災風險的保障並不充足,大規模的巨災損失無法通過巨災聯繫證券來保障,中低層次的巨災風險也無法通過巨災聯繫證券來保障。

### 1.4.3　巨災補償基金對巨災聯繫證券的優勢

巨災補償基金在穩定性、流動性和保障性方面對巨災聯繫證券具有優勢,收益率通常更低。首先,巨災補償基金採用國家資金專戶和社會資金專戶兩個獨立帳戶,由國家資金專戶承擔巨災損失的補償,巨災補償基金本身並不承擔任何巨災風險,從而基金價值能夠保持穩定,不會受到巨災事件的影響。此外,巨災補償基金在全國範圍內發行,發行規模依據各區域巨災預期損失大小,具有發生量和交易量大,發行和交易規模較為穩定的特點。因此,巨災補償基金在規模和價格上比巨災聯繫證券更為穩定,也更有利於市場交易和流通。

巨災補償基金除註冊區域不同外,其他要素基本相同,標準化程度較高,面值較小,易於為投資者理解和接受,市場參與者廣泛,而且其規模和價值較為穩定,能夠通過全國統一的二級市場順利流通和交易,因此其流動性要優於巨災聯繫證券。

巨災補償基金在全國範圍內發行,發行規模大,且資金來源廣泛,並針對不同層次巨災損失設計有相應的分擔機制,因此對巨災損失有充足的補償能力,能夠覆蓋高中低各種範圍的巨災風險,在保障性方面明顯優於巨災聯繫證券。

巨災補償基金由於主要投資於國債等安全性較高的金融產品,加之投資收益的一部分要上繳給國家資金專戶,因此,投資者並不能獲得較高的收益,其收益主要來源於對巨災風險的保障。巨災補償基金的收益率通常要低於巨災聯繫證券,其發行成本相應也要低於巨災聯繫證券,從而降低了發行人的避險

成本。

### 1.4.4 巨災補償基金對巨災保險、再保險的優勢

巨災補償基金在信用風險、流動性風險、道德風險、逆向選擇風險的管理方面對保險、再保險有一定的優勢，同時通過科學合理的補償比例的設計，也能有效控制基差風險。

從信用風險看，巨災補償基金由國家資金專戶和社會資金專戶存放管理，規模很大，且有政府提供的兜底擔保，擁有足夠的償付能力，因此幾乎不存在信用風險。

從流動性風險看，巨災補償基金標準化程度高，可以在全國統一的二級市場上流通和交易，變現能力強，因此其流動性遠遠強於保險、再保險。

從道德風險看，巨災補償基金採取確定的補償比例，投資者自留了一部分巨災風險，有動力採取防災減災措施，以減少自身的損失，因此有利於降低道德風險。

從逆向選擇風險看，巨災補償基金不會拒絕任何想規避巨災風險的投資者，可以根據全國和區域的預期巨災損失大小供給合理規模的基金份額。而且，由於高風險區域獲得的補償比例較低，低風險區域獲得的補償比例較高，鼓勵人們減少在高風險區域的生活、生產活動，有利於減少巨災風險暴露，降低未來巨災損失。因此，巨災補償基金有效地規避了逆向選擇風險。

從基差風險看，巨災補償基金與基於實際損失進行理賠的保險、再保險相比，要高一些，不過由於巨災補償基金的補償比例是依據不同區域的預期巨災損失，借助歷史數據，經過各方面專家嚴密論證和設計，與實際巨災損失具有很高的相關性，因此基差風險也較低。而且，巨災補償基金與基於實際損失進行理賠的保險、再保險相比，省去了定損和補償的巨大工作量，大大縮短了補償過程，提高了補償的效率。

## 1.5 中國巨災救助體系現狀

面對巨災風險，中國頒布實施了一系列減災法律、法規，在減災工程、災害預警、應急處置等方面做了大量工作，2006年國務院發布的《國家突發公

共事件總體應急預案》①。按照各類突發公共事件的性質、嚴重程度、可控性和影響範圍等因素，將其分為四級：Ⅰ級（特別重大）、Ⅱ級（重大）、Ⅲ級（較大）和Ⅳ級（一般），並具體規定了每一級的量化分級標準，這有利於進行更為有效的管理。政府還積極推動社會力量參與減災事業，積極參與減災的國際合作，基本形成了亞洲地區減災合作的工作框架。

這一系列的工作在一定程度上增強了中國抗禦巨災風險的能力，但中國至今尚未建立制度性的巨災補償機制，更沒能建立相應的可持續的經濟機構在財力上加以保證。存在的弊端概括如下：

### 1.5.1 巨災相關法律制度不健全

和防災減災相關的法律法規主要有：《中華人民共和國防洪法（1997）》《中華人民共和國防震減災法（1997）》《中華人民共和國減災規劃（1998—2010年）》《國家自然災害救助應急預案（2006）》等②，都是規定政府機構如何應對洪災、地震、火災等自然災害時的原則。關於巨災保險的法律方面，1995年中國《保險法》出抬，巨災保險並未納入其中③，1996年中國人民銀行規定，自當年7月1日起實施的新的企業財產保險條款中，將洪水、地震和臺風等巨災風險從基本責任中剔除，並將洪水風險列為企業財產綜合險的承保責任範圍。而在2000年和2001年，保監會連續下發了關於地震保險的通知，指出「地震險只能作為企業財產保險的附加險，不得作為主險單獨承保」。因此，在汶川地震前，各保險公司只將洪水災害作為特附加險種承保，而對地震、海嘯等巨災風險，保險公司則不予承保。終於，2008年12月十一屆全國人大修訂的《中華人民共和國防震減災法》明確提出，國家發展有財政支持的地震災害保險事業，鼓勵單位和個人參加地震災害保險。要積極研究推動巨災風險制度的建立，逐步完善巨災風險分散機制④。但也只是規定了基本原則，並沒有具體的可行性方案，缺乏可操作性。

---

① 國務院. 國家突發公共事件總體應急預案 [EB/OL]. http://news.xinhuanet.com/politics/2006-01/08/content_4023946.htm.

② 新華網. 防災減災專題資料 [EB/OL]. http://news.xinhuanet.com/ziliao/2006-07/26/content_4880109.htm.

③ 《保險法》第101條僅僅規定「保險公司對危險單位的計算辦法和巨災風險安排計劃，應當報經保險監督管理機構核准。」

④ 作者不詳.《中華人民共和國防震減災法（修訂草案）》的說明 [EB/OL]. http://www.gov.cn/jrzg/2008-10/29/content_1134041.htm.

### 1.5.2 補償主體單一、補償比例低下

目前中國的巨災補償，主要是由政府的民政部門進行救助性補償。以汶川地震為例，在此次地震中，國家提出要通過政府投入、對口支援、社會募集、市場運作等方式，多渠道籌集災后重建資金。其中，最主要的資金來源是政府投入和社會募集，國家發改委發布信息稱，截至 2009 年 5 月，共累計下達中央基金 1,540 億元；而社會募集方面，截至 2009 年 4 月 30 日共接受國內外社會各界捐贈款物合計 767.12 億元。所有這些資金之和，占汶川地震直接經濟損失 8,451.4 億元的比例也僅有 27%，這意味著震后重建的絕大部分，即 73% 的資金，仍然需要災區和災民自己籌集。

圖 1-1 反應了 1991—2008 年中國政府的救災支出和自然災害造成的經濟損失的對比關係。從圖中可以看出，中國政府的救災支出相對於直接的經濟損失來講無異於杯水車薪。如果將間接損失也包括進來，按一般研究的結果，間接損失約等於直接損失，則這一比例僅為現在直接損失的 1/2（見表 1-4）。

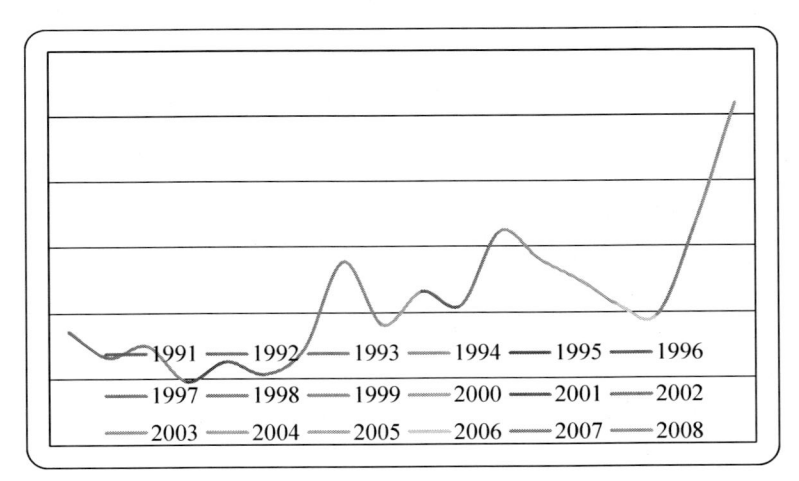

圖 1-1　中國自然災害中政府撥款占直接經濟損失的比例（1991—2008）
　　說明：根據表 1-4 整理得到。

表 1-4　　1991—2008 年中國自然災害造成的人員傷亡、
經濟損失和政府撥款數據

| 年份 | 受災人數（億人） | 死亡人數（人） | 直接經濟損失（億元） | 政府撥款（億元） | 政府撥款占經濟損失比例（%） | 人均受損（元） | 人均補償（元） | 死亡人數增長率（%） | 直接經濟損失增長率（%） | 政府撥款增長率（%） |
|---|---|---|---|---|---|---|---|---|---|---|
| 1991 | 2.8 | * | 1,215 | 20.9 | 1.72 | 433.93 | 7.46 | * | * | * |
| 1992 | 2.4 | * | 854 | 11.3 | 1.32 | 355.83 | 4.71 | * | -29.71 | -45.93 |
| 1993 | 2.09 | 6,125 | 993 | 14.9 | 1.50 | 475.12 | 7.13 | * | 16.28 | 31.86 |
| 1994 | 2.54 | 8,549 | 1,876 | 18 | 0.96 | 738.58 | 7.09 | 39.58 | 88.92 | 20.81 |
| 1995 | 2.4 | 5,561 | 1,863 | 23.5 | 1.26 | 776.25 | 9.79 | -34.95 | -0.69 | 30.56 |
| 1996 | 3.23 | 7,273 | 2,882 | 30.8 | 1.07 | 892.26 | 9.54 | 30.79 | 54.70 | 31.06 |
| 1997 | 3.3 | 3,212 | 1,975 | 28.7 | 1.45 | 598.48 | 8.70 | -55.84 | -31.47 | -6.82 |
| 1998 | 3.5 | 5,511 | 3,007.4 | 83.3 | 2.77 | 859.26 | 23.80 | 71.58 | 52.27 | 190.24 |
| 1999 | 3.53 | 2,966 | 1,962 | 35.6 | 1.81 | 555.81 | 10.08 | -46.18 | -34.76 | -57.26 |
| 2000 | 2.79 | 3,014 | 2,045.3 | 47.5 | 2.32 | 733.08 | 17.03 | 1.62 | 4.25 | 33.43 |
| 2001 | 2.6 | 2,538 | 1,942.2 | 41 | 2.11 | 747.00 | 15.77 | -15.79 | -5.04 | -13.68 |
| 2002 | 2.3 | 2,840 | 1,717.4 | 55.5 | 3.23 | 746.70 | 24.13 | 11.90 | -11.57 | 35.37 |
| 2003 | 3 | 2,259 | 1,884.2 | 52.9 | 2.81 | 628.07 | 17.63 | -20.46 | 9.71 | -4.68 |
| 2004 | 3.4 | 2,250 | 1,602.3 | 40 | 2.50 | 471.26 | 11.76 | -0.40 | -14.96 | -24.39 |
| 2005 | 4.06 | 2,475 | 2,042.1 | 43.1 | 2.11 | 502.98 | 10.62 | 10.00 | 27.45 | 7.75 |
| 2006 | * | 3,186 | 2,528.1 | 49.4 | 1.95 | * | * | 28.73 | 23.80 | 14.62 |
| 2007 | 3.98 | 2,325 | 2,363 | 79.8 | 3.38 | 593.72 | 20.05 | -27.02 | -6.53 | 61.54 |
| 2008 | 4.78 | 88,928 | 11,752.4 | 609.8 | 5.19 | 2,458.66 | 127.57 | 3,724.86 | 397.35 | 664.16 |

說明：1. 表中數據根據 1991—2008 年間民政部《民政事業發展統計公報》整理得到。

2. 由於 1990 年及以前災害損失統計主要集中於農業方面，統計資料並不完整，所以上述數據從 1991 年開始。

3. 表中 * 號表示：在民政部《民政事業發展統計公報》中沒有相關數據。

### 1.5.3　巨災保險業落後

中國保險業發展水平還不高。截至 2006 年年底，保險公司數目美國為 5,800 家，英國為 827 家，中國香港地區為 288 家，而中國內地地區共有保險機構 98 家。相對於歐美、日韓等國家的保險業來說，中國的保險業還有很大的差距。相對於發達國家家庭財產投保率 30%～40%，中國的家庭財產性投保率僅為 5% 左右，可見中國的保險密度和保險深度都還很低。

巨災風險方面的差異就更大了，因為中國幾乎還沒有規模化的巨災保險業務。這一方面是由於中國社會主義的性質使人們的投保意識不強；另一方面是

由於中國傳統的商業保險公司無法提供巨災保險所致。根據2008年9月在成都召開的「巨災風險管理與保險」國際研討會①的信息,在2008年年初的南方雨雪冰凍災害中,保險賠付近50億元,僅占1,516.5億元損失中的3%;直接經濟損失為8,451.4億元的汶川大地震,保險業的賠付為18.06億元,保險賠付率僅為2.1‰。而2008年全世界因巨災造成經濟損失2,690億美元中,保險賠付的損失為525億美元,占19.5%。可見,中國巨災保險的賠付對全部損失來說,幾乎沒有發揮作用。

### 1.5.4 補償額與獲賠成本不匹配

從獲賠成本角度看,由於主要的補償資金來源於財政資金,而財政資金來源於地方和中央政府的稅收。稅收來源於每個納稅人,而獲賠的只是部分災民,這對未受災的地區顯然有失公允。另一方面,不同人的納稅額不同,但受災后的補償額卻基本上按人頭平均補償,這對於納稅額較高的人也是不公平的。所以,表面上公平的補償方式,「免費」和「無償」的形式背後,隱藏著許多的不公平。這意味著對不同的人而言,其獲賠的成本可能存在較大的差異。這種不公平的存在,必然影響人們納稅的熱情、影響政府政策的有效性、公信力和可持續性。

### 1.5.5 補償機制與防控機制相互脫節

目前,補償機制另一個明顯的缺陷,就是巨災的補償機制與防控機制之間可能嚴重脫節。目前以財政為主的救助性補償機制中,出資的是政府財政部門,而負責減災、賑災的則是民政部門,中間缺乏有利益驅動的經濟實體或部門作為連接的紐帶,也缺乏由利益驅動的監督、約束和協調機制,兩大部門能否真正協調運作,完全取決於政府的行政效率。

在關於巨災的法律法規方面可以看出,在防災方面,雖然中國長期以來執行的是「防重於治」的方針,但真正對巨災風險的預防、特別是事前防災和減災方面,仍主要是由政府在推動,缺乏有直接利益相關機構或經濟體的參與,尤其是具有嚴格利益約束的主體參與,這是中國長期以來巨災預防效率低下的重要原因之一。

綜上,中國巨災補償和救助體系存在眾多問題,嚴重影響著中國人民生活

---

① 作者不詳.「巨災風險管理與保險」國際研討會 [EB/OL]. http://finance.newssc.org/system/2008/10/07/011164883.shtml.

以及中國的經濟發展。下文將在前文的基礎上，探索建立適合中國現狀的巨災補償體系。

## 1.6 中國巨災補償體系建立的基本原則

結合中國的政治和經濟特徵以及中國巨災保險業發展水平的現實，我們認為構建中國巨災補償體系的時候，至少應遵循以下幾個方面的原則：

### 1.6.1 兼具公益性和商業性的原則

鑒於中國社會主義制度的基本特徵，巨災風險下照顧好每一個公民是政府的基本職責，巨災補償基金必須同時兼具公益性和商業性。公益性是為了體現社會的公平和道義，是政府不放棄任何一個納稅人基本承諾所要求的；而商業性則是為了保證基金運作的效率、為基金籌集更多的補償資金，增強基金實力的基本保證。既要體現公平，又要保證效率；既要體現公益性，又要保持商業化運作，這是建設中國社會主義巨災應對體系的基本要求。

### 1.6.2 跨險種、跨地區、跨時間的「三跨」原則

雖然國際上應對巨災風險的基金多以單一巨災風險為基礎設置，但我們認為在中國目前巨災保險還十分落後而且巨災風險又時常威脅著我們的時候，可先考慮不過分嚴格地區分具體風險，而是將多種巨災風險統一起來設置統一的基金，以解決當前暫時無法精算到具體險種的問題。

同樣，由於不同巨災風險在不同地區的分佈極不平衡，例如，沿海一帶的臺風巨災很常見，但地震風險相對較小；四川省幾乎沒有臺風巨災風險，但卻有較高的地震風險威脅。嚴格而精確的區域分佈研究，很難在短期內完成，因此，我們認為，只要能在可接受的範圍內加以區分，就可以面向全國各地統籌兼顧地安排統一的基金，而不必按行政或自然區劃設立局部性的基金。

巨災的發生時間，帶有很強的不確定性，即使對週期性顯著的臺風、洪澇等巨災，其準確的發生時間，也是極難準確預測的。加之，巨災發生概率低而損失巨大，如何做到在沒有巨災的時候為可能到來的巨災風險做好準備，也就是在時間上做到統籌兼顧，也是必須考慮的，否則，很難保證基金的可持續運行。

### 1.6.3 精確性與經濟性平衡的原則

由於巨災風險在精算方面的特殊性，比如不符合套數定律等，以致要準確地將巨災風險精算到某個特定的投保人十分困難。從另一角度看，這種精算在巨災風險下，究竟是否有必要，也是值得思考的。就目前受制於人類認知以及科技發展水平，確實難以精算到具體投保人的情況，如果不計成本非要沿用精算的方法，要具體計算到每個投保人、每座房子、每個年齡段、每種文化背景等，即使在技術上是可行的，也可能是很不經濟的。何況巨災風險發生後，在很短的時間內要精確計算不同投保人的損失差異，常常是不可行的。

我們認為，巨災應對體系的建設，不應斤斤計較於是否精確的問題，而應當本著有益於大多數人、總體有效的目標，適當兼顧精確性和經濟性，以增強相關制度的可操作性和適用性。

### 1.6.4 可持續性原則

巨災風險，並不是一次性風險，而是持續面臨的、隨時可能需要面對的風險，這就要求所建設的巨災應對體系必須是常設的、可持續發展的，特別是在經濟上必須是可持續的。這就要求該體系應按照成本與補償對等、誰貢獻誰受益的原則進行營運。公益性補償，其貢獻理應由財政來完成，具體方式包括初始出資、后續出資、稅收減免，或按人口數量強制收取定額巨災專項稅等方式來完成。而商業性補償部分，則理應根據其出資、出資的增值情況，以及增值部分給補償基金所做出的貢獻來衡量。只有這樣，才可能建立起可持續經營的巨災應對體系。

### 1.6.5 有利於風險預防和控制的原則

這一原則是根據當前中國防災和抗災脫節這一現實提出的，也有利於彌補當前防災和救災之間缺乏有經濟利益驅動的實體作為紐帶的問題，這一點在國外主要是通過調整保險費率和證券評級等方式在控制；但完全依賴經濟手段，在危急時刻未必真正有效；將經濟手段與行政手段結合使用，可能更符合中國的實際。

巨災保險中普遍存在道德風險的問題，而巨災聯繫證券中，尤其是那些直接以物理指標為觸發機制的證券中，則普遍存在基差風險的問題。對於巨災應對體系，如何將災前預防、災時救助和災后重建有機統一起來，在基差風險和道德風險之間取得平衡，也是必須考慮的基本要求。

## 1.7 巨災補償基金模式分析

根據前述原則來分析，目前全球已經在運作的巨災應對模式中，還沒有能同時滿足前面五條原則的。潘席龍等（2009）提出的巨災補償基金，從理論上能符合上述要求。這是一種政府與市場結合型的巨災風險應對模式，其充分整合政府、資本市場、保險市場、信貸市場的資源，兼具社會保障基金、證券投資基金和巨災保險的特點而又不同於它們，能夠在時間上、空間上、險種上更為有效地分散巨災風險、克服中國巨災保險極不發達的現實問題，下面簡要介紹其內容，以便為進一步的研究奠定基礎。

### 1.7.1.1 基本架構

巨災補償基金的基本架構如圖1-2所示，其基本特點是政府提供初始資金建立巨災補償基金公司，下設社會帳戶和政府帳戶的雙帳戶；社會帳戶負責基金的資金累積、政府帳戶負責災后的補償；社會帳戶以提交一定比例的收益作為期權費，獲得災后政府帳戶按社會帳戶投資人淨值的一定倍數進行補償的權利；以雙帳戶共同投資、獨立核算的方式，將基金的一級市場和二級市場分開，避免巨災風險對二級市場的直接衝擊；再以政府財政及其融資能力作為補償資金來源的最后保障，確保基金的正常運轉。

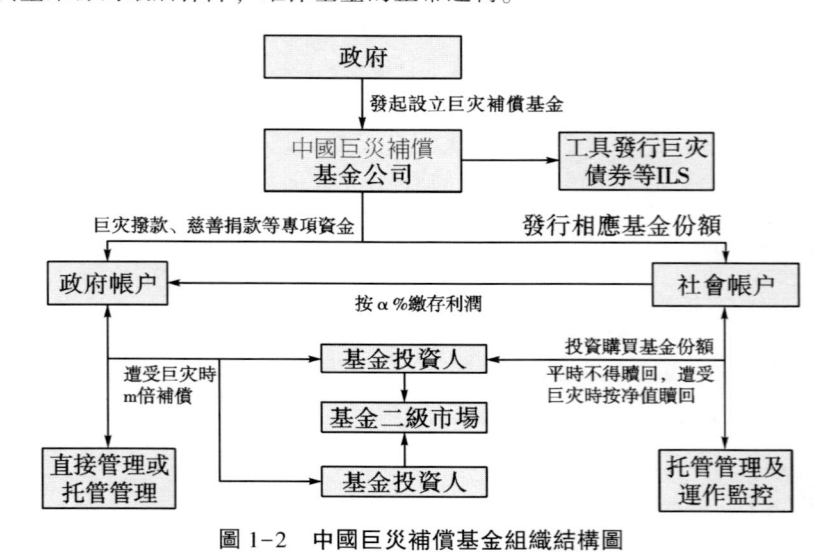

圖1-2 中國巨災補償基金組織結構圖

巨災補償基金公司為核心管理機構，由政府設立、控制和管理，負責巨災補償基金的經營和管理，具體包括發行巨災補償基金、巨災債券和其他非傳統風險轉移工具，直接或委託專業機構營運所籌資金，對所委託專業機構進行遴選、監管和考核，分設政府資金專戶和社會資金專戶並協調運作，建立和維護基金投資人帳冊，發生巨災時核定受災註冊區域投資人並進行補償等。

巨災補償基金理事會是巨災補償基金公司的決策機構，直接隸屬國務院，負責巨災補償基金的統籌規劃和重大事項決策，包括發展計劃、基金發行、融資、年度預決算、巨災理賠、財務報告審核、委託專業機構的遴選和考核、召開基金持有人大會和向國務院報告等。

巨災補償基金公司可以自己投資營運所籌資金，但主要是委託專業的證券公司、基金管理公司、託管銀行和審計機構等負責基金的發行、銷售、投資、託管、財務審計等，從而可以大大精簡機構和人員，降低自身營運成本和提高運作效率，這有點類似土耳其巨災保險基金。

### 1.7.1.2 應對策略

通過充分整合政府、資本市場、保險市場和信貸市場的資源，採用基金、再保險、信貸、非傳統風險轉移工具等多種金融手段，由政府資金專戶保證社會效益，社會資金專戶保證經濟效益和基金可持續發展，從而實現巨災風險的跨時間、跨空間、跨險種的廣泛分散，為民眾提供廣覆蓋、綜合性、高效率的巨災風險保障體系。

### 1.7.1.3 金融產品

所使用的金融產品包括基金、巨災債券、其他非傳統風險轉移工具、信用貸款、再保險等，投資者向巨災補償基金公司購買巨災補償基金，巨災補償基金公司發行巨災債券和其他非傳統風險轉移工具，在國內、國際市場購買再保險，以及在資金不足時向銀行貸款。由於基金面向廣大民眾和機構發行，所以能迅速籌集足夠規模的資金，並使風險在不同地區和不同主體之間廣泛分散。同時，再保險、巨災債券和其他非傳統風險轉移工具的使用，使風險在國內、國際市場上得以有效分散。在面臨補償不足時，還可借助國家信用進行融資，從而保證了基金的穩健運行和可持續性。

### 1.7.1.4 資金來源

巨災補償基金的資金來源廣泛，具體包括：由政府出資的啟動資金、財政資金、社會捐助、基金銷售收入、投資收益及留成、再保險的補償、巨災債券和其他非傳統風險轉移工具的補償、信用貸款等。由於資金來源廣泛，巨災補償基金有足夠的償付能力，加之國家信用的擔保和採用固定補償額，幾乎可以

應對各種巨災風險。

### 1.7.1.5 運作方式

巨災補償基金公司向投資者發行巨災補償基金份額，所募集資金存入社會資金專戶，財政資金和社會捐助存入政府資金專戶，社會資金專戶和政府資金專戶相互獨立。巨災補償基金公司直接營運或委託專業機構營運所籌資金，對社會資金專戶和政府資金專戶分別採用不同的營運管理方式，前者以商業標準管理，更注重盈利性，后者按政府目標管理，更注重公益性。

社會資金專戶有年度盈餘時，按一定比例向政府資金專戶上繳利潤，以此換得巨災發生時，政府資金專戶向災區基金持有人給予其權益 $m$ 倍的補償，加上災區基金持有人向社會資金專戶贖回所持基金份額，這樣災區基金持有人一共獲得其所持權益 $m$ 倍的補償。實際上相當於社會資金專戶或投資人以自身投資收益的一部分向政府資金專戶購買了連續的分期保險，或與政府資金專戶簽訂了一份永久性互換協議，以不確定性收益的 $\alpha\%$ 換取巨災時政府資金專戶 $m$ 倍補償的現金流。社會資金專戶上繳的 $\alpha\%$ 利潤增強了政府資金專戶的累積能力，不斷擴大其規模，提高其償付能力，同時也向其轉移了全部的巨災風險。政府資金專戶獲得穩定資金來源的同時，也承擔了相應的巨災風險，$m$ 倍的超額補償完全來自政府資金專戶。社會資金專戶由於完全轉移了巨災風險，其基金份額的價值得以保持穩定，從而能夠在二級市場順利流通和交易。

為了增強償付能力，巨災補償基金公司還在國內、國際市場上購買再保險、發行非傳統風險轉移工具，把更高層次的巨災風險向保險市場和資本市場轉移，甚至在自身資金不足時還可以借助國家信用以較低成本融資，從而保證了基金的穩健、可持續營運。

通過政府資金專戶和社會資金專戶之間的互換交易，兼顧了公益性和商業性，發揮了政府資金和社會資金各自的優勢，使政府和市場的邊界明確，各自權利和義務清晰，能夠形成良好的協調聯動機制，從而為其高效運作奠定基礎。

### 1.7.1.6 損失分擔

巨災補償基金的損失分擔分為五層：

第一層：投資者自留，由投資者自身承擔。投資者購買巨災補償基金向巨災補償基金公司轉移巨災風險，但並非完全轉移了巨災風險，因其發生巨災時規定的 $m$ 倍所持基金權益的補償，並不一定能完全彌補其巨災損失；作為一種商業和市場行為，投資人有權、也有能力根據自身的抗風險能力和風險承受水平，自主決定其投資於巨災補償基金的金額和比例。同時，由於投資本身具

有機會成本，需要在補償收益和機會成本方面進行平衡，為了這種平衡，投資者有採取防災減災措施的內在動力，有利於降低道德風險。

第二層：巨災補償基金公司的 $m$ 倍投資人基金權益的補償。由於採取固定補償比例，相比於保險業務，省去了複雜的定損和理賠過程，因此其補償將更為迅速，效率更高。

第三層：高層次的巨災風險由巨災補償基金公司購買的再保險等進行分擔。

第四層：超高層次的巨災風險由巨災補償基金公司發行的巨災債券等非傳統風險轉移工具承擔。

第五層：當巨災補償基金公司資金不足時，由國家信用擔保進行融資，保證及時補償和可持續經營，並在后期的長期經營中逐步償還。

從以上損失分擔層次可以看出，巨災補償基金首先通過投資者購買基金在不同主體、不同地域之間實現了風險分散，並通過基金的累積實現時間上的風險分散；然后借助再保險、非傳統風險轉移工具在縱向層次上實現風險分散，充分利用了資本市場和保險市場的巨大風險承擔容量；最后還借助了國家信用的兜底擔保。可見，該模式構建了非常嚴密的風險承擔體系，足以有效應對各種巨災風險，並持續穩健運行。

## 1.8　巨災補償基金相對財政救助的優勢

巨災補償基金整合政府資源和社會力量，融合保險市場和資本市場，跨越國內市場和國際市場，具有對公共財政或公益救助的比較優勢，具體如下：

（1）提升供給能力和保障水平。巨災補償基金由於資金來源渠道廣泛，規模巨大，相比公共財政或公益救助的單一渠道，能為更多人提供巨災保障，覆蓋更多種類和更高層次的巨災風險。而且，投資者根據自身的巨災風險暴露和風險偏好，在一定的限額內可以購買任意數量的巨災補償基金，從而通過市場選擇實現其自身的風險收益的最佳組合，使不同層次的投資者都能獲得自身需求的巨災風險保障，提高了整個社會的巨災保障水平。

（2）提高效率。巨災補償基金借助市場約束和政府監管，相比僅靠政府監管的公共財政，或僅靠社會監督的公益救助，其透明度更高，治理更有效，能夠提高巨災補償的速度和質量，最大化補償資金的使用效率。

（3）降低成本。巨災補償基金的補償比例經過科學計算，與各區域的巨

災預期損失相匹配，對巨災補償成本進行了有效控制，有利於降低救災成本。而公共財政或公益救助屬於軟預算約束，在救災過程中難免出現補償標準不一、擠占挪用、虛報損失、甚至貪污腐敗等現象，造成嚴重浪費，導致救災成本過高。

（4）提供正向激勵。巨災補償基金通過投資者的巨災風險自留部分和差別化的補償比例，能有效降低道德風險和逆向選擇風險，激勵人們防災減災努力和減少高風險區域的生活生產活動，從總體上降低巨災風險暴露。而公共財政或公益救助則容易使人們產生依賴心理，缺乏防災減災的動力，甚至導致「慈善危害」，不利於降低巨災風險暴露和未來巨災損失。

（5）有效分散風險。巨災補償基金通過聚合不同區域、不同種類的巨災風險，合理的巨災風險分擔層次設計，以及借助保險市場和資本市場、國內市場和國際市場，實現跨空間、跨時間、跨險種的巨災風險分散，巨災風險分散更充分，更高效。而公共財政或公益救助的風險承擔主體過於單一，風險過於集中，容易出現財務困難、償付能力不足的問題，無法為人們提供穩定、可持續的巨災風險保障。

綜上所述，我們認為巨災補償基金制度是一種創新的應對巨災風險的金融機制設計，其相對於公共財政、公益救助、巨災保險和再保險、巨災聯繫證券等，都具有顯著優勢，也能很好地同時滿足前面的五項基本原則，適合中國國情。以下各章分別對巨災補償基金的目標、特徵、運作模式、補償機制進行理論分析，並結合中國的巨災風險進行模擬研究。

# 2 巨災補償基金制度設計概述

巨災補償基金的制度設計,由潘席龍等於2009年提出,后於2011年左右完成了基本的制度建設[①]。為了本題研究的需要,這裡就這一制度設計的主要內容進行說明,為進一步的研究奠定基礎。

## 2.1 設立巨災補償基金的目標

中國是世界上自然災害發生最頻繁的少數幾個國家之一,且具有災害種類多、發生頻率高、分佈地域廣和造成損失大幾個特點。隨著中國經濟的快速增長和人口與財富的大量聚集,巨災所造成的損失呈現進一步擴大的趨勢。與之形成鮮明對比的是,中國還未能形成較為有效的巨災風險管理和補償體系,主要還是依靠災后融資機制。這樣,一方面使政府被迫成為巨災風險的承擔主體,將大量財政資金用於災后重建,對經濟恢復產生不利的影響;另一方面,財政救助支出對於巨災的天量損失只是杯水車薪,無法給予受災群眾合理的補償。因此,為了確保國家經濟的持續健康發展和社會的穩定,建立符合中國國情的巨災風險管理和補償長效機制已迫在眉睫。在這一方面,發達國家主要採用以保險機制為主的巨災管理和補償體系,但是目前中國再保險市場的發展尚未成熟,保險公司累積的巨災風險無法有效分散,所以這種模式並不適用於中國。於是,基於利用金融市場分散風險和調動個人進行巨災風險管理積極性的考慮,建立巨災補償基金的設想應運而生。

### 2.1.1 基本目標

巨災補償基金建立的基本目標就是集政府和民間資本的力量,以市場機制為核心、兼顧公平和效率,實現中國主要巨災風險的跨地區、跨險種、跨時間

---

[①] 潘席龍.巨災補償基金制度研究 [J].成都:西南財經大學出版社,2011.

的分擔和共濟。

相較於目前中國對巨災風險管理單一地依靠政府發放的巨災補償款，巨災補償基金還能利用民間資本的力量，可以集眾多基金持有人之力，來分擔少數受災地區的巨災風險，減少政府的財政負擔以及由財政補償產生的低效率和舞弊問題。同時，巨災補償基金通過市場化運作，由專業的基金管理公司進行日常管理，大大地增強了資金的利用效率。在巨災發生時，根據巨災發生所處的註冊地以一定比例補償基金持有人，避免了由政府補償所造成的表面公平而實際的不公平，很好地兼顧到了基金資金的利用效率與補償災區受災人群時的公平問題。由於巨災發生在時間和區域上的隨機性，我們提出註冊地的制度設計。這樣，基金投資者就可以隨時購買不同巨災類型、任意註冊地的基金份額，即使該投資者在該註冊地並沒有要進行巨災風險管理的資產。這樣設計的好處在於：巨災發生造成的損失不再僅由災區人民來承擔，而是由所有購買過該註冊地基金份額的基金持有人共同分擔。實現了對巨災風險的跨地區、跨險種、跨時間的分擔和共濟。

### 2.1.2　政府目標

巨災補償基金的建立對於政府來說主要是為了發揮財政資源的乘數放大效應。相對於直接的災后救濟，巨災補償基金對財政投入具有更加積極的放大效應，主要通過以下幾個渠道實現：通過財政投入的示範和幫扶作用實現投入的放大效應，還可以激勵普通民眾增加對基金的購買；同時，放大了原始財政投入和普通民眾基金投入的作用範圍，形成更大的保障合力，從而在發生自然災害的情況下，基金公司提供的補償金足以補償災民的大部分損失，並能提供充足的再生產啓動資金，有利於快速地恢復生產生活。另外，建立巨災補償基金能提高財政投入使用效率而實現放大效應。面對各種自然災害風險，通過巨災補償基金開展防災防損工作，如通過協助政府確定防災重點，開展防災檢查，及時採取風險防範措施，有利於增強普通民眾的風險防範能力，降低自然災害發生所造成的損失；借助市場化手段，充分利用商業化基金公司在組織結構、風險測算、資產管理和風險控制等方面的優勢，可以有效避免財政支出的行政管理損耗，降低政府財政資金的管理成本和營運成本，而財政投入資金使用效率的總體提升，將在整個國民經濟產生乘數效應，從而更好放大財政資金的支持作用。

補償基金的建立旨在解決政府救災效率和舞弊問題。目前，中國應對自然災害主要是靠政府救助為主的救災減災模式。災害發生時，往往是由國務院牽

頭，協調民政、財政、交通運輸、慈善等各方面來應對災害。雖然這體現了政府組織的組織性與協調性，顯示了集中力量辦大事的社會主義優越性，但是以政府救災為主的模式存在效率問題和舞弊問題：一是顯性效率比較低，自然災害發生後，面對大範圍人員傷亡、財產損失和災區重建的壓力，即便政府下撥充足的資金，除了短期的應急物資能比較快地運抵災區，其他的災後重建撥款往往是滯后的，從經驗看通常要經過許多審批環節和流通環節才能到達災區，顯性效率較低。二是從效用上來看，政府撥付的賑災款並不能保證其效用最大化。這是由於財政撥款的公共性和競爭性，各災區如何爭奪有限的財政資源，有時會比如何將這些資源發揮出最大的效用還重要。「爭而不用，爭來濫用」的現象很難避免。三是容易滋生舞弊腐敗的現象。由於救災體制、機制的漏洞和災難時期監管不力，侵吞、挪用救災資金等現象在歷次巨災中都頻頻出現。許多地方官員，尤其是鄉村兩級的幹部群，不乏有將救災款用於個人或單位的福利的現象。

在巨災補償基金的制度設計中，上述的低效率和舞弊問題都有望得到有效解決。第一，一旦災害發生，基金的持有人就能很快按約獲得補償款。在災害發生後，只要基金持有人符合補償條款，不需要對持有人的實際損失進行評估，就能獲得補償，在速度上遠高於保險類產品先定損後補償的速度。第二，基金補償提升了補償基金的利用效率。基金補償是有償的、額度是有限的，是直接補償給受災的持有人的，其產權是非常明確的。而財政補償資金在數量上沒有確定的限制，也無需償還，因而極有可能促使人們將注意力放在獲取更多補償金上，而沒有注重對補償金的使用。第三，基金補償比財政補償更有利於國民經濟的持續發展。基金補償金來自於沒有發生巨災時的累積，不會減少社會生產建設基金。在快速補償後，各種生產條件能及時得到恢復和重建，有利於國民經濟的恢復和持續發展。第四，商業化的基金合同為基礎，相關主體的權責利很清晰，可以有效杜絕許多舞弊問題。直接以現金進行補償，受災的持有人可以根據自身的需要購買必要的生活和生產物資，也可避免物質補償時用途方面的限制。

當前中國救災實行的是政府主導、財政撥款、對口支援為主的制度。儘管這樣的體制在某些方面也有其優勢，但也存在前文所述的弊病。分割管理方式很容易造成救災資源過度轉移。比如救災資金分別由財政、民政、衛生、水利、農業、教育、交通部、發改委等部門負責下撥。其中，民政作為災害管理的綜合協調部門，掌握了救災的大部分資源；水利部門負責水旱災害；發改委負責災后重建的公共設施投入和移民安置補助；教育部門負責學校恢復重建的

投入；農業部門則負責農業災后損失補助工作；交通部門負責修復損毀的交通設施；衛生部門主要在災害發生后提供醫療救助。

地方發生災情後，救災的資金需要分頭申請，按「條條」下撥，這樣就人為割裂災害救助體系的整體性，導致各部門從自身利益出發，盡量多爭取救災款，以確保本部門救災任務的完成。政府救災體制的計劃性就不可避免地導致資源過度的轉移。儘管通過計劃手段調配救災資源在維持大局穩定上有其優勢，但是由於決策者不可能完全掌握災區信息，且不同主體的利益訴求不同，因而通過計劃調配救災資源存在一些局限性，比如地區將救災物資分配做不到完全的公平，災情發布及時、充分的地區可能會得到更多的救助，而信息閉塞的災區則獲得較少物資，然而閉塞的地區往往受災更嚴重。另外，不同利益主體的尋租行為也會導致救災物資的過度轉移。巨災補償基金是一種市場化的機制，旨在通過市場這一無形的手調配社會救災資源，能較好地克服信息不對稱導致的救災效率的低下，同時通過完善的法律條款減少救災中可能出現的腐敗與尋租行為，另外可以發揮基金管理公司的專業及網點佈局優勢，使受災人員得到合理的災害補償，減少社會資源的分佈不均與浪費。

總的來說，政府資金的主要目標一是要維持巨災補償基金的穩健運行；二是在保持基金運作效率的同時，兼顧補償過程中的公平性，特別是針對受災的貧困人口等提供最基本的社會保障。

### 2.1.3 企業目標

企業的基本目標是在一定成本條件下獲取最大利潤，提高企業價值。因此，企業管理者所採取的所有投融資活動及經營管理策略都是圍繞這一基本目標進行的。自然災害對於企業行為具有非常規、超強度的影響，像地震、洪澇、臺風、海嘯等會對企業造成不同程度上的經濟損失，甚至可以將一個企業完全摧毀。

從這方面來說，企業主要有以下目標：一是當面對巨災發生的潛在威脅時，企業要採取一定的災害風險管理措施，將面臨的巨災風險有效地轉移和分散。前面提過巨災風險對於企業的影響強於任何企業所面臨的任何風險，特別是處於災區的企業，更要將巨災風險管理作為經營的一項重要工作。因此，企業有必要採取措施降低巨災發生對自身造成的損失，購買巨災保險或巨災補償基金能很好地將巨災風險轉移和分散。二是將巨災風險管理的成本控制在可接受的範圍內，企業購買巨災補償基金的資金不能用於其他生產與投資活動，這部分資金構成企業進行風險管理的成本。企業衡量其他風險管理方法如購買保

險或採取措施增強財產的抗風險能力所付出的成本，當持有巨災補償基金的成本較低時，企業會採取購買巨災補償基金來管理巨災風險。三是在災害發生後，企業要盡量在最短的時間內完成重建和恢復正常的經營。巨災發生後，企業的直接經濟損失已經成為沉沒成本，無法收回。企業為避免更多的損失，就必須更快地重建工廠及機器設備，恢復生產。

### 2.1.4　個人目標

在傳統的自然災害風險管理模式下，人們往往是被動地接受自然災害可能帶來的人員以及經濟損失。一方面可能使人們長期累積的財富毀於一旦，另一方面，目前受災群眾更多的是依靠政府補貼、民政救災、社會救濟、政府低息或無息救災貸款與慈善等形式來分擔損失。這種方式明顯不足以解決巨災發生所造成的巨大經濟損失。巨災補償基金是一種事前的風險管理制度，災區的居民可以根據自己的風險暴露和支付能力，通過購買基金的形式，分散和轉移自身可能面臨的風險，可以提高災區居民的生活水平。與一般的商業型基金不同的是，巨災補償基金不是以盈利為目的的，而是具有社會互助救濟性質，其主要目的在於通過政府的領導和支持，組織災區的經濟補償。通過巨災補償基金，可以改變巨災損失的負擔方式，使損失不再是個體和一次性承受，而是分散與分期負擔，個人持有巨災補償基金使自身遭受的損失在較長的週期和較大的範圍內進行分散，在眾多的基金持有人之間進行分攤。這樣，災區居民的風險管理由自救轉為互助，使得災區居民的生活水平不會遭受大的波動。

另外，對經濟生活的個體而言，購買巨災補償基金可以做到「花小錢，辦大事」。相比之下，如果採取政府救助的手段，一旦發生大規模的巨災，風險暴露過大、政府負擔過重，而且公共資金向災害受難者的事後分配可能會影響到其他經濟項目的建設，拖累整體經濟的發展。投資者購買巨災補償基金的主要動機之一，是一旦發生巨災，巨災補償基金會給予投資者相對於其基金淨值數倍的補償。

### 2.1.5　不同主體的目標差異

綜上所述，不同主體在巨災風險管理方面有不同的利益訴求，因此各個主體對設立巨災補償基金的目標上存在差異性。政府作為巨災補償基金的設立者，主要目的一是通過設立基金，保證救災資源在地區和個人間分配的公平性和有效性，過去的救災資源配置缺乏合理的機制，很容易因為地方政府弄虛作假而造成資源的錯配。巨災補償基金可以通過商業契約的模式明確受災者應獲

得的補償金額，確保了資源的有效分配。二是通過解決救災資金劃撥的低效問題，防止災情的進一步擴大，保證受災地區和群眾獲得及時的補償，災后重建工作的及時進行，從而促進社會的穩定。巨災補償基金的國家帳戶由中央政府統一管理、統一調配、專款專用，可以避免多層審批帶來的低效，使救災資金盡快投入使用。

對於企業來說，其參與巨災補償基金主要是從效率的角度出發。對於擁有大量固定資產的企業來說，巨災造成的損失可能是致命的，而且巨災風險具有很強的不可預測性，而巨災補償基金能夠為企業提供所持基金份額數倍的補償，對於企業具有一定的保險功能，因此能夠有效減少企業的營運風險，提高經營效率。非常重要的一個差別是，購買巨災補償基金不是一項費用支出，而是一項安全性高、能夠獲取穩定收益、且能分散和轉移巨災風險的投資，這也是巨災補償基金區別於一般巨災保險業務的重要特徵。

另外，個人在巨災風險管理上不同於政府和企業的是：個人是自身財產的完全所有人，要對財產的損失承擔全部責任，以及在巨災發生時自身和家人的生命安全也在很大程度上受到威脅。巨災補償基金對於個人的吸引力在於一方面購買了基金份額的投資者在災后可以獲得數倍的補償，從而將災害造成的不良影響最小化；另一方面，由於購買基金是契約行為，即使個人在巨災中失去了生命，他的親友也可以繼承補償。這樣就大幅提高了個人和家庭的安全感。其次，巨災基金的補償是以投資人所持資金份額作為標準，其市場化的分配原則也很好地消除了由於資源分配不均帶來的心理的不平衡感。

### 2.1.6　不同主體目標的統一

儘管政府、企業和個人在巨災風險管理上存在差異性，但不同個體之間的目的有共同的一點：兼顧公平與效率。

自由主義認為公平是只要不侵害他人的基本權利，個人憑藉自己擁有的各種要素稟賦所掙得的一切都是合理的，因此，物質利益的公平分配原則就是公平競爭或機會均等的原則。而平等主義則認為公平不僅是基本權利的分配應當遵循平等的原則，物質利益的分配也應當遵循平等的原則。平等主義實際上考慮的是一種絕對公平，即給與相同的對象以相同的待遇。而這種情況在現實情況下是不存在的，因為不存在各個屬性都完全相同的對象，也就無法用給與相同的待遇來判定公平。自由主義則考慮的是一種相對公平，每個人的稟賦差異是客觀存在的，只有區別每個人對基金的貢獻度來分配資源才是公平的。巨災發生後，巨災補償基金是根據基金持有人持有基金份額的淨值來補償的，實際

上投資者在購買基金份額多少時就已經區分出每個人的貢獻差異。同時，也避免了依靠政府補貼出現的表面公平而實際不公平。政府的財政支出主要來源於稅收，而每個人的稅收負擔是不一致的，雖然政府補償相同的金額給受災人群，表面上看似公平，而實際上稅收貢獻上本身卻是不同的，所以，當前中國財政救助中人均分配資源的做法，實際上是不公平的。

## 2.2 巨災補償基金的基本特徵

### 2.2.1 雙帳戶設計

巨災補償基金在資金管理方面，由兩個相互獨立的帳戶構成，分別管理政府資金和社會資金。二者統一進行投資和管理，以期在一定的風險水平下獲得投資收益，但是兩個帳戶是分別獨立核算的。兩個帳戶間的關係為，社會資金帳戶每月的投資收益，將按一定的比例上繳給政府帳戶，以換取在巨災發生時，受災區的基金持有人可以按多倍於其持有的權益獲得補償的權利。因此，在本質上，兩個帳戶資金之間的關係，可看作是一種連續的分期保險或一份永久性互換協議，也可看成是一種永久性的連續多次以一部分投資收益支付期權費，換取遭受巨災時的補償權的期權合約。

雖然巨災發生時，政府對持有人的補償可能會大於受災地區持有人所貢獻的收益，但由於巨災一般不會在所有地區、所有的基金持有人中同時發生，而補償基金跨區域、跨風險種類和跨時間進行補償時，正好可以集眾多基金持有人之力、集廣大未受災註冊地之力，來分擔少數受災地區的巨災風險；雙帳戶的設計，正是實現這種三跨的重要基礎。

雙帳戶設計的第二個優勢，是避免巨災對基金二級市場的衝擊。雙帳戶設計下，巨災發生後補償基金的來源，是政府帳戶，社會帳戶不會直接受到巨災風險的衝擊，從而能確保基金淨值的穩定性、保證基金在二級市場交易的穩定性和連續性。這一特點，使我們的基金不會像巨災債券那樣，一旦發生約定的巨災，債券將直接受到衝擊，甚至直接被退市。即使在政府帳戶補償金不足的情況下，由於兩個帳戶的獨立性，政府也無權直接動用基金持有人的資金用於補償，這也為基金的二級市場的穩定性提供了充分的保障。二級市場的穩定運作，使我們的基金相對於保險等其他工具，有更強的流動性。

雙帳戶設計的第三個優勢，是有助於將基金的公益性和商業性有機統一起來。對災民的公益性補償，比如，保障災民在一段時間內的起碼的生活需求的

補償，是從政府帳戶優先支出的，而政府資金不足時，可由政府以其他方式籌集，並不會影響到基金的社會持有人，也就是說，這種公益性補償，並不會影響到基金持有人的收益。而且，基金持有人本身遭受巨災時，也同樣可以享受到相應的公益性補償。

### 2.2.2 註冊地設計

中國地域遼闊，不同地區發生巨災的種類和概率是不同的，例如長江流域洪澇災害的發生是比較頻繁的，而東南沿海地區夏季經常暴發臺風災害，華北的干旱和半干旱地區比較容易出現旱災，而處於地震帶上的城市發生地震的概率要比其他城市高很多。這些巨災在不同時間和不同地區發生的情況是很不相同的，為了把巨災風險在時間和空間上進行分散，需要將巨災補償基金所包括的區域在全國範圍內進行綜合分析。

基於此，我們提出了基金註冊地設計這一想法，即巨災補償基金會根據災害發生的種類、發生概率以及損失程度，以行政區域為單位，設立不同的基金註冊地。巨災補償基金的主要目的是發生巨災后對基金份額持有人進行補償，為了對不同地區、不同災害、不同的損失程度進行合理的補償，註冊地劃分的科學性、合理性、實用性，就成了這一制度體系的關鍵。

註冊地制度是指巨災補償基金投資者在申購基金份額時，要根據基金本身面臨的巨災風險的區域分佈，對持有的基金份額進行註冊登記。巨災發生后，巨災補償基金的管理人就需要根據登記在冊的法定受災範圍內的巨災補償基金持有者名單，並按事先確定的補償方式及比例進行補償。以註冊地替代保險合約中的投保人，是鑒於巨災風險難以精算到特定個體，但在相對較大的空間範圍內，仍然可以估算，以可以接受的「不精確」換取管理和營運效率的一種方式。

巨災補償基金的註冊地在初始申購確定以后並不是不能更改的，它可以在交易系統中進行變更，但是必須合乎相關要求。對巨災補償基金註冊地的更改主要分為兩個方面：一個是主體未變更的更改；一個是主體變更的更改。主體未變更的更改可能是因為工作調動、遷居等原因造成的，巨災補償基金的持有人並沒有發生變化，只是單純地變更註冊地，並沒有交易介入。這種情況下，巨災補償基金的最短持有期限不需要重新進行計算，只是未改變註冊地前的延續，只要註冊地變更前的持有時間加上變更后持有的時間超過了最短持有時間，巨災補償基金的持有人就能在災后獲得全額補償。因為巨災補償基金持有人並未發生變化，同時災后獲償需要提供身分證和資產證明並與註冊地比較的

要求，使得不存在常態性巨災風險的投機行為，所以最短持有時間不需要重新計算，疊加計算即可。巨災補償基金為了維持資金的穩定性，認購和申購后，未發生巨災的情況下不允許贖回，只能通過二級市場交易。交易產生了巨災補償基金持有人變更的註冊地變更。對於這種註冊地的變更，實質上購買者相當於在二級市場上按照交易價格申購了巨災補償基金，變更註冊地後需要按照新申購巨災補償基金的要求重新計算巨災補償基金的持有時間，必須在持有期滿一年後才能在災後獲得全額補償。這樣要求是為了防止對常態性巨災風險的投機行為。因為如果沒有這種規則要求，在某個區域某種巨災的高發季節即將到來之前，基金投資者可以通過二級市場大量買入該地區的巨災補償基金，如果巨災真的發生，他將不花費任何成本的獲得額外補償，如果過了這個高發季節巨災未發生，他可以賣出巨災補償基金，收回投資。為了杜絕這種情況的發生，主體變更的註冊地更改，巨災補償基金的持有時間必須清零重新計算。

### 2.2.3 期權特徵

期權又稱為選擇權，是在期貨的基礎上產生的一種衍生性金融工具。它指在未來一定時期可以買賣的權利，是買方向賣方支付一定數量的金額（指權利金）後擁有的在未來一段時間內（指美式期權）或未來某一特定日期（指歐式期權）以事先規定好的價格（指履約價格）向賣方購買或出售一定數量的特定標的物的權利，但不負有必須買進或賣出的義務。從其本質上講，期權實質上是在金融領域中將權利和義務分開進行定價，使得權利的受讓人在規定時間內對於是否進行交易，行使其權利，而義務方必須履行。

根據巨災補償基金的運作模式，社會帳戶資金取得的利潤必須按一定比例向國家帳戶上繳，這是為了換取在巨災發生時，災區基金持有人能夠得到政府帳戶資金一定倍數的補償權利。

因此，巨災補償基金具有期權的特徵，社會帳戶向政府帳戶繳納的一部分資金就相當於是購買期權的期權費，將自己所面臨的巨災風險，比如財產損失，按幾倍於自己投資的價格，轉讓給了國家帳戶；如果不發生巨災，上繳的利潤作為期權費是不能退的，而一旦發生約定的巨災風險，政府帳戶就有義務按幾倍於持有人權益的價格，「買入」持有人所面臨的巨災風險，也就是說，可以理解為以巨災風險為標的的美式看跌期權。

### 2.2.4 投資特徵

基金發行籌集的資金是基金的投資資金，其投資收益扣除基金經營管理相

關費用后所實現的盈利，屬於基金的全體投資者，其中包括政府資金和社會資金，在分配上完全按照出資比例進行分配。

與普通基金不同的是，巨災補償基金的本金及投資收益只有在遭受巨災的情況下，經申請才能贖回。在沒有發生所約定的巨災時，基金雖然定期公布投資和營運情況，報告基金淨值，但持有人不能直接要求基金贖回基金份額或兌現。如果基金持有人確實需要變現時，只能通過二級市場的轉讓來實現。從這方面來講，巨災補償基金屬於半封閉式基金，從投資期限上來看，屬於長期投資。由於可以在二級市場轉讓，其實際的期限，也完全可以取決於基金持有人的投資需求。

從投資特徵來看，還有一個重要特徵就是其收益的分享性。基金持有人資金的投資收益須按一定比例分配給政府帳戶，也就是要和政府分享投資收益。加之基金本身對安全性的要求，巨災補償基金從投資收益看，特別是就歸基金持有人的收益部分，不會太高，或更準確地講，應屬於低收益投資工具。

巨災補償基金的另一個投資特徵，是路徑依賴性。由於基金持有人想要從國家帳戶獲得遭受巨災后得到補償的權利，而這項權利具體在什麼時候實現，則要取決於約定的巨災什麼時候發生；這種設計隱含的是一種典型的美式期權，使得整個投資的實際收益表現出很強的路徑依賴性。

### 2.2.5 半封閉式

封閉式基金（close-end funds）是指基金的發起人在設立基金時，限定了基金單位的發行總額，籌足總額后，基金即宣告成立，並進行封閉，在一定時期內不再接受新的投資。開放式基金（open-end funds）是指基金發起人在設立基金時，基金單位或者股份總規模不固定，可視投資者的需求，隨時向投資者出售基金單位或者股份，並可以應投資者的要求贖回發行在外的基金單位或者股份的一種基金運作方式。

巨災補償基金既不同於封閉式基金也不同於開放式基金，而是同時體現了開放式與封閉式基金的特點。由於巨災補償基金在巨災發生時要應對巨災風險，需要巨大資金量來補償災區註冊基金持有人一定比例的補償額。所以，投資者在申購基金上是自由開放的，這和普通開放式基金相同，投資者可以隨時購買基金份額，所以基金的規模將隨著投資人購買量的增加而不斷擴大。但是，由於巨災風險在發生的時間、空間上都很不確定，且一旦需要補償時，資金需求也很巨大。為此，我們所設計的巨災補償基金在贖回方面不是全開放，只是半開放或半封閉的。其封閉性指的是只有在持有人遭受約定的巨災風險

時，才能要求基金贖回基金份額、兌現本金和收益；巨災補償基金的開放性，則是指任何可能面對巨災風險的主體，都可以隨時、按面值購買巨災補償基金，除了一些必要的總量和結構限制外，不受其他限制。

### 2.2.6　保值性

巨災補償基金在收益性上，也不同於普通的巨災保險工具。普通的保險工具，定期繳納了保險費後，可以獲得在投保期間的某種保障，但其有效性受保單時效的直接限制，即使在有效期內，也無法給投保人帶來直接的投資收益（分紅型保險中的收益，本身並不是保險業務帶來的，而是附帶的其他投資帶來的收益）。巨災補償基金則因基金投資取得收益的高低而不同，正常情況下，都能獲得一定的收益。即，巨災補償基金具有保值和增值的作用。

在巨災相關業務中，這一特徵非常重要，因為，這有利於克服保險類業務中投保人的僥幸心理。正如前面分析到的，巨災風險發生概率低而損失巨大。在保險類業務中，許多投保人會買了上百年的巨災保險而不會遭受事實的巨災風險，容易給投保人一種錯覺，就是上百年的保費都「肉包子打狗——有去無回」了。所以，在巨災保險市場存在一種普遍現象，巨災剛過去不久時，巨災保險市場火爆異常，大家爭相購買；而時間一長，就「門前冷落」了，許多先前購買巨災保險的投保人紛紛斷保或棄保。巨災補償基金則不存在這個問題，基金本身是具有現金價值的，而且可以通過二級市場變現，完全可以成為一種獨立的投資工具。

## 2.3　巨災補償基金的運作模式

由於巨災補償基金帶有一定的公共性、政府支持的背景和政策性傾向，所以該基金的組織設立只能由政府來完成。首先由政府設立巨災補償基金理事會，巨災補償基金理事會是巨災專項資金帳戶的受託管理人，其角色類似於全國社保基金理事會，經費實行財政全額預算撥款，負責基金的歸集與支付，組織專家進行資產分配和投資決策，制定評估投資經理人的基準並評估其業績。

基金發行並申購完畢后，就進入整個基金的資產管理與二級市場的買賣階段。在沒有巨災發生或年末社會資金有盈餘時，巨災補償基金應按 $\alpha\%$ 的比例向巨災專項資金帳戶提交利潤。這是為了在巨災發生時，災區基金持有人能夠得到政府資金 $m$ 倍的補償。另外，在沒有巨災發生的年份時，基金持有人不

能贖回持有的基金份額，這體現了巨災補償基金半開放式的特徵。而在巨災發生時，基金持有人既可以贖回基金份額，也能獲得巨災專項資金 $y$ 倍於基金持有人份額的補償。另外，基金投資者可以在二級市場自由買賣基金，但不同於其他基金的是巨災補償基金的交易要涉及更改基金註冊地的問題。

由於巨災補償基金由政府組織設立，為了提高運作效率，巨災補償基金公司將採用全球競標的方式，將基金的投資管理以及資產的保管、監督分別外包給專業的基金管理公司和基金託管人負責。這是擺脫政府出資並直接管理基金公司行政色彩和低效率的重要舉措，也是基金面向市場便於分散巨災風險的重要基礎。

## 2.4　巨災補償基金的模式選擇與運作架構分析

目前有三類具有代表性的基金運作模式能夠部分滿足設立巨災補償基金的要求，分別是：與巨災保險相關的巨災保險基金，具有公共品性質的社會保障基金和活躍於資本市場的證券投資基金。以下將進一步討論這三類基金作為巨災補償基金基礎的適用性。

### 2.4.1　巨災保險基金

世界許多國家和地區已建立起了巨災補償體系，這些補償體系都與保險直接聯繫，大多數以巨災保險基金為主要的運行管理機構，在政府和再保險公司不同程度的參與下，層層分保，以應對巨災發生時大額的保險補償，實現巨災風險的分散轉移。如，美國的加州地震局（California Earthquake Authority，CEA），土耳其巨災保險共同體（Turkish Catastrophe Insurance Pool，TCIP），臺灣省住宅地震保險基金（Taiwan Residential Earthquake Insurance Pool，TREIP），新西蘭的地震委員會（Earthquake Commission，EQC）等。

綜合各國及地區的巨災保險基金或類似組織的特徵和功能進行分析。巨災保險基金是政府或保險共同體建立，不以盈利為目的的基金組織形式，旨在通過集合私人保險市場承保的全國範圍內的巨災風險進行統一的管理，可以通過國際再保險等方式將風險分散到國際資本市場，在巨災發生時，由該基金負責部分或全部補償。雖然各國和地區的巨災保險基金名稱各不相同，但都充當著巨災承保人或再保險承保人的角色。按設立方不同可分為公辦民營和私有私營，按保險公司參與的自願性分為強制性和非強制性；按政府是否承擔風險，

分為政府提供擔保、部分擔保和不擔保等不同類型。其中，比較具有代表性的是政府有限參與的美國加州地震局（CEA）和政府公有的新西蘭地震委員會（EQC），CEA中政府不承擔任何巨災風險，由基金自負盈虧，而EQC中政府則承擔了最終的巨災風險。

新西蘭的政府地震保險制度是世界上最早的政府地震保險制度。1993年，新西蘭國會通過地震委員會法案，原「地震與戰爭損害委員會」正式更名為「地震委員會（EQC）」，採取公辦民營的方式，專門負責地震保險事務。目前EQC已累積有約56億美元的巨災風險基金，基金的主要來源是強制徵收的保險費以及基金在市場投資中獲得的收益，並有國際再保險和新西蘭政府的擔保。EQC的財政來源，並不依靠政府的撥款，但是政府必須補足基金的虧空，以確保其在標準普爾3A的評級。新西蘭的自然災害保險叫做EQ Cover保障，除了地震風險以外，還包括海嘯、火山爆發等其他自然災害以及戰爭損失，這一保險會自動附加到家庭房屋或家庭財產的火災保險單上。在居民向保險公司購買房屋或房內財產保險時，這一保險的保費會被強制徵收，並由私營保險公司代收，在扣除2.5%的代收佣金後，再將淨保險費撥付給EQC。EQC在補償上不同於CEA，首先，當巨災發生時，先由EQC支付2億新元，其次，EQC還利用國際再保險市場進行分保，當地震損失超過2億新元時，則啟動再保險方案。最後，當巨災損失金額超過地震委員會支付能力時，政府將發揮托底作用，負擔剩餘全部理賠支出，為此EQC每年需向政府支付一定的保證金。

1996年美國加州政府贊助成立了「加州地震局（CEA）」，由一部分自有資本和保險公司、再保險公司根據各自的市場佔有率繳納保險金，同時發行收入債權（revenue bond），以此共同組成地震基金。加州地震局（CEA）是一個公眾管理私有基金，其主要目的是為州內居住房屋的所有者、居住者等提供地震保險。CEA作為一個私人實體營運，資金來源於保險公司支付的保險金和自有資本，由會員保險公司、地質科學機構和政府官員共同管理，但是，整個州政府對加州地震局沒有任何的責任，風險由各家保險公司承擔。所有在加州有營業執照的財產險保險人都可以加入CEA，根據他們的市場份額來繳納一系列費用，並且一旦加入，就將其承保的所有地震居民保單都轉移給了CEA，並協助受理新的投保申請和進行保單管理。在CEA發生虧損的時候，參與保險人進行攤派。當巨災損失超過整個保障體系的保障能力時，由保單持有人（居民）承擔最終風險，即損失超過系統的保障能力後，損失將按比例在保單持有人之間分攤。CEA是目前世界最大的地震保險供應者之一，並且被認為是一種成功的政府與市場的合作模式。

不論如何分類，各國和地區的巨災保險基金的功能和運作模式大致類似，通過巨災保險基金實現對巨災保險的單獨管理，同時，巨災保險基金作為非營利性機構，是政府和保險公司之間的紐帶，一方面發揮政府的支持作用，另一方面發揮保險機構分佈廣、承保理賠方面的優勢，通過政府支持、保險公司參與，將不可保的巨災風險變為可保的風險。

巨災補償基金的典型運作模式如圖2-1所示：

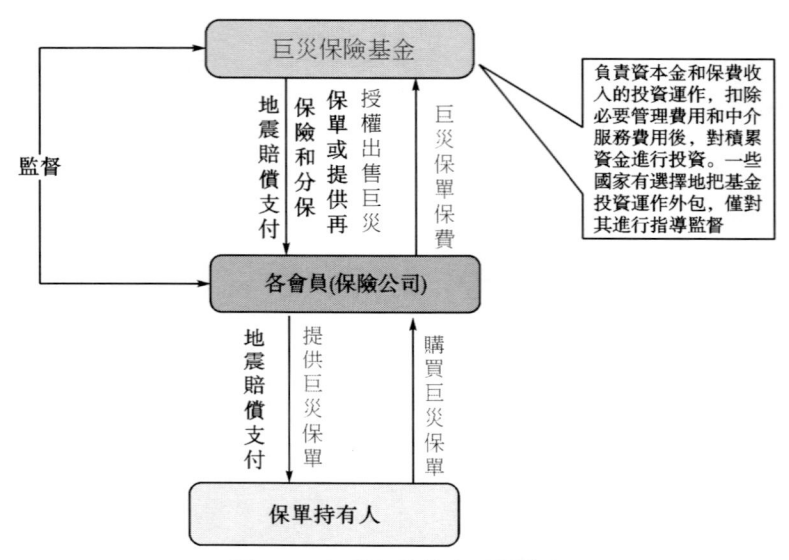

```
                    ┌─────────────┐
         ┌─────────→│ 巨災保險基金 │←─────────┐
         │          └─────────────┘          │  負責資本金和保費收
         │           │ │ │ │ ↑               │  入的投資運作，扣除
         │        授 保 地 保 巨               │  必要管理費用和中介
         │        權 單 震 險 災               │  服務費用後，對積累
   監督  │        出 或 賠 和 保               │  資金進行投資。一些
         │        售 提 償 分 單               │  國家有選擇地把基金
         │        巨 供 支 保 保               │  投資運作外包，僅對
         │        災 再   付   費               │  其進行指導監督
         │          ↓ ↓ ↓ │ │               
         │         ┌─────────────┐
         └─────────│各會員(保險公司)│
                    └─────────────┘
                     │ ↑ ↑
                  地 提 購
                  震 供 買
                  賠 巨 巨
                  償 災 災
                  支 保 保
                  付 單 單
                     ↓ │ │
                    ┌─────────┐
                    │ 保單持有人 │
                    └─────────┘
```

圖2-1　巨災保險基金運作模式

綜合以上分析，巨災保險基金的特點有：①專門機構專項管理。巨災保險基金是專門針對巨災風險的分散轉移而設立的組織形式，通過廣泛累積資金，實現巨災風險的跨時期、跨地域分散。②以巨災保險為基礎，主要通過收取保費收入形成資金池，對保險業的成熟度有一定依賴。③不論是政府出資組建，還是民營保險公司共同組建，以及政府是否提供最后的擔保，都需要政府通過立法等形式給予政策性的支持，包括財政補貼、稅收支持、強制保險等。④充分利用資本市場，實現資金的保值增值。⑤在災後巨額保險補償中起到了至關重要的作用，是維護保險公司健康有效營運的重要保證。

然而，根據設立巨災補償基金的要求，巨災保險基金並不適合作為擬建立的巨災補償基金的基礎，這是由中國的國情和巨災風險的特殊性所決定的：

第一，中國的保險深度和密度都很低，保險業技術條件也較為落後，行業承受巨災風險的能力弱，而巨災保險從模型設定分析，費率釐定到定損補償，

都需要較高的專業技術和成熟的內外部環境，在中國設立巨災保險體系需要過程。

第二，即使國家資助或者全資成立巨災保險基金，由於中國的地域寬廣、人口眾多且巨災頻繁，不論實施強制性還是半強制性的巨災保險，災後巨額的賠款也將給國家財政帶來巨大的壓力，我們看到的其他國家和地區之所以能夠在建立巨災保險基金後持續發展，一個共同的特點是這些國家和地區相對中國國土面積或人口規模都要小很多。

第三，巨災保險存在著較強的道德風險。道德風險的存在使得保險人疏忽或有意減少對巨災的防範，降低了事前防控的效率，雖然一些國家在巨災保險中規定了保險人保巨災險應具備的條件（如，地震險中對房屋建築的質量要求等），但道德風險仍然存在，承保人無法獲得保險人獲得保險後的更多後續信息。

第四，巨災保險涉及的損失評估系統和理賠機制比一般的保險更為複雜，而災害發生後為了應對必要的生活開支急需大量資金，巨災保險無法滿足資金迅速到位的要求。

第五，保險保單不同於證券投資工具，具有較低的流動性和靈活性。投資人選擇了保險，雖然得到了風險的轉移，但一旦到期可能得不到任何回報，同時，保單一旦購買無法轉讓，保單持有人缺乏收益獲取和風險承擔之間的自主選擇，尤其在中國國民保險意識較為淡薄的情況下，更大地降低了巨災保險的吸引力。雖然國家可以實施強制性或半強制性的巨災保險，但這種非市場化的干預可能帶來社會福利的無謂損失。

由此，我們認為，針對中國當前的實際情況，我們還缺乏直接照搬國外的保險基金的巨災保險基礎，而巨災風險隨時都可能發生，我們也不可能一直等到中國巨災保險充分發達後，才考慮如何應對巨災風險的問題。所以，我們必須建立一種可以跳過保險環節，直接通過資本市場實現巨災風險的轉移分散的新型基金。

### 2.4.2 中國社會保障儲備基金

社會保障基金是根據國家有關法律、法規和政策的規定，為實施社會保障制度而建立起來的專款專用的資金。社會保障基金一般按不同的項目分別建立，如社會保險基金、社會救濟基金、社會福利基金等。目前，中國社會保險基金分為養老保險基金、失業保險基金、醫療保險基金、工傷保險基金和生育保險基金等。其中養老保險基金數額最大，在整個社會保險制度中佔有重要地

位。按照帳戶設置和資金來源，中國的社會保障基金包括以下四個方面：一是目前各省市區掌握的「社會統籌與個人帳戶相結合的」社會統籌部分的基金，主要來源於企業繳費，資金現收現付；二是「統帳結合」中個人帳戶上的資金，主要來源於職工個人繳費，資金完全累積；三是包括企業補充養老保險基金（也稱「企業年金」）、企業補充醫療保險在內的企業補充保障基金，資金完全累積，主要用於職工本人退休后使用；四是社會保險基金中屬於中央政府管理的全國社會保障基金（以下簡稱全國社保基金），這是中央政府集中的國家戰略儲備基金，由中央財政撥入資金、國有股減持或轉持所獲資金和股票、劃入的股權資產、經國務院批准以其他方式籌集的資金及其投資收益構成。該基金專門用於今后可能發生的各項社會保障支出，其性質是為了應付中國即將面臨的人口老齡化高峰的壓力而建立的儲備基金，用於填補今后中國社會保障體系的資金缺口。從嚴格意義上說，社會保障基金是指具有累積性質的基金。在中國，社會保險中的失業保險、工傷保險、生育保險等項目，以及社會福利基金、社會救濟基金、社會優撫基金一般採取現收現付制，並不用於資本市場投資增值，因此，可以將其資金收支過程視為單一的財政過程，而真正意義上的社會保障基金，主要是指投資於資本市場的基金和帳戶。因此，本書所要討論的社會保障基金主要針對由全國社會保障基金理事會管理的帶有儲備性質的基金。

　　中國的全國社會保障基金由全國社保基金會受託管理。社保基金會全國社會保障基金理事會（簡稱：社保基金會）是國務院直屬事業單位，經費實行財政全額預算撥款。其主要職責為受託管理全國社保基金、基本養老保險個人帳戶基金和原行業統籌企業基本養老保險基金，根據財政部與人力資源和社會保障部共同下達的指令和確定的方式撥出資金，制定基金的投資經營策略並組織實施，在規定的範圍內對基金資產直接投資，挑選、委託專業性的資產管理公司進行投資運作以實現保值增值，定期向社會公布基金資產、收益、現金流量等財務情況，承辦國務院交辦的其他事項等。可見，中國的社會保障儲備基金由社保基金會直接運作與社保基金會委託投資管理人運作相結合，委託投資管理人管理和運作的基金資產由社保基金會選擇的託管人託管。對資產結構實行比例控制。基金資產獨立於社保基金會、全國社保基金投資管理人和託管人的資產以及基金投資管理人管理和託管人託管的其他資產，基金與社保基金會在財務上分別建帳，分別核算。

　　中國社保基金的運行模式如圖2-2所示：

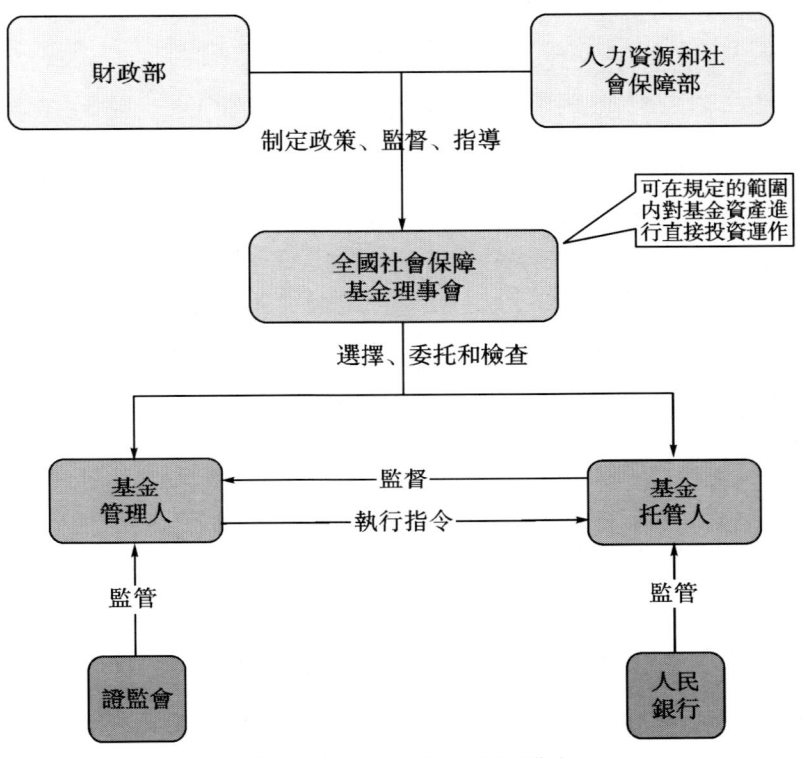

圖 2-2　中國社保基金運行模式

　　根據以上介紹可以歸納出全國社保基金的特點是：①法定性和強制性。全國社保基金是根據法律建立起來的，法律法規明確規定了基金的性質、來源、籌集、營運和監管等。②保證性和專款專用性。全國社保基金是一種福利基金，用以保障社會中由於生、老、病、傷等各種原因失去生活來源的社會成員的基本生活，由政府所屬的社會保障機構按政策規定進行科學管理，專款專用，不得挪用。③社會性和儲存性。社會保障是一項社會制度，全國社保基金的籌集和使用都在社會範圍內進行，通過法定的扣除、繳納和儲存，然後進行分配和使用。全國社保基金運行的社會性，使得其與企業基金、投資基金相比，對社會的影響力要大得多。一方面，全國社保基金的運行要受到社會、經濟、政治、文化、人口等眾多因素的影響；另一方面全國社保基金的運行也會對國民收入分配和再分配、社會生產、社會生活以及國家財政產生重大影響。同時，全國社保基金的儲存性特徵意味著，這部分基金一旦形成，除增值目的外，不能投資於高風險投資工具，同時投資本金和收益不用於分配，而是繼續

在基金中累積，以便在任何情況下都能使社會保障獲得物質保證。此外，全國社保基金累積的增長還可提高國家財政能力，應付意外事件和突發事故。因此，全國社保基金不僅具有儲備性的特點，還具有「蓄水池」和「調節器」的作用。④公益性。社保基金具有互助共濟的性質，國家可以通過社保基金對收入進行影響和調節，縮小收入差距，最大限度地實現社會公平的目標。

全國社保基金所具有的社會性、保證性、專款專用性、儲存性、公益性等特點值得本書討論擬設立的巨災補償基金借鑑。專門應對巨災風險的巨災補償基金應該在全國範圍內開展，實現風險的跨地域分散；應該使全社會成員都能公平參與，有效聚集全社會資金，從而迅速增強基金實力和抵禦巨災風險的能力，實現對巨災風險全面轉移和分散的同時為受災的社會成員提供幫助；籌集的基金資本應當謹慎投資，投資收益在基金中累積，實現資金的保值增值；基金應專門用於應對巨災風險，同時有國家一定程度的支持扶助；公益性是擬設基金的基本目標之一。

然而，全國社保基金的形式並不完全適合巨災補償基金。首先，全國社保基金以全民強制性保險為基礎設立，不適合巨災補償基金擬跳過保險環節的設定；其次，全國社保基金沒有有效區分財政資金和社會繳納資金，並對兩類資金實行不同的管理方式，這在某種程度上降低了基金管理的透明度；再次，巨災補償基金要求的流動性和靈活性全國社保基金的運作模式無法實現；最後，對於全國社保基金強制性徵收的特點，擬建立的巨災補償基金更傾向於非強制參與，讓社會成員充分自主地進行選擇，只是根據實踐中后期條件發展成熟後，可嘗試採用家庭強制購買一定數量基金份額，企業自願購買，家庭也可再額外購買，對於強制購買的給予較高的補償倍數，自願購買及額外購買的給予較低的補償倍數。

全國社保基金的運作在很大程度上體現了政府的參與，統籌管理社會資金，這為巨災補償基金中政府資金如何參與和管理提供了思路，然而，其所具有的強制性等特點不能滿足巨災補償基金商業性的要求，巨災補償基金不能完全複製全國社保基金的運作模式。

### 2.4.3 證券投資基金

證券投資基金是一種利益共享、風險共擔的間接集合投資方式，是通過發行基金單位，集合投資者的資金，由信譽良好的金融機構作為託管人保管所募集資金，同時委託具有專業知識和投資經驗的專家進行管理和運作，從事股票、債券等金融工具投資的專業投資方式。基金投資者（持有人）通過購買

證券投資基金間接投資於證券市場。

不論是何種類型的證券投資基金，一般包括四個主要當事人：基金投資者（或稱基金持有人）、基金發起人、基金管理人、基金託管人。一般情況下，基金發起人本身就是基金管理人，或者是基金管理人的控股股東，基金持有人相當於直接委託基金管理人進行投資。當然，在不同類型的組織結構和治理模式中，各個當事人的權責會有較大差異，在后文會分別進行論述。

證券投資基金相較於其他基金形式其特徵主要體現在以下幾個方面：①商業性。證券投資基金不論是公司型還是契約型的組織模式，都是追求利潤最大化的商業組織。它是一種利益共享，風險共擔的集合投資方式，根本目的在於控制風險最小的前提下追求最大收益，投資人可根據自身需要進行自願選擇。對證券投資基金的運作，政府不會直接干預，僅進行必要的政策制定和外部監督。②專業化投資。由於證券市場易受政治、經濟以及發行主體各個層次眾多因素的錯綜複雜的影響，一般投資者限於商業知識、精力、信息等的不足而難以取得理想的收益。投資基金的專業管理人員通常受過專門訓練，具有豐富的投資經驗和嫻熟的投資技巧，同時，投資的基金管理機構的經營所需，會把財力物力專注於信息的獲取和投資策略的研究，從而具有一定的信息優勢，會比一般的投資者能取得更好的投資收益。③投資的規模經濟。投資基金匯集眾多投資者的資金，總額龐大，在買賣證券時，在數量和金額上會佔有一定優勢，極大地降低了交易成本；④組合投資與分散風險。投資的準則之一是「不能把所有雞蛋放在一個籃子裡」。投資基金將匯集起來的資金分散投資於不同地區、不同行業的多種股票、債券、期貨等金融工具上，可以最大限度地降低風險。⑤小額投資，靈活選擇。投資者可以根據自己的實際情況，多買或少買基金單位，為中小投資者解決了「錢不多，入市難」的問題。

證券投資基金的這些特點很大程度上滿足了巨災補償基金商業性的要求，商業化的運作模式可以增強基金吸引力，提高基金運作效率，尤其是內部治理的效率。巨災補償基金不僅有財政資金投入，同時還要吸引社會資金，投資者對一種投資工具的選擇主要會考慮這三個方面：盈利能力、風險、流動性，所以巨災補償基金要以獲取投資收益為目標之一，為此，它必須具有商業化的運作模式。並且，這一基金要比商業保險更具有靈活性、流動性，從而更有吸引力。此外，從國有企業改革中可以看到，政府不當、過份干預下的管理和投資在一定程度上會降低營運的效率，所以，這一基金必須通過適當的商業化治理模式來降低或隔離政府的介入，以提高社會資金和財政資金的投資效率。因此，巨災補償基金的內部治理會在很大程度上參考證券投資基金的治理方式，

取其精華去其糟粕，尋找到適合本基金的模式。然而，巨災的特點決定了巨災補償基金必須有政府的參與，該基金應當具有的公益性特點是證券投資基金無法實現的，所以，純粹地照搬證券投資基金的運作模式並不可行。

綜合以上分析，巨災補償基金的建立，一方面集合國家、企業和個人的巨災風險資金予以專業化管理，降低全社會的巨災風險，要求具有公益性的特點；另一方面需要用商業化的運作方式，通過資本市場、國際保險市場、再保險市場轉移和分散風險。它同時具有證券投資基金、社會保障基金和巨災保險的特點，又區別於證券投資基金、社會保障基金和巨災保險。

前文已經討論了大多數國家應對巨災風險所採用的保險或保險基金並不適合中國國情，跳過保險環節直接參與資本市場是本書的選擇。根據建立巨災補償基金的要求，因為對基金的購買不具有強制性，要使基金對投資者有吸引力，提高基金的運作效率，巨災補償基金必定要選擇商業化的運作方式，在追求利潤的同時分散巨災風險，所以，它的運作更接近證券投資基金，同時，由於兼具公益性，巨災補償制度要求具有一定的公共性、政府支持的背景和政策性傾向，巨災補償基金需要具有社會保障基金的某些特徵。這就要求巨災補償基金需要同時參考證券投資基金和社會保障基金的運作模式，並有效地進行融合。

巨災補償基金採用商業化的管理方式，其運作類似於證券投資基金，但是由於存在補償性這一公益性的特性，會與證券投資基金有所區別，在設定巨災補償基金組織結構時，會以證券投資基金的組織結構為基礎。

## 2.5　巨災補償基金的類型選擇

證券投資基金按其法律基礎和組織架構來劃分，可以分為公司型基金和契約型基金。按基金份額能否贖回可以分為開放式基金和封閉式基金。下面將對這兩種類型進一步探討。

### 2.5.1　公司型與契約型基金的選擇

公司型基金在組織上是指按照公司法規定設立的、具有獨立法人資格並以盈利為目的的證券投資基金公司（或類似法人機構）；在證券上是指由證券投資基金公司發行的證券投資基金證券，公司型證券投資基金證券實際上是證券投資基金公司的股票。契約型（信託型）基金在組織上是指按照信託契約原

则,通過發行帶有受益憑證性質的基金證券而形成的證券投資基金組織;在證券上是指由證券投資基金管理公司作為基金發起人所發行的證券投資基金證券。這裡主要從組織形式上介紹兩種基金形式。

(1) 公司型基金

公司型基金(corporate fund)是由基金管理公司(投資顧問公司)和其他發起人共同發起並依據公司法組建的股份有限公司,基金公司通過發行股票或受益憑證的方式來籌集資金,投資者購買了該公司的股票,就成為該公司的股東,憑股票領取股利或利息,分享投資所獲得的收益並承擔相應風險。公司型基金通常沒有自己的雇員,只設立一個基金董事會來代表基金持有人利益並維護基金持有人權益,基金的各項事務主要委託其他公司完成。其中,基金的投資運作和日常的行政管理主要是通過信託機制委託給基金管理公司(投資顧問公司),基金資產的保管和監督主要是通過信託關係委託給商業銀行等基金託管人負責,基金銷售則通過契約選擇主承銷商組織進行。一家基金管理機構可以同時管理多只不同種類的證券基金。公司型基金主要的特點是,它存在一個代表並維護基金持有人權益的獨立法人機構——基金公司,而在契約型基金中沒有這個機構。

目前,公司型基金在美國發展最為成熟,稱為共同基金,其他國家和地區,如香港的互惠基金、英國的投資信託也為公司型基金。以美國公司型基金為例,簡要介紹其組織結構。

公司型基金以公司法為基礎,同時還受《投資公司法》等專門的法律約束。根據這種法律關係,公司型基金的運作包括下列當事人:

①基金投資者(investor):亦稱基金持有人(shareholder),以購買基金份額的方式成為投資公司的股東,具有與一般公眾持股公司的股東相同的地位和權利義務。

②基金公司:亦稱投資公司(investment company),就是基金本身。它是按照《公司法》和《投資公司法》的要求組建的具有獨立法律人格的組織。公司型基金的主體就是投資公司,它是一種基金股份公司。

③基金管理人(fund manager):亦稱投資顧問,基金管理人受投資公司的委託代為辦理所有與基金資產經營有關的業務。基金管理人按照基金章程的約定,經營管理基金資產,以達到基金資產增值的目的。

④基金託管人(custodian/depositary):投資公司委託託管人代為保管基金資產,它是基金資產的名義所有者,設立基金託管人的目的主要是防止基金管理人任意挪用基金資產,保障基金資產的安全。基金託管人除了負責安全保管

基金資產外，還負責接收基金管理人的投資指令，配合基金管理人辦理基金資產的清算交收、分紅派息業務。對於開放式基金，基金託管人也可辦理過戶代理業務。

⑤主承銷商（principal underwriters）：是指直接或間接地提供基金股份給經紀人或投資者的組織。

⑥行政管理（administrator）：主要是為基金提供行政管理服務，它可能是一家與基金有關聯的投資顧問公司，也可能是其他無關的第三方。服務內容主要包括監督為基金提供服務的其他公司的服務績效，保證基金合法營運等。通常會承擔為美國證券交易委員會（SEC）、稅務當局及持有人提供相關文件的職責。

⑦登記清算機構（transfer agent）：主要職責是執行交易指令、保存交易記錄、持有人帳戶，計算與派發分紅與資本收益，並為持有人寄送會計報告、聯邦所得稅文書以及其他持有人應得到的文件。

⑧獨立公共會計師（independent public accountant）：主要為基金的財務報告提供簽證服務。

從約束機制看，在公司型證券投資基金中，集合投資的決策權集中在基金董事會，由基金董事會最終負責證券投資基金的協調和管理。一方面，董事會直接約束著基金管理人和基金託管人的行為，基金管理人或基金託管人如若違反契約的有關規定或是營運效率低，董事會可隨時予以更換；另一方面，董事會又通過基金託管人監督著基金管理人的運作，同時，還可以通過聘請外部審計來約束基金管理人和基金託管人的行為；此外，董事會還可以將基金資金分別委託不同的基金管理人管理運作來促使這些基金管理人提高經營業績，以形成這些基金管理人之間的競爭約束。

一般認為，美國的共同基金是最利於保護投資者的基金治理安排，這一安排的核心就是以獨立董事為核心、以控制關聯交易為重點的基金治理制度。共同基金的投資公司董事會中有兩種董事，一是利益相關董事（稱之為內部董事），通常是基金管理公司的雇員；二是獨立董事，與基金管理公司或主承銷商沒有任何的利益關聯。獨立董事代表基金持有人利益，可以根據基金運作的實際情況及時作出判斷，並對基金管理人施加影響。立法規定，要求基金公司董事會中75%的董事必須是獨立董事，並賦予獨立董事特殊的權利。這很好地解決了投資顧問是投資公司的發起人及原始資本投入者的利益衝突問題。

（2）契約型基金

契約型基金（contract fund）是指把投資者、管理人、託管人三者作為基

金的當事人，通過簽訂基金契約的形式，發行受益憑證而設立的一種基金。由基金經理人（即基金管理公司）與代表受益人權益的信託人（託管人）之間訂立信託契約發行受益單位，由經理人依照信託契約從事信託資產管理，由託管人作為基金資產的名義持有人負責保管基金資產，對基金管理人的運作實行監督。它是基於契約原理而組織起來的代理投資行為，沒有基金章程，也沒有董事會，而是通過基金契約來規範三方當事人的行為。它具有典型的信託特點，其本身不具有法人資格。因此，在境外，這類投資基金在其名稱中一般帶有「信託」字樣，如日本、韓國和臺灣地區稱為證券投資信託，英國和中國香港地區稱為單位信託等。目前，中國運作的基金都是契約型基金，基金份額持有人以委託人和受益人的雙重身分出現，基金管理公司與託管人是共同受託人，其組織結構相對比較簡單。

在中國的契約型基金中，對基金管理人投資運作的監督主要通過託管人和基金持有人大會實現。雖然《證券投資基金法》規定：基金持有人可以召開持有人大會，罷免基金管理人和託管人。但是由於基金持有人十分分散和「搭便車」的心理，基金持有人大會形同虛設。同時，基金發起人本身就是基金管理公司或管理公司的大股東。一方面，管理人和發起人身分重合，就相當於基金管理人既充當招標人又充當投標人；另一方面，作為基金發起人的基金管理人，有權決定基金託管人的選聘，經過證監會和人民銀行的批准，還有權撤換基金託管人，從而導致託管人監督的軟弱性。

（3）公司型基金與契約型基金的比較。

公司型基金與契約型基金的不同點主要有以下幾個方面：

①法律依據不同。公司型基金是依《公司法》成立的，具有法人資格，其依據基金公司章程營運基金，同時還需遵守基金法規的要求。契約型投資基金是依據信託契約組建的，故而不具有法人資格，其依據基金契約營運基金，各參與者之間的權利與義務及基金的運作，必須遵守基金信託契約和信託法的規定。

②資金的性質及融資渠道不同。公司型基金的資金是通過發行普通股票籌集起來的，為公司法人的資本，同時，由於公司型基金具有法人資格，可以向銀行申請貸款，對公司擴大資產規模較為有利。契約型基金的資金是通過發行受益憑證籌集起來的信託財產，契約型基金不具備法人資格，在向銀行貸款方面受到諸多限制。

③投資者的地位不同。公司型基金的投資者即是基金公司的股東，通過股東大會享有管理基金公司的權力；信託型基金的投資者通過購買基金受益憑證

成為基金信託契約的實際當事人，對基金資產的管理沒有發言權。

④營運成本不同。一方面，契約型基金中，基金投資和託管外包，基金管理公司按照投資協議去管理，自由度較大，受到外部的干擾小，經營成本和經營效率可能更高。而公司型基金，要對董事會成員進行補償，當然這一補償對於基金總資產或收益來說比例很小。另一方面，在公司型基金中，董事會有較大的權力，而基金董事是由基金管理公司或其附屬機構提名的，基金管理者會試圖勸說影響基金董事，如果嘗試失敗，成本則由基金支付，如果成功，基金投資者則要為不良決策和執行質量的下降付出成本。同時，公司型基金提供了投票權和選舉權，有集體決策機制，由於各人的偏好不一樣，這種集體選擇機制與契約型的基金決策機制相比有著更高的成本。在契約型基金下，基金監督人的角色交給了基金託管人和基金監管部門，雖然沒有直接增加基金投資者的成本，但社會成本是增加的，可能會通過另外的方式最后轉嫁到基金投資人身上。

⑤內部治理機制不同。這是公司型基金與契約型基金的主要區別所在。以美國為代表的共同基金的內部治理主要圍繞著投資公司的獨立董事制度展開，法人治理結構上有結構清晰、相互制衡的優勢。而中國的契約型基金的內部治理由於缺乏法人實體，主要圍繞基金管理公司的內部治理展開，通過建立託管人制度以監督基金管理公司。一般認為，公司型基金的獨立董事監督是及時且有彈性的，能及時防止基金經理人做出有損於基金資產的行為。而在契約型基金中，賦予基金託管人的監督權是基於不完全契約產生的，使得基金託管人遇到合約中未規定的情況時不能靈活處理。並且在很多情況下，基金託管人都是由作為基金發起人的基金管理公司來委託的，基金託管人為了利益關係而難以認真監督。而在公司制下，獨立董事由於與基金管理公司沒有直接或間接的利益關係，更能擔負好監督的職責。然而，契約型基金並沒有因為公司型基金的發展而退出競爭。事實上，契約型基金只要強化基金監督同樣可以起到保護投資者利益的作用，比如，強化託管人的監督功能，強化持有人在選擇託管人中的作用，改善基金管理公司的董事會結構，強化市場壓力等。

就兩類基金的共性而言，無論是公司型基金，還是契約型基金，都涉及投資者、管理人、託管人、相關代理人四個當事人，都是募集公眾的資金交由專業的基金管理公司去管理，由託管人保管，相關代理人提供相關服務。它們都是集合投資方式，運作的原理也基本相同，由專家理財，投資所獲得的收益最終由投資者享有。從世界基金業的發展趨勢看，公司型基金除了比契約型基金多了一層基金公司組織外，其他各方面都與契約型基金有趨同化的傾向。另

外，也有學者認為，證券投資基金的組織結構可以從法律角度和經濟角度這兩個方面來考察。從法律角度來看，由於各國基金的法律結構大不一樣，基金組織結構的法律依據和基金形態也不同；但從經濟角度來看，不同形態基金的組織結構具有高度一致性，即均由基金管理人、基金受託人、基金持有人等幾方當事人組成，而且之間的職能分工與運作機制基本類似。可以說，法律意義上的組織結構是形式上的，經濟意義上的組織結構是實質上的，投資基金組織結構具有「殊途同歸」的特點。

雖然國際上公司型基金和契約型基金並存，單從理論上也無法區分孰優孰劣，但很多原以契約型基金為主的國家也開始仿效美國的共同基金模式，似乎反應了公司型基金的優勢。與此同時，中國的許多學者也積極倡導發展公司型基金。公司型基金的核心是獨立董事制度，通過賦予獨立董事重大權利，來制約管理人維護投資者權益。獨立董事占主體的董事會制度能保證其較高的獨立性，既能克服基金持有人大會召集難的問題，又可以避免基金託管人對基金管理人過度依賴，在制度設計上最大限度保護基金投資者權益。而契約型基金中的絕大部分基金持有人大會成為擺設。由於基金的高度分散持有以及個體專業知識的局限和相關制度缺失，基金持有人參與基金治理的積極性缺乏。另外，基金託管人對基金管理人的監督不力。基金託管人具有專業性的監督條件，其監督對於保護投資者尤為重要，但實踐中基金託管人並無監督基金管理人的動力。雖然立法上為了保證監管必需的獨立地位做了大量規定，排除兩者關聯關係，但是基金管理人和基金託管人具有事實上的選任關係，基金管理人在經濟上制約和虛置了託管人的監督職責。由於公司型基金是公司和信託相結合的產物，因此公司型基金的發展取決於公司和信託的發展狀況，就經濟環境而言，中國已孕育了公司型基金發展的基本經濟環境。首先，從 1984 年年末、1985 年年初中國企業改革開始，中國經歷了三十多年的發展，已形成產權清晰、權責明確、管理科學的公司制度。其次，中國的資本市場正在蓬勃發展，中國的證券市場已建立信息披露制度，機構投資者已有設立公司型基金的衝動。巨災補償基金設立的主要目的是讓廣大受災群眾受益，應更加突出保護投資人的權益，公司型基金有科學合理的治理結構，建議選擇公司型基金。

### 2.5.2 開放式、封閉式與半開放式

開放式基金是指基金份額總額不固定，基金份額可以在基金合同約定的時間和場所申購或者贖回的基金，其設立沒有存續期限的限制，理論上能夠無限存續。由於有隨時贖回的壓力，開放式基金的投資具有更高的流動性。開放式

基金的價格是根據基金淨資產價值加一定手續費來確定的，基金資產總額會隨基金單位總數的變動而變化。開放式基金有收費基金（Load Fund）與不收費基金（no-load fund）兩種類型。不收費基金直接按照淨資產價值出售給投資者，而收費基金則還要在基金淨資產價值上加一定的銷售費用。

封閉式基金是指經核准的基金份額總額在基金存續期限內固定不變，基金份額可以在依法設立的證券交易場所交易，但基金份額持有人不得申請贖回的基金。由於封閉式基金不必隨時準備現金資產以應付投資者的贖回要求，因而可以進行相對長期、穩定的投資。封閉式基金的價格雖然以基金淨資產價值為計算基礎，但通常情況下，交易價格或高於基金淨資產價值（溢價）或低於基金淨資產價值（折價），但更多的則是反應了證券市場的供求關係。隨著存續期滿，基金退出市場。中國封閉式基金和開放式基金的比較，如表2-1所示。

表 2-1　　　　　　　　中國封閉式基金和開放式基金比較

|  | 封閉式基金 | 開放式基金 |
|---|---|---|
| 基金存續期限 | 有固定的期限 | 沒有固定期限 |
| 基金規模 | 固定額度，一般不能再增加發行 | 有最低的規模限制，規模不固定 |
| 贖回限制 | 在期限內不能贖回基金，需通過上市交易套現 | 可以隨時提出購買或贖回申請 |
| 交易方式 | 深、滬證券交易所上市交易 | 基金管理公司或代銷機構網點（主要指銀行等網點）申購或贖回 |
| 基金交易價格 | 交易價格主要由市場供求關係決定，所以價格不完全反應基金資產淨值，常有溢價或折價 | 價格依據基金的資產淨值而定，沒有溢價或折價 |
| 分紅方式 | 現金分紅 | 現金分紅、再投資分紅 |
| 費用 | 交易手續費：成交金額的2.5‰ | 申購費：不超過申購金額的5%<br>贖回費：不超過贖回金額的3% |
| 投資策略 | 沒有贖回壓力，無須提取準備金，能夠充分運用資金進行長期投資，取得長期經營績效 | 有贖回壓力，必須保留一部分現金或流動性強的資產，進行長期投資會受到一定限制。並且須比封閉式基金更注重流動性等風險管理，要求基金管理人具有更高的投資管理水平 |
| 信息披露 | 基金單位資產淨值每週至少公告一次 | 單位資產淨值每個開放日公告 |

封閉式基金和開放式基金在現實中的運用越來越模糊，出現了介於二者之間的半開放式、半封閉式基金和上市型開放式基金。

ETF（exchange traded fund），交易所交易基金，又被稱為部分封閉的開放式基金或者部分開放的封閉式基金。在國外，關於 ETF 的定義有很大的分歧：有的觀點認為實物換股、完全被動的指數型基金才能稱為 ETF；而有的則把只要是在交易所交易的都叫 ETF。這裡所指 ETF 為前者。它是一種跟蹤「標的指數」變化，且在交易所上市的開放式基金，投資者既可以向基金管理公司申購或贖回基金份額，同時，又可以像封閉式基金一樣在證券市場上按市場價格買賣 ETF 份額。但是 ETF 的申購可以用現金或一籃子股票買進基金份額，而贖回時投資者得到的是一籃子股票而非現金，這是 ETF 有別於其他開放式基金的主要特徵之一。

LOF（listed open-end fund），也稱上市型開放式基金。這是一種既可以在交易所上市交易，又可以通過基金管理人公司或其代銷機構網點以基金淨值進行申購、贖回的開放式證券投資基金。被業內認為是既可以避免封閉式基金大幅折價又能降低開放式基金發行成本的一種基金形式。

LOF 的特點，可從圖 2-2 中國社保基金運行模式中清楚地看到：①LOF 實質上是在傳統開放式基金原有銷售渠道的基礎上增加了二級市場這一流通渠道。投資者在享受到交易便利的同時，還能獲得比開放式基金成本更低、交易的手續費也比在其他代銷網點低的優惠。但是轉換基金份額交易場所，必須辦理轉託管手續。②LOF 基金的持有人可自行選擇場內交易或場外交易兩種交易方式。由於上市基金的份額採取分系統託管原則，託管在證券登記系統中的基金份額只能在證券交易所集中交易，託管在中國結算的註冊登記系統（TA）的基金份額只能進行認購、申購、贖回，因此基金持有人交易方式的改變必須預先進行基金份額的市場間轉託管。LOF 基金權益分派由證券登記系統和 TA 系統各自分別進行，證券登記系統只存在現金紅利權益分派方式，TA 系統存在現金紅利和紅利再投資兩種權益分派方式。③為投資者帶來新的跨市場套利機會。由於在交易所上市價格由 LOF 的市場供求決定，又可以辦理申購贖回，按照申請提出當天的基金淨值結算，所以二級市場的交易價格與一級市場的申購贖回價格會產生背離，由此產生套利的可能。當 LOF 的網上交易價格高於基金份額淨值、認購費、網上交易佣金費和轉託管費用之和時，網下買入網上賣出的套利機會就產生了。同理，當某日基金的份額淨值高於網上買入價格、網上買入佣金費、網下贖回費和轉託管費用之和時，就產生了網上買入網下贖回的套利機會。但是，目前轉託管很不靈活，公開性不太好，交易都有時間限

制，實際上 LOF 套利是一種投機性套利，而不是正常意義上沒有風險的套利。

图 2-2 LOF 申購贖回及交流流程

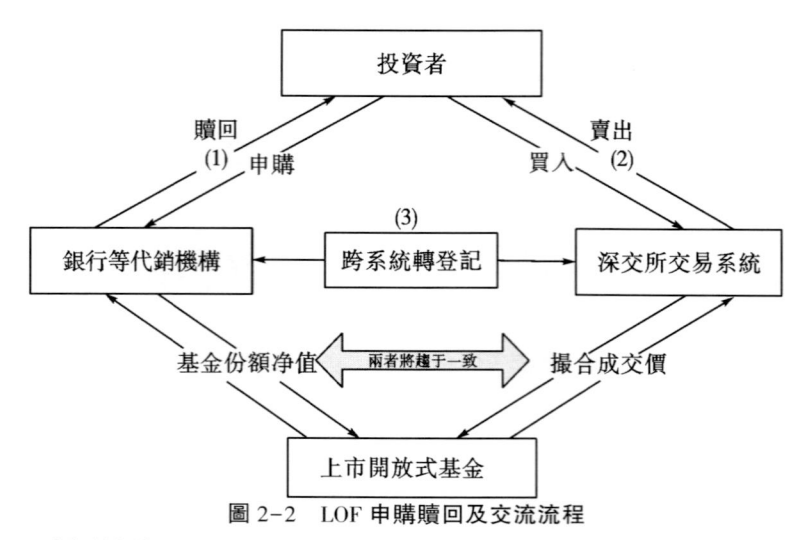

圖示說明：

（1）投資者通過銀行等代銷機構以當日收市的基金單位份額申購、贖回基金份額；

（2）通過深交所交易系統投資者按撮合成交價買入、賣出基金份額；

（3）投資者如需將在深交所交易系統買入的基金份額轉入銀行等代銷機構贖回，或將在銀行等代銷機構申購的基金份額轉入深交所交易系統賣出，需要辦理跨系統轉登記手續。

在中國，2004 年 6 月 ETF 獲國務院認可、證監會核准，在上海證券交易所推出。同年 8 月深圳證券交易所推出上市開放式基金業務，並公布了《深圳證券交易所上市開放式基金業務規則》。截至 2009 年 3 月初，市場有 LOF 基金 27 只，ETF 基金 5 只。

儘管 ETF 和 LOF 同屬上市型開放式基金，但是從市場上已有的 LOF 產品和 ETF 的設計來看，它們的主要區別在於：

ETF 為市場提供了一種成本低、流通性高、跟蹤誤差低的指數化投資工具，所以是一個全新的基金產品，是金融創新的產物，而 LOF 則是開放式基金交易方式上的創新，其本身並不是一種基金產品，只是為開放式基金增加了一個交易平臺，今后所有開放式基金均可採取在交易所上市的這一方式。

ETF 本質上是指數型的開放基金，是被動管理型基金，而 LOF 則是普遍的開放式基金增加了交易所的交易方式，它可能是指數型基金，也可能是主動管理型基金。

ETF 的申購、贖回的起點很高，其投資者一般是較大型的，如機構投資者和規模較大的個人投資者，而 LOF 申購贖回的起點低，任何投資者均可進行。

ETF 的一級市場是以一籃子股票進行申購和贖回，而 LOF 在一級市場就像現在的開放式基金一樣，實現現金的申購和贖回。

LOF 需要跨系統轉登記，套利至少要 3 天的時間，需要承擔的風險較大，投資者一般不會輕易進行套利；而 ETF 的套利可以在一天內完成，風險較小，因此，嘗試 ETF 套利的投資者較多。

根據設立巨災補償基金的要求，雖然封閉式基金能滿足基金規模穩定性和上市交易從而獲得流動性的要求，但可持續性排除了這一模式。開放式基金雖然能滿足可持續性和籌資廣泛性的要求，但無法上市交易，而且基金規模不固定，不便於基金管理，基金投資為了獲得更多的流動性不得不損失部分收益能力。由於 LOF 的交易模式同時具有了封閉式基金和開放式基金的特點，是巨災補償基金交易模式的首選，不僅使巨災補償基金可以通過基金網點申購和贖回，而且可以在證券交易所自由買賣，極大地提高了基金流動性和靈活性的同時也解決了可持續性的要求。但是，鑒於巨災補償基金內在要求的穩定性，以及有稅收優惠和政策上的扶持，為了避免動機不純的投機者用這一基金作為避稅或謀取不當利益的工具，該基金在 LOF 的基礎上應該實行有條件的贖回機制，即以扣除稅收優惠和政策扶持後的基金資產淨值贖回。綜上所述，擬建立的巨災補償基金的社會資金帳戶部分從證券投資基金的角度上分析，類似於公司型半開放式基金。

## 2.6 巨災補償基金的管理架構

中國巨災補償基金公司的運作和管理架構，如圖 2-3 所示，以下分別就相關職能部門及其目標與職責等進行討論。

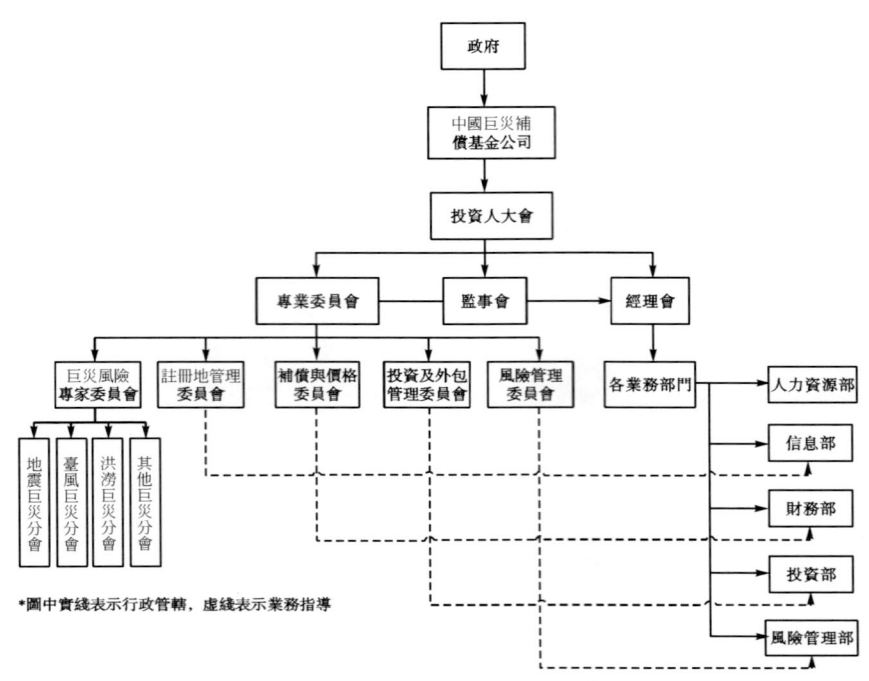

图 2-3　巨災補償基金運作機制

## 2.6.1　基金資本金及股份安排

　　該基金的初始資本，可以借鑒新西蘭和臺灣地區地震補償體系，由政府出資，核心是成立中國巨災補償基金公司，負責巨災補償基金資金的籌集、運用、投資和分配等工作。在股份上，屬全資國有公司。

　　之所以將基金公司設計為全資國有公司，是因為基金公司本身的損益，只計算政府帳戶的損益，而社會帳戶是獨立核算的。政府一方面從社會帳戶的利潤分成中獲得收益；另一方面，也從政府的直接出資資金及政府帳戶獲得的利潤分成收益的投資中獲得收益。而一旦巨災發生，將從政府帳戶出資進行補償。這個「盈虧包干」，既要考慮公益性補償，又要承擔商業性補償責任的「兜底」角色；既是政府的職責所在，也只有政府才具備這樣的實力和能力擔當這個角色。

　　這樣的安排，還有一個原因，是為了將政府在巨災風險應對中的公益角色和基金公司商業化方式之間設立必要的防火牆。補償工作，包括公益性和商業性補償的工作，均由政府帳戶出資，也是由政府作為最后的責任人；社會投資人帳戶，只是累積資金，贏取收益並將部分收益貢獻給政府帳戶作為巨災發生

時補償資金的來源，而不需要額外承擔其他責任，特別是最后責任。

### 2.6.2 巨災補償基金公司職能界定

基金公司的基本職能，一是負責基金公司本身的正常運轉，包括公司的內部治理、業務管理、組織結構的完善等。公司型基金區別於契約型基金的很大一點就在於基金公司的存在，公司型基金按照公司法成立的基金公司負責公司內的日常事務，具有法人資格。其基本職能包括擬定公司章程、制定公司發展目標和戰略、基金份額合約的設計、機構和部門的設置及職能定位、人事的聘用和管理，與基金管理人和基金託管人形成信託關係，將資金的運作管理及監督交由基金管理人和基金託管人。

二是以多種方式為巨災補償基金籌集資金，包括發售基金份額、發行巨災債券、發行巨災福利彩票等。投資者通過購買常年發行的基金份額成為基金持有人，既是基金的受益者，也是基金公司的股東，享有對公司重大事項的表決權和決策權。基金公司按照基金份額合約的設計，採用網上發行、網下發行、常年發行三種方式向社會募集資金。還可以採用多樣化的方式來吸引投資者，如巨災債券和福利彩票的發行，最大化地為巨災補償基金籌集更多的后續資金，便於統一投資和管理。

三是統一管理政府帳戶和社會投資人帳戶的資金，負責基金資金的安全性、收益性和流動性管理。政府帳戶和社會投資人帳戶的資金是相互獨立又相互聯繫的，前者是按政府相關目標進行管理，后者是以商業標準進行管理。在災害沒有發生時，基金的投資收益需支付巨災債券的利息和本金，同時又要為將來可能發生的巨災累積資金；在巨災發生時，政府帳戶的資金要用來對基金持有人進行補償，因此必須保證資金的安全性；流動性是指投資能夠迅速變現，以保證基金支付的需求。在保證安全性和流動性的前提下，追求收益的最大化。

四是負責完成政府帳戶和社會投資人帳戶的獨立核算和利潤分配。政府帳戶和社會投資人帳戶均由巨災補償基金公司統一進行投資管理，以期在一定的風險水平下獲得投資收益，但兩個帳戶是分別獨立核算的。兩個帳戶間的關係為，社會資金帳戶每月的投資收益，將按一定的比例轉移給政府帳戶，以換取巨災發生時，受災的基金持有人可以按多倍於其持有的權益獲得補償的權利。獨立核算可以避免巨災對基金二級市場的衝擊，由於巨災發生后，社會帳戶不會直接受到巨災風險的衝擊，從而能確保基金淨值的穩定性，保證基金在二級市場交易的穩定性和連續性。

五是發生約定的巨災后，及時按約定進行補償。這是此項基金設立的目標

所在，也是募集來的資金的最終歸宿，是巨災補償基金公司的重要職能之一。巨災發生後，由專業委員會小組對巨災發生地進行實地考察，確定災害級別，篩選符合條件的受災的基金持有人，向基金管理人提交具體情況說明並申請補償，並由託管人和持有人大會負責監督。最終的數據和資金流向要向基金持有人大會報告並向社會公示。

六是建立基金各專業委員會並監督其正常運作。各專業委員會是基金管理的核心，他們由各領域的專家組成，在巨災的核定、資金管理上有專業優勢，不同的專業委員負責不同災害的研究。基金公司應在公司章程中明確各專業委員會的組成、職能等，協調各專業委員會間的關係，並監督其正常運作。

### 2.6.3 巨災補償基金公司的內部治理原則

任何公司，內部治理結構的合理和完善，是其運作的基礎，巨災補償基金公司也不例外。作為國有全資公司，為了避免陷入普通國有企業共有的低效率和治理無效怪圈，我們認為巨災補償基金公司在內部治理上應遵循以下原則：

#### 2.6.3.1 依法治理，透明化運作

基金公司屬於資產管理行業，負有為他人利益將個人利益置於該他人利益控制之下的義務，即信賴義務（fiduciary duty），在行為道德上應具有更高的標準。而由政府出資設立的巨災補償基金公司，負責公募基金的運作，涉及廣大持有人的切身利益，更是負有在巨災發生時進行補償的公益責任，因此更加強調公司在內部治理上的合規性、合法性。結合中國公司法和基金公司章程，在內部治理中做到有法可依，有章可循，明確決策主體的職能劃分，突出持有人大會在保護投資者利益上的作用；強化監督主體的監管職能，規範監督制衡機制的運行模式；完善激勵約束機制。一般的公眾公司治理已經比較成熟，信息披露的規定已經相當完備，違規操作、關聯交易受到公眾、媒體和監管部門的嚴格監管。而基金的運作充其量百年不到的時間，雖然有了一定的信息披露要求，但尚不完備，加之近些年來公益資金運作的負面新聞嚴重影響投資者的信心，因此巨災補償基金的運作必須保證透明化、公平化。完善信息披露制度，在官方網站、微博、微信等平臺上對基金發行份額、申購數量和金額以及收益的分配進行及時更新和披露，對一些主要的風險指標採取量化披露或圖表披露的方法，並通過年報、月報、季度報、工作簡報等方式，公開基金會的財務數據和工作報告，在巨災發生後，還應對資金補償順序、金額等加以披露。

#### 2.6.3.2 以市場機制為運作的核心機制

集政府和民間資本的力量，以市場機制為核心、兼顧公平和效率實現中國

主要巨災風險的跨地區、跨險種、跨時間的分擔和共濟,這是設立巨災補償基金的基本目標。市場是以提高效率和優化資源配置為目標的,在新的對國有企業的考核體系中,以企業價值的最大化為經營業績考核的主要參照指標,取代了原有的淨資產收益指標,突出了企業的價值創造,旨在提升股東投資回報和投資收益,體現了國有資本收益最大化和企業可持續發展的建設目標。巨災補償基金兼具公益性和商業性的功能,除了獲取最大收益外,增強中國應對巨災風險的能力才是其根本目標。巨災補償基金不僅有財政資金投入,同時還要吸引社會資金,投資者對一種投資工具的選擇主要會考慮這三個方面:盈利能力、風險、流動性,所以巨災補償基金要以獲取投資收益為目標之一,為此,它必須借鑑證券投資基金的商業化運作模式。在基金份額的定價上,按照面值發行,根據不同註冊地歷史上發生巨災風險概率和損失的不同,設置不同的補償倍數。另外,應減少政府在投資和管理上的過分干預,防止內部治理效率的低下,採用公司型基金的管理架構,持有人大會是最高權力機構,充分保障基金持有人作為公司股東的權利,政府主要負責政策制定、外部監督和資金支持。最后,基金管理人和基金託管人採用公開投標的方式去選擇,擇優選取,基金管理人和基金託管人主要負責基金具體的投資管理和監督。

### 2.6.3.3 基金管理團隊考核與任命的去行政化

去行政化是指淡化基金公司的行政色彩,基金公司是全資國有公司,而國有企業普遍存在的問題是行政色彩濃厚,管理效率低下,特別是在人事任免和業績考核上,更傾向於參照行政的考核指標。而基金公司與一般國有企業不同的是,它的管理經營將直接關係到補償資金的累積。雖然巨災補償基金是國家所有,但基金持有人大會是最高權力機構,對董事具有任免權,應充分發揮持有人大會在人事安排上的表決權。建立一套科學的績效評價機制,把管理者的薪酬待遇和經營業績緊密結合,實現兩者的同向發展,並使其作為管理者職務任免的重要依據。在建立以經濟指標為主的市場評價體系中,對考評人員素質的要求、考評流程的優化、考評工具的科學化、考評內容的銜接等問題都要進一步完善發展。對巨災補償基金的管理團隊的考核中,應從公司的合法性經營、資金的安全性、投資收益、風險控制、投資者利益的保障等角度去考核,考核要認真、經常化、規範化,並對考核結果和人員任免進行公示。取消行政級別的設定和行政化的管理模式,減少政府對基金管理的直接干預,規範行政行為,建立科學的人才管理和選拔制度。

### 2.6.3.4 專業問題以專業委員會為基礎進行專家管理

基金具有明顯的專業性特點。巨災補償基金在中國尚不存在,巨災補償基

金公司的設立更是創新。與一般的基金公司不同的是，在巨災發生時，對基金持有人還有額外的補償，而我們面臨的巨災風險種類多樣，衡量標準不一，因此針對每一種巨災都設立了具體的專業委員會，他們由地質專家、氣象專家和其他研究地質災害的專家以及保險學、經濟學的專家組成，他們利用自身的專業知識設定統一標準。在前期主要負責災害險種的識別、註冊地的劃分、損失標準和補償倍數的核定，在后期（巨災發生後），專業委員會還要負責受災地區的勘察、定損，提出具體補償方案。另外，巨災補償基金在投資者投資和補償機制上有其獨特之處。為了避免投資者的逆向選擇和投機行為，保障投資者在災後獲得的補償，對投資者註冊地和單個投資者投資比例、總額也加以限制，設立專業委員會負責管理。以各領域專家組成的專業委員會是基金公司的核心組成部分，對專業問題，諸如註冊地的劃分和調整、補償係數的調整等問題進行研究和討論，形成議案后交由持有人大會進行表決。

### 2.6.4　基金持有人大會及職能界定

由於巨災補償基金中，社會投資人的出資總額會遠遠大於政府出資額，為了避免基金公司偏離廣大出資人目標的問題，在基金重大事項上，巨災補償基金公司的董事會只有提案和建議的權利，而沒有決策權。巨災補償基金的最高權力機構為基金的持有人大會，其中，既包括政府委派的代表政府出資額的持有人，也包括社會上投資於基金份額的社會持有人。

在表決權上，可按持有權益的多少進行分配，同時，為了避免持有權益過於分散造成的「搭便車」現象和「事不關己」問題，巨災補償基金持有人大會，在表決機制上允許基金持有人自由授權——委託投票。委託投票權的代理人不限於基金持有人，只要是具備完全行為能力的自然人或法人即可。而要成為獲得授權的代理人，需要以公開、透明的方式，以自身的管理主張和管理目標，以及如何實現相關目標的計劃等，去贏得其他持有人的選票。獲得授權的代理人應當向基金公司提交股東授權委託書，並在授權範圍內行使表決權。委託人需對代理人的行為負全責，不論代理人的表決是否符合其本意，委託人都要受持有人大會決議的約束。持有人大會的主要職權有：

第一，對基金管理公司和基金託管人的招標結果進行投票表決。由招標部負責招標的基金管理人和基金託管人的名單要上報給持有人大會，由持有人大會投票表決是否通過。

第二，決定基金公司的經營方針和投資計劃。其中經營方針是指基金公司的運作方向、方針、經營管理理念與策略等。基金公司的基金交由基金管理人

負責運作，其投資方案需經過持有人大會的批准。基金公司具有公益性，同時在巨災發生時又需要有足夠的資金來補償，因此需要由持有人大會投票表決公司運作的方針和投資策略，以充分代表持有人意志。

第三，選舉和更換董事，決定有關董事的報酬事項。持有人作為出資者有權選擇和決定公司的經營管理者，董事作為基金公司尤其是股東的高級代表，對公司的決策和管理具有至關重要的影響，因此其應由持有人大會選舉和更換，同時報酬也應由持有人大會決定。但由於巨災補償基金公司的設立是由政府全額出資，屬全資國有公司，故公司設立時的董事會尚無社會投資人參與，應在廣大個人和機構投資者組成持有人大會后，對董事會成員進行及時調整。

第四，審議批准董事會的報告。持有人大會是基金公司的權力機關，對公司的重大事務起著決定作用，相對而言，董事會只是持有人大會某種意義上的執行機關，同時，持有人大會又離不開董事會等公司常設機構，持有人大會的決議有賴於董事會的執行，而董事會執行股東大會的效果如何，需要由持有人大會作出評價，其方式就是審核董事會的工作報告。對符合持有人大會預期要求的工作報告予以批准；反之，則不予批准。

第五，選舉和更換專業委員會人員。專業委員會具有豐富的專業知識和較高的權威，在基金的管理中有至關重要的作用，應採取差額選舉產生，擇優聘用。

第六，審議批准專業委員會報告。持有人大會需聽取專業委員會的工作成果，專業委員會有關巨災損失的研究進展及對預期損失的預測需上報持有人大會。

第七，審議批准基金公司的年度財務預算方案、決算方案。基金公司的資金運作必須保證公正化和透明化，基金持有人對公司資金的運作和效果有知情權和收益權，基金公司貫徹實施投資與經營計劃的財務指標關乎著公司發展和個人的切身利益。

作為巨災補償基金的最高權力機構，持有人大會還負責對基金公司的年報、基金公司監事會等的工作報告、各專業委員會的工作報告、基金章程的修訂、利潤分配和彌補虧損方案、基金對外重大債權或債務行為、基金重大事項，例如社會投資人帳戶的利潤分配比例調整或補償比例調整等進行質詢和審核。

### 2.6.5 基金專業委員會

對普通的證券投資基金，通常會設有投資決策委員會和風險控制委員會等專業委員會。其中，投資決策委員會是基金管理公司管理基金投資的最高決策機構，一般由基金管理公司的總經理、研究部經理、投資部經理及其他相關人

員組成，負責決定公司所管理基金的投資計劃、投資策略、投資原則、投資目標、資產分配及投資組合的總體計劃等。風險控制委員會，通常由副總經理、監察稽核部經理及其他相關人員組成。其主要工作是制定和監督執行風險控制政策，根據市場變化對基金的投資組合進行風險評估，並提出風險控制建議。風險控制委員會的工作對於基金財產的安全提供了較好的保障。

除了上述兩個常設的專業委員會之外，由於巨災補償基金的特殊性，我們認為巨災補償基金還應設以下各專業委員會：巨災風險專業委員會（下設：地震風險專家委員分會、臺風專家委員分會、洪澇專家委員分會、旱災專家委員分會）、分配與補償比例調整委員會、註冊地管理委員會和外包基金管理公司的費用結構設計專業委員會。

（1）巨災風險專業委員會，負責對中國面臨的主要巨災風險進行專業研究，包括對相關巨災的歷史數據挖掘、當前全球相關領域的研究前沿與進展、相關巨災風險的分佈與發生概率、災害損失系數及其分佈、未來趨勢預測等問題。根據巨災補償基金所涵蓋的主要巨災風險，又可以在下面增設地震風險專家委員分會、臺風專家委員分會、洪澇專家委員分會、旱災專家委員分會等相關巨災的專業分會。

（2）地震風險專家委員分會主要由研究地質災害的專家組成。在巨災補償基金中，巨災發生的損失分為可預期和不可預期兩種，其中地震屬於不可預期的巨災，其發生是現有人類技術尚無法預測到的。地震是一種多發的自然災害，發生的同時很可能會引發其他自然災害。中國位於世界兩大地震帶之間，是地震災害多發國，地震活動主要分佈在中國的五個地區23個地震帶上。地震專業委員分會主要從地震多發的分佈區域上來設定註冊地的劃分標準，可以通過大量的文獻閱讀和實證考察的方法，並根據歷史數據發生的概率和損失來預測未來的損失，並設定註冊地內地震發生的統一補償倍數。在巨災發生時，由專家委員會小組對巨災發生的區域進行實地核查或由投資者提供有關損失的證明。

（3）臺風專家委員分會主要由研究氣象災害的專家組成。臺風和干旱屬於可預期的巨災，其發生具有經常性、一般性的特點。臺風的發生需要一定自然條件的誘發，因此發源地比較固定，每年盛夏是多發季節，主要分佈在中國的東南沿海地區，以福建、廣東、臺灣和浙江所遭受的臺風襲擊最多，常常造成人員和財產損失。根據註冊地歷史上臺風發生的概率和損失，以及該註冊地的投資總額和人數來劃定補償倍數。臺風發生的規律性給損失的預測提供了方便。在臺風多發季節，專家委員會應向基金管理人提出預案，制定預警機制，對其可能的損失進行估計，保證補償資金的充足性。在巨災發生后，對受災區

域進行核查,並對受災的基金持有人進行補償。

(4) 洪澇災害在中國頻發,分佈範圍廣泛,造成損失嚴重,是中國常見的災害之一,其發生也有明顯的季節性,夏季為高發季節。專家委員會根據註冊地內洪澇災害發生的歷史概率和損失,對其未來發生的補償倍數設定統一的標準。並在夏季高發期對可能發生的洪澇災害發生的損失進行預測,主要是財產損失,預測巨災發生時的補償總額,並提前向基金管理人提出補償預案。

(5) 旱災專家委員分會。中國北方地區大部分是內陸地區,干旱是非常常見的一種災害,同時影響的區域非常廣,發生頻繁,危害很大,延續時間長。就中國的情況來看,各地干旱災害出現與雨帶推移、季風強弱關係密切。在夏季時期,季風向北移動,北方冷空氣較強,雨帶則在南方停留較長的時間,就形成了南澇北旱;反之,北方干冷空氣較弱時,雨帶較快越過南方地區,北方則會發生澇災,而南方則出現旱象。旱災的發生具有一定的規律性,專家委員會根據註冊地內旱災發生的歷史概率和損失,對其未來發生的補償倍數設定標準。並即時根據中國氣象狀況對未來旱災發生的損失進行預測,主要是農作物的財產損失,可在最初對註冊地內農作物種植總量和預計產量做出估計,預測巨災發生時的補償總額,並提前向基金管理人提出預案。

(6) 註冊地管理委員會。註冊地的劃分標準,從本質上講,和保險業務中按投保人預期風險損失大小及其補償劃分是一致的;唯一不同的是,因為巨災風險難以精算到單個的投保人,只能根據特定風險的認知程度,以預期巨災風險損失的可區分性或差異的等級來劃分。中國巨災種類多樣,分佈範圍有其地理上的特點,同一地點多種巨災可能同時存在,巨災補償基金對註冊地劃分的初步設想是按照中國現有的行政區劃來劃分。可以很容易想到,即使在同一行政區域,甚至一個較小的行政區域裡,如果財富分佈存在顯著差異,在註冊地上也應當加以區分,這就要求在註冊地劃分上盡可能加大區分度。註冊地管理委員會的專家,根據具體區劃內歷史上發生的巨災的物理級別和概率,損失與經濟狀況來核定補償倍數,一般遵循「低概率,高補償倍數;高概率,低補償倍數」的原則。此外,註冊地管理委員會還負責投資者信息的管理,統計不同註冊地的投資總額;對投資者因故更改註冊地的應認真核查,符合條件的,如最低持有期等,同意其更改。必要的時候,可將某個區域內的個人投資者按人數設置最高可更改註冊地的投資額度。最後,註冊地管理委員會還有權向持有人大會提交註冊地調整的議案,根據兩年或者五年內的巨災發生的分佈和經濟狀況的變化,可適當調整註冊地,但必須控制在一定範圍和比例內。對調整前的基金持有者,按照自願的原則可選擇相應地調整註冊地,但仍受最高

可更改註冊地投資額度的限制，對新的投資者，按照新的註冊地劃分來發行基金份額。

（7）分配與補償比例調整委員會。主要負責巨災發生后，對投資人進行補償的順序和額度的確定。按照險種、區域、巨災損失情況等確定補償比例，詳細的方法將在后面討論。隨著社會經濟及風險分佈的改變，不同註冊地、不同類型巨災的補償倍數也需要不斷進行調整，還可以根據巨災發生的概率和損失的統計對補償系數做出調整。另一方面，社會帳戶向政府帳戶繳存的利潤比例，也需要根據情況而適時、適當調整。這兩個非常重要比例的調整，就是這個專業委員會的基本職責。

（8）外包基金管理公司的費用結構設計專業委員會。基金公司將資金投資和運用的業務外包給基金管理公司，對基金管理費的支出由專業委員會來決定。專業委員會需設計費用結構，既能滿足基金管理人日常運作需要，又能起到激勵作用。基金管理費收入的高低主要取決於管理費率和提取標準。巨災補償基金採用混合比例的管理費率，管理費由兩部分構成，一部分是固定比例提取的用來滿足基金管理人日常管理費用的管理費，另一部分是根據基金資產的增值部分提取的用來激勵基金管理人努力工作的管理費。其中具體數值的確定，由專業委員會結合巨災補償基金的自身特點，如資金規模的大小，存續時間以及市場供需情況對固定費率的高限、業績報酬提取的高限和風險損失承擔的低限和最高金額進行規定，剩下在價格區間內的具體定價由公開競標時的市場定價機制來進行。

各專業委員會間不是相互分割的，巨災風險的發生有時涉及的不是單一的風險，這就需要巨災風險專業委員會下的分會相互合作，做好核查和補償工作。

這些委員會的基本職能，都是負責從自身專業的角度出發，提出相關議案供持有人大會及其常設機構審議，只有建議權、沒有決策權，並採用專家庫隨機輪換制的方式定期按比例更新。組成成員以各領域的專家為主，不得有官員和重大利益相關者。

## 2.7　巨災補償基金的組織結構

巨災補償基金是一種全新的基金形式，沒有完全現成的組織結構模式供套用。如何根據基金的性質、目標和任務建立適合的組織結構，形成發揮各參與

主體職能的組織體系,從而有利於基金內部治理,是構建中國巨災補償基金的關鍵。以下就基金主要的參與人分別予以討論。

### 2.7.1 投資者

投資者亦稱基金持有人,可以是自然人,也可以是法人。基金持有人是基金資產的最終所有人,其權利包括:①無巨災年度的基金投資收益分配權,巨災發生時的補償獲得權,以及參與分配清算后的剩餘基金財產;②持有人在證券交易所有自由上市交易轉讓權,在櫃臺交易中具有有條件贖回權,即投資人基金所註冊的註冊地發生了約定的巨災后,可按基金淨值贖回;③投資人為了保護其利益,也有監督和任免基金管理人和託管人的權利,這主要是通過持有人大會行使的;④對基金中任何當事人損害其合法權益的訴訟權,如因基金份額淨值計價錯誤造成基金份額持有人損失的,基金份額持有人有權要求基金管理人、基金託管人予以補償;⑤出席和委託代理人出席持有人大會行使投票表決的權利,這是基金持有人為保護自身利益應享有的間接參與基金管理的權利;⑥基金持有人還享有知情權。為了解基金運作情況,以便提出意見和進行正確投票,基金持有人有取得基金活動和盈虧等一切必要資料的權利等。在巨災補償基金中,基金持有人要求按基金交易帳戶的開戶所在地分類登記,這主要便於在巨災發生時,給予受災地區的基金持有人補償。

同時,巨災補償基金持有人既享受一定的權利,同時也應承擔一定責任,包括:不得損害基金利益;按照合約規定行使權利,不能越權和不當行使權利;不得偽造文件以獲得補償等。基金持有人具體的權利義務在基金合約中有詳細的規定。

### 2.7.2 持有人大會

持有人大會從性質上講相當於一種議事機構,其功能主要是保護投資人利益,制約受託人行為以及配合監管機關的監管工作。巨災補償基金持有人大會是巨災補償基金的所有權機構,是基金的最高權力機構。巨災補償基金的持有人大會擁有的權利類似於中國契約型證券投資基金的持有人大會,其設立的目的也是為了監督基金管理人和託管人的行為,保護持有人的利益,並和發起人共同決定對基金管理人和託管人的任免。但是,巨災補償基金的持有人大會由基金發起人召集,如果基金發起人未按規定召集或不能及時召集時,由託管人召集。這是基於基金持有人分散,以及「搭便車」心理的現實情況做出的調整,通過給予和基金持有人具有相同利益目標(收益分享權)的發起人一定

的權利，以彌補這一缺陷。同時，持有人大會還要負責對基金發起人進行監督，防止其虛誇基金收益，逃避補償義務等。

### 2.7.3 中國巨災補償基金公司

成立巨災補償基金公司是公司型基金區別於契約型基金的一大特點，是構建巨災補償基金的核心所在。中國巨災補償基金公司主要負責基金公司本身的日常業務、基金份額的發售、資金帳戶的統一管理和災后的補償事項，是全資國有公司。該公司有完備的公司章程和內部組織結構，核心構成有持有人大會和負責基金具體運作的專家委員會。

### 2.7.4 其他相關當事人

#### 2.7.4.1 基金託管人

基金託管人與證券投資基金託管人的職責相似，包括：①保管基金資產的安全性，按照規定開設基金財產的資金帳戶和證券帳戶，同時，嚴格區分自由資產和所託管的其他財產，確保巨災補償基金財產的完整與獨立；②審核基金帳務和資產估值；③負責執行基金管理人的投資指令，並負責投資資金的清算；④對所託管的基金投資運作進行監督，對基金管理人的信息即時監控與披露，發現基金管理人的投資指令違法違規的，向巨災補償基金理事會報告；⑤適應巨災補償基金託管的要求，建立健全相關內部管理制度和風險管理制度等。基金託管人的任用要求、退任條件和相關處罰補償，在基金章程中詳細規定。

此外，基金託管人不僅要監督基金管理人的行為，同時還要接受基金補償人和基金持有人大會的監督，接受年度審核。對託管人監督過程中的隱瞞和不盡職，補償人和持有人大會共同決定其任免，對由於託管人未完全充分行使監督職責造成的基金營運損失，託管人負連帶補償責任。不同於證券投資基金，在巨災補償基金中，要求基金託管人持有浮動比例的基金份額，但這部分基金份額不具有在基金持有人大會中的投票和決策權利，但是其作為基金持有人的權利可以通過基金託管人角色的發揮得到一定程度的保障，這樣更強化了基金託管人的獨立性和對基金管理人的監督責任。

#### 2.7.4.2 承銷機構和代銷機構

承銷機構一般由證券公司擔任，主要負責巨災補償基金在證券交易所的上市發行，代銷機構主要負責巨災補償基金在櫃臺上的申購和受災時的補償辦理，一般在商業銀行各網點進行。這些中間商的責任依據承銷方式不同而有所

區別，主要有代銷、包銷和助銷等形式。承銷和代銷機構的選擇由巨災補償公司進行。對承銷、代銷機構的監督指導由其相應的監督機構進行。

#### 2.7.4.3 其他服務機構

其他服務機構包括為基金出具會計、審計和驗資報告的會計師事務所、審計師事務所和基金驗資機構；為基金出具律師意見的律師事務所；等等。基金發起人委託該類機構從事相關業務，它們之間是一種委託與被委託關係。

## 2.8 基金的資金來源

資金的來源和運作是一個國家巨災補償體系能否起到應有的作用和能否長期穩定運行的關鍵，這裡主要分兩部分來分析。一是制度剛啓動時的初始資金來源；另一部分是正常運行時的資金來源。

### 2.8.1 初始資金來源

巨災風險具有典型的低頻率高強度的特徵，加之目前對巨災的發生規律掌握得還很不充分，所以不同年份之間，巨災風險導致的損失額波動很大。受制於歷史數據不充分且作用有限、保險企業對巨災損失的估算還很落後、損失巨大且難預測的損失特徵，導致普通商業保險公司不願意對巨災風險單獨承保。

巨災風險的另一個特點是，一旦發生，其造成的損失在空間和時間上可能相對集中，使得多個投保個體同時受到嚴重影響，形成區域和時間上的損失積聚效應，其規模可能會遠遠超過個別保險公司的承保能力，甚至於會超過整個保險市場的承保能力。因此，對於巨災風險，只依靠個別保險公司是很難有效加以分散和轉移的。

同時，巨災風險又關係著社會上的每一個人、與民生息息相關，政府對此具有不可推卸的責任。因此，就實際情況來看，中國巨災補償基金的啓動資金，可以借鑑新西蘭和臺灣地區地震補償體系，由政府專項撥款；待條件成熟時，再引入其他的投資者。

專項撥款的基本特徵是專款專用。作為附條件的政府財政轉移支付，撥款部門指定了資金的用途，接受方必須按照規定使用，而不得轉移用途。通常是中央政府為了實施其宏觀政策目標，或對地方政府代行某些中央政府職能進行補償，或因發生某些重大事件時而撥付的。這些資金通常要求進行單獨核算、專款專用，對餘額必須返還而不能結轉到其他科目。

### 2.8.2 后續資金來源

在基金的后續營運中，資金來源主要有以下幾種渠道，如圖2-4所示：①財政資金。財政每年都會撥付一定的款項用於預防巨災和巨災發生後的救災工作，所以政府可以每年專款劃撥部分財政資金到該基金，納入基金管理。並且政府也可以在需要的時候徵收巨災特別稅。②慈善捐助。設立巨災補償基金后，也可以將這一部分劃入基金管理。③銷售基金收入。基金購買者為了獲得巨災損失保障持有基金份額所支出的費用。④基金投資收益與留成。基金在其商業化運作過程中，投資獲得的收益部分留成或者支付巨災損失補償。⑤巨災債券融資。在時機成熟的時候，可以考慮發行巨災債券來獲得更多的資金，使風險更分散。⑥銀行借款或財政墊付。當巨災損失超過基金的償付能力時，可以通過銀行借款（適當政策性的優惠），或者國家墊付的方式保證基金的持續性；基金在以後的收入中再償付這一部分。

由於基金的社會帳戶部分執行的是企業制度，所以無論來源有何不同，任何資金在基金中都是平等的，享有同等的管理參與權、監督權和受益權。

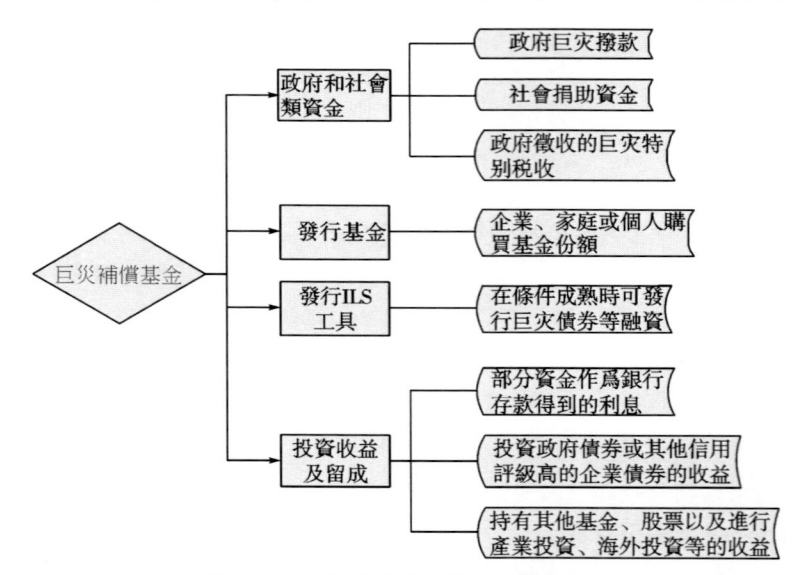

圖2-4　巨災補償基金的后續資金來源

#### 2.8.2.1　財政資金

將財政每年的救災資金納入基金管理中，可以更好地運用金融手段使財政資金充分發揮其應有的槓桿效應，例如由財政提供巨災債券的利息擔保，以少

量的財政資金帶動更多的社會資金，就可以成倍地提高財政資金使用效率。其中，財政資金可以來自以下三個方面：

一是財政直接劃撥的救助資金。這裡主要指以財務預算為基礎撥付的政府年度撥款，一般屬於撫恤和社會福利救濟費項下的一部分。目前中國巨災救助年度撥款有著無償性、低經濟效率、需求巨大等特點，如果將這部分撥款轉由巨災補償基金管理，委託專業機構進行投資，可以更好地讓這些資金保值增值。在巨災發生較少的年份，充分利用連續投資的複利效應，更快地壯大基金的實力，更好地發揮巨災救助年度撥款應對巨災風險的效力。

二是徵收特別稅收，例如巨災補償稅、財產稅等。土耳其在1999年通過徵收「地震稅」的法案，目的是穩定經濟計劃、減少地震對財政收入平衡的影響。該項被稱為《全國地震團結稅》的法案在2000年開始實行，當時的徵稅對象主要是汽車和移動電話的擁有者，該法案把1998年的所得稅（通常意義上的個人所得稅）稅率和法人所得稅稅率提高5%，對房地產和汽車加倍收稅、向移動電話的擁有者按其移動電話使用量徵收25%通訊稅。該項法案還授權政府將石油消費稅從300%提高到500%，政府將每月削減廣告收入、廣播費用、股票交易費和資本交易費。這項法案在1999年制定之初，本來只是作為一項地震后的臨時性措施，但是1999年后，土耳其財政部一直在移動電話、國家彩票、機票、海關和護照等項目上徵收此稅，2007年，土耳已經將「地震稅」確定為永久性稅收項目了。依照土耳其的經驗，中國可考慮在重大災害發生之際面向奢侈品市場、娛樂和高消費市場等臨時性徵收「巨災特別稅」。作為一種轉移支付的方式，臨時性特別巨災稅一方面可以解決政府的燃眉之急，另一方面不至於對國民經濟產生長期、重大的影響，而且還有助於經濟的平衡和穩定。因此在必要的時候，徵收特別稅收可以作為中國政府籌集賑災資金的途徑之一。

三是在現有相關稅收中，附加一部分與巨災相關的稅。附加稅，是「正稅」的對稱，是以正稅的存在和徵收為前提和依據，按正稅一定比例徵收的稅。理論上來說，巨災附加稅可以針對不同的正稅、不同的對象、不同的地區等，分別設置不同的稅率。從實際情況來看，中國的巨災保險市場才剛剛起步，還遠遠跟不上社會的需要。在商業性保險市場沒有充分發展起來之前，政府可以嘗試面向固定資產（甚至包括企業的投資性資產、重大工程項目資產）等重要資產徵收一定比例的附加稅籌集資金，並將其投資於巨災補償基金，以應對將來可能出現的巨額救助。

2.8.2.2 慈善捐助

慈善捐助主要包括國際援助和國內捐贈。國際援助指主權國家、主權國家

集團或非政府組織服務於自身利益，為改善國際關係、平衡發展而對外提供資金、物資或技術援助等的活動。主要包括：以贈款或貸款為形式的資金援助、以技術支持與服務為基礎的技術援助，以及貿易援助、軍事援助和緊急人道主義援助等。根據援助提供方的性質，可分為政府援助和非政府援助；從援助參與者數量上看，又分為雙邊援助和多邊援助。前者是指援助活動只有一個援助者，由其直接向受助者提供款項、技術、物質或設備等的援助；多邊援助是指多個援助者對一個受助者提供支持。「5·12」汶川地震，就是一起典型的多邊國際援助。在地震發生後，先後有日本、俄羅斯、韓國、新加坡等救援隊飛抵四川，第一時間向災區提供了搜救援助。除了代表政府的救援隊外，還有諸如「心連心」國際組織、無國界醫生組織、韓國緊急災害救助團、國際行動救援組織等非政府機構也提供了援助。另外，在物資上，截至2008年8月27日，外交部及中國駐外使領館共收到各國政府、團體和個人等捐資19.19億元人民幣。其中，外國政府、國際和地區組織捐資7.94億元人民幣，外國駐華外交機構和人員捐資210.25萬元人民幣，外國民間團體、企業、各界人士以及華僑華人、海外留學生和中資機構等捐資11.23億元人民幣[①]。其中亞洲地區國家捐款，亞非地區國家、組織捐款，非洲地區國家、組織捐款總數為7,831萬，歐亞地區國家、組織捐款數為1,536萬，歐洲地區國家、組織捐款數約為1.712,3億，美大地區國家捐款數為2.259億，拉美地區國家、組織捐款數約為3,843萬，國際組織捐款數為130.55萬[②]。

國內捐助主要來源於社會各界提供的用於救災的捐款或捐物。通過基金的運作，可以更好地發揮這些資金的效用，避免可能的效率損失。例如，允許使用捐助資金作為擔保發行巨災債券或其他衍生金融工具，槓桿化地使用這些資金；對某些災區不適用物資進行拍賣，轉化為現金使用；定向並配套、循環使用有特定用途要求或定向捐贈的物資或資金等。

2.8.2.3 銷售基金收入

銷售基金收入是基金購買者為了獲得巨災損失保障持有基金份額所支出的費用。我們建議由政府出資成立中國巨災基金管理公司，並以其為主體發行巨災補償基金份額，面向全社會籌集資金，同時統籌政府用於防災、賑災、抗災、災后重建和進行災害相關研究的資金。基金管理公司主要以第三方招標託管的方式，委託專業機構和人員對這些資金進行投資，使其有效地保值增值。

---

① 新華網. 外交部及中國駐外使領館共收到國外投資19.19億元人民幣 [EB/OL]. http://news.xinhuanet.com/overseas/2008-09/04/content_9772627.htm.

② 楊亞清，李玉桃. 從汶川地震看國際援助 [J]. 中共山西省委黨校學報，2009，32 (1).

在提高社會資金使用效率的同時，為應對巨災風險提供資金保障和制度化的社會補償機制。

#### 2.8.2.4 基金投資收益與社會帳戶繳存

基金的收益，主要來自於基金的投資收益、捐贈收益和其他如非投資性資產增值的收益等。作為公司，收益需要進行分配以滿足投資人對回報的要求，但並不是全部的基金收益都能用於分配，首先要扣除相應的成本和費用。

巨災補償基金的收益來源主要由兩部分構成：一是資產投資獲得的收益，二是投資人在進行基金購買和交易時繳納的手續費。由於巨災補償基金是綜合了開放式基金和封閉式基金特點的半開放式基金，其手續費也包含了兩類基金的部分費用，例如：開戶費、認購費、申購費、過戶登記費等。其中一些費用，例如基金的贖回費，由於只有當持有人遭受巨災風險的情況下才能贖回，可以考慮對這部分予以免除。

而巨災基金的成本主要是基金的營運費用。它指的是基金在運作過程中發生的全部費用，主要包括管理費、託管費、註冊會計師和律師的仲介服務費、召開年會費和基金信息披露費、金融工具發行費、融資工具的利息和相關費用支出、風險損失費、財務費用等多個方面。

巨災補償基金淨收益的分配順序為：提取法定公積金，以及必要時的任意公積金；其次是按投資人的投資比例進行利潤分配。除公積金以外未分配的利潤部分，可作為基金擴大投資的自有資金來源。作為一種內生的資金來源，其特點是成本相應更低，不存在基金份額發行的相關費用和其他交易費用，而且可以避免雙重徵稅等稅負成本，因此在可能的情況下，基金應盡可能地加以利用。

#### 2.8.2.5 巨災債券融資

巨災債券（catastrophe bond，簡稱 CAT bond）作為當前保險聯繫金融工具中的代表性工具，從 1997 年第一次成功發行以來，已經越來越成為保險機構巨災融資的重要手段。

巨災補償債券同普通債券一樣，投資者將資金貸放給債券發行人，從而取得息票形式的利息和最終返還本金的請求權。與普通債券不同的是，巨災債券本金的返還與否取決於債券期限內特定事件是否發生。若發生債券預先規定的觸發事件，那麼債券發行人向投資者償付本金和利息的義務將部分乃至全部被免除；若在債券到期日前沒有發生觸發事件，則債券發行人到期向投資者還本付息。由於巨災不可預測，巨災債券的投資者會承擔較高的風險，基於風險越大，收益越高的經濟學基本原理，巨災債券通常息票利率都遠遠高於其他

債券。

對於巨災債券的發行方來說，發行巨災債券可以將巨災風險分散到投資者身上，一旦發生巨災，就會有巨災債券籌集資金的全部或部分補償。對於投資者來說，由於巨災風險大體上與市場上的財務風險無關，可分散市場系統性風險，所以巨災債券是其多元化投資組合中的重要投資標的之一。從巨災債券伴隨全球巨災事件的頻發而產生以來，已經成為了當前國際金融市場上最為成功的巨災風險轉移與分散手段。

巨災補償基金在發展成熟的基礎上，可以作為巨災債券發行方，發行一定量的巨災債券，以此來將基金承擔的巨災風險轉移。值得注意的是，由於巨災發生的時間和造成的損失都無法預測，因此，在確定巨災債券發行數量、票面利率、債券期限等問題上時，一定要仔細考慮各方面因素，權衡其對於巨災補償基金帶來的影響。

### 2.8.2.6 銀行借款或財政墊付

巨災補償基金是一個半開放式的基金，沒有巨災發生時，不會面臨贖回風險。然而，一旦發生巨災，就可能需要巨額的補償資金，而且這些補償金都需要現金。雖然，按目前的設計，這些補償資金只是受災持有人所持有的基金權益，只要不是所有的基金持有人全部同時受災，基金並不存在破產的風險，但畢竟存在流動性不足的風險。由於巨災的發生難以準確預測、目前人們也沒能掌握這方面的發生規律，使得上面討論的流動性風險可能變得更為嚴重。在基金的制度設計方面，社會帳戶只是負責補償受災持有人權益部分，超額部分將由政府帳戶支出。這意味著正常情況下，基金的社會帳戶並不會出現虧損（除非基金的投資淨收益為負），即基金的社會帳戶一般是不會出現資不抵債的情況，其面臨的流動性風險只是暫時性的、週轉困難的風險，這符合向商業銀行進行短期融資的要求，而且，商業銀行向基金提供這些短期流動性，不僅可以讓基金渡過一時週轉不靈的難關，更可以不用承擔重大實質性風險，為加速災後重建做出貢獻。

不同於普通的借款人，巨災補償基金不僅在一定範圍內有政府的資信擔保，而且有對基金持有人贖回方面的限制，因此，有理由相信，巨災補償基金的借款風險是較小的，以信貸方式籌資的成本也應是相對較低的。為了進一步降低信貸資金的成本，基金還可以把所持有的國債、其他有價證券或資金作為擔保，或者對所持有的相關資產進行證券化等資金籌集，以超額擔保、質押等手段，降低融資風險，從而也降低融資成本。

### 2.8.3 不同資金來源基金的性質與管理

巨災補償基金中的資金主要有兩方面的來源：政府資金和社會資金。其中，社會資金又可進一步分為金融機構、非金融企業、社會公眾等。社會公眾，則又可進一步根據投資人的年齡、所在地、財富狀況等進行劃分。這些不同來源的資金，其性質有所不同、目標上也存在一定的差異。如何將這些資金有機統一成基金的資金，並以此決定基金的管理目標，就是不同資金來源的管理問題。

#### 2.8.3.1 政府資金

政府作為出資人，無論其資金來源是稅收或其他來源，其信用風險相對於其他主體都是最小、穩定性最好的。具體而言，政府資金來源還可以分為一次性的資本性撥款，如基金設立之初的一次性撥款；每年的巨災賑災款，這是常年、按年度、制度性的經常撥款以及從特別稅、特別附加稅等專門稅收項目上籌集的款項。后兩個方面的資金來源，都具有持續性、常年性的特點，可以作為巨災補償基金高質量的、穩定的資金來源。而其他一些來源，例如接收的各項捐贈、援助等，其穩定性和可靠性雖然相對弱一些，但只要一旦轉化為政府資金，其性質也就與政府本身的撥款沒有太大的區別，在一定程度上，也可看成是基金穩定的資金來源之一。因此，對巨災補償基金而言，如何充分利用好政府資金優越的資信條件，特別是政府部門對基金提供的顯性和隱性擔保支持，將關係到基金的設立、發展和成長。

#### 2.8.3.2 社會資金

社會資金主要分為捐助基金、投資資金、發行金融工具融資和面向金融機構融資。

社會捐助資金，因捐助者的目標不同而有所差異。有些捐助金，只有基本方面的設定而沒有明確的用途限制，例如普通的救災捐款，只要用於救災事項即可，但並不限於某些特定的用途；而有些捐款，例如災后小學重建捐款，就只能用於災后災區小學學校重建項目；也有些捐助金是用於設立長期存在的基金用途的，例如義務救災人員補償基金等。對於專項使用或有特定用途的資金，必須遵照捐助人的意願加以使用，包括這些資金在存款、臨時性投資等方面所產生的收益，也必須按捐助者的意願加以使用。而對於基金型用途的資金，則應歸入相應的專門機構或設立專項的基金組織來運用。有些資金，可由紅十字會及其他慈善機構代為管理，有些則可能需要尋求獨立的第三方機構加以託管。在新設立的巨災補償基金中，可設立相應的機構，專門管理所接受的

捐助款，尤其是那些指定了用途的捐助款、需要長期經營和管理的捐助款以及適合設立專門基金進行管理的捐助款，並就這些款項的投資、收益、風險等進行專門考核，定期公布相關的營運報告，盡可能做到信息的透明和公開，對捐助者做出更好的交代，給捐助者更強的信心。對指定用途的捐助資金，必須就相關資金用途，指定事項的完成進度等，對捐助者提交專門的報告，以鼓勵捐助者的持續支持。

社會投資資金，其目標有兩個方面，一是以自我投資為前提，獲得受災后多倍補償的機會、增強自身抗風險能力；二是將基金本身作為一種工具，進行投資以獲得投資收益。前一目標之下，資金通常比較穩定，資金的盈利率並不是最重要的選擇標準，人們更看中的是災后補償條件和標準，以及補償過程中的交易費用等。由於基金有二級市場可以轉讓，作為投資工具，基金的直接收益將不是投資基金時唯一考慮的收益，在二級市場轉讓中獲取差價也將是重要的收益來源之一。

發行巨災債券或其他金融工具融得的資金投資於巨災債券等工具的基本目標是盈利，當然這裡的利潤，是指扣除風險因素的稅收利潤。由於基金性質的特殊性，其資金的運用不可能過多地投資於收益很高的工具，因為這類工具在市場有效的情況下，也意味著高的風險和較低的流動性。這時，基金所享有的稅收優惠，特別是其帶給投資人的全部或部分免稅的優惠，對增強基金的市場競爭能力就非常重要了。發行這些工具的較高成本，需要由基金的受益人來共同承擔，以獲取巨災風險發生時從這些工具的投資人獲得補償的權利。

基金向商業銀行等金融機構或者一些非金融機構，如政府財政等臨時性融入的資金，主要是針對基金臨時性大量資金需求而借入的，其目的是解決基金的燃眉之急。基金不能將這些資金作為其長期資金使用，只能在短期內用於對基金持有人進行補償，且必須在盡可能短的時間內，通過出售自己的資產或其他方式獲得資金，予以償還。

基金在資金管理方面，把政府資金和社會資金分放在不同的資金帳戶，分開投資，分開管理，建立防火牆。二者之間的關係為，社會資金帳戶每月的投資收益，將按一定的比例轉移給政府帳戶，以換取巨災發生時，受災的基金持有人可以按多倍於其持有的權益獲得補償的權利。因此，在本質上，兩個帳戶資金之間的關係，可看作是一種連續的分期保險或一份永久性互換協議，也可看成是一種永久性的、連續多次以部分投資收益支付期權費換取遭受巨災時的補償權的期權合約。雖然巨災發生時，政府對持有人的補償可能會大於受災地區持有人所貢獻的收益，但由於巨災一般不會在所有地區、所有的基金持有人

中同時發生，而補償基金跨區域、跨風險種類和跨時間進行補償時，正好可以集眾多基金持有人之力、集廣大未受災補償地之力，來分擔少數受災地區的巨災風險；雙帳戶的設計，正是實現這種三跨的重要基礎。

## 2.9　基金的資產管理

在巨災補償基金的資產管理方面，應當在流動性、安全性、收益性三者之間取得平衡。第一，基金應以安全性為基礎，保證按約定對受災的基金持有人進行及時救助和補償；第二，在確保安全的情況下，盡可能使基金的資金保值、增值，以不斷壯大和發展基金的實力。

上文提到公司型基金是中國巨災補償基金較為理想的組織形式。在具體運作方面，我們建議借鑑社保基金等公共基金和證券投資基金等商業基金運作中一些有效的特點，以市場機制為核心，本著公開、公平和公正的原則，通過競標的方式，將資產的投資運作、日常行政管理以及資產的保管、監督分別交由基金管理公司和基金受託人負責。專業機構的管理有助於降低資產管理成本，提高運作效率，但是這種委託代理模式造成的信息不對稱也可能引發道德風險等一系列問題。因此，應在巨災補償基金內部設立專門的資產管理機構，對基金管理公司和託管機構的選擇、監督、績效評估等相關問題進行管理。

### 2.9.1　基金資產管理機構及職能劃分

根據所履行職能的差異，資產管理機構內部應設置招標、監督、績效評估和費用管理四個部門。

招標部：主要負責基金管理公司和基金託管人的選擇和淘汰。具體的工作包括在基金建立初期，進行基金管理公司和基金託管人的市場招標工作；當基金管理公司和託管人由於業績不良和違法違規被解任時，選聘新的機構進行管理。

監督部：負責對基金管理公司和基金託管人的履約和信息披露情況進行監督，並進行年度審核，出具合規報告。對於監督過程中發現的基金管理公司或託管人運作中存在重大偏離、違反適用原則或合同規定義務的情況，及時向董事會報告，並形成書面材料上交，對於違規情形較為嚴重的，直接向董事會和基金持有人大會提出更換管理人或託管人的建議。出具基金管理公司和託管人的年度合規報告，供董事會和基金持有人大會進行年度審核。

績效部：負責對基金管理公司的業績進行評估。每一個會計年度，結合基金年度投資報告，第三方機構評估報告以及市場上同類基金的收益水平，聘請專家委員會對於基金管理人的表現進行評分，並形成書面報告，作為管理費用確定和年度考核的依據。

費用管理部：負責基金管理公司和基金託管人每一年度費用的確定和發放。以專家委員會設計的費用結構作為標準，根據績效評估部門的評估結果，確定每一年管理費和託管費的具體金額並進行發放。同時費用管理部需要對費用結構的變化和費用的支付情況進行公開披露。

### 2.9.2 基金資產外包管理

基金資產的外包管理主要包括選擇淘汰機制的設定、基金管理公司投資管理、信息披露管理、合規管理、績效評估和費用管理。

#### 2.9.2.1 選擇淘汰機制

巨災補償基金在選擇基金管理公司和託管人時可以採用公開招標的方式。對於基金管理人的選擇，可以根據各競標公司在規定範圍內的管理費報價以及專家評審委員會對各公司業績、信譽、研究能力、內部控制、公司治理能力等方面的綜合評價，選擇最合適的管理人。因為在巨災補償基金中，要求基金託管人持有浮動比例的基金份額，但是這部分基金份額不具有在基金持有人大會中的投票和決策權利，所以在進行選擇時，我們除了根據各託管銀行提供的保管費報價、銀行的經營狀況、信譽、風險管理能力等進行評估，託管人願意持有的動態比例也是一個重要的考量因素。

對於淘汰機制，基金管理公司與託管人在具體解任情況的設定會有較大的差異。基金管理公司主要實行末位淘汰制。依據績效評估部門的報告，如果公司年度考核排名在同類型基金中前位，可以給予超額費用獎勵；如果基金業績嚴重低於市場平均收益率，董事會和基金管理人有權取消該公司的基金管理人資格，因管理人原因給基金造成損失的，基金有權追償。除此之外，當招標部收到合規部門關於基金管理公司嚴重違規的報告時，應當向董事會和持有人大會申請取消其資格，對由於基金管理人不按照合約規定操作造成的經營損失，要求基金管理人補償。而對於基金託管人的考察，則主要是根據合規部門的報告，判斷託管人是否存在嚴重違反基金契約及託管協議所規定的職責，發生違法、違規行為以及對基金管理人的違規行為採取不作為的現象。如果存在，則應向董事會和持有人大會申請取消託管資格並予以罰款。

關於基金管理公司、基金託管人的退任條件和相關處罰補償都會在與其簽

訂的聘任合同中作出明確的規定。

(1) 基金管理公司投資管理

由於巨災補償基金組織的特殊性及其採取的外包策略，投資者—巨災補償基金—基金管理公司之間存在著雙重委託經營關係，因此為了保證投資者資產的安全和增值，在與基金管理公司簽訂的合同中應對基金的投資範圍、投資數額、資金運用方式等方面作出明確的限制。

因為流動性和安全性是首要條件，在投資對象方面，巨災補償基金應以債券，尤其是國債以及債券型基金的投資為主，同時對基金投資於風險較高和流動性較弱的資產比例加以嚴格限制，主要包括如房地產、期貨基金、期權基金等。但我們的研究同時也認為，只要將投資比例控制在一定比例之下，並充分運用商業銀行或與中央銀行及財政部門的短期融資，巨災補償基金也是可以投資房地產等行業的。在投資渠道上，需要結合資金來源與補償期限、金額等進行不同的投資，為將來補償提供后備保障。

(2) 信息披露管理

基金管理公司應定期向巨災補償基金董事會和公眾報告資產的運用和收益情況，而基金託管人也應及時將監督和資金清算情況等向董事會和基金持有人大會說明，信息披露的頻率、方式和內容框架都應在合同條款中做出明確的規定。由於巨災補償基金的特殊性，在合同中應該加強對基金風險披露的標準及要求，例如對一些主要的風險指標採取量化披露或圖表披露的方法，使投資者對基金的風險有比較客觀的瞭解。

(3) 合規管理

合規管理是指對基金管理公司和基金託管人是否嚴格按照合同的規定履行其職責進行監督。可以通過第三方獨立機構出具的報告，對合同履行情況的實地檢查，不定期抽查，定期單獨和管理層以及董事等召開會議，對基金市場交易情況和指標的觀察等方式進行事中和事后的監督。

對於基金管理公司，重點考察：①是否按照基金規定的投資範圍、投資數額、資金運用方式，運用基金資產投資並管理基金資產；②是否按照規定定期、及時地向監管部門報告並對巨額補償基金和投資人進行相關信息和風險的披露；③相關內部控制和風險管理制度是否適應巨災補償基金的管理要求。

在對基金託管人進行監督時，主要關注：①是否按照規定開設基金財產的資金帳戶和證券帳戶並嚴格區分自有資產和所託管的其他財產；②對於基金管理人違法違規的投資指令，是否執行，是否及時向董事會和外部監管部門報告；③投資資金的清算交收是否及時有效；④對於基金管理人的監督和信息披

露是否到位；⑤公司內部的管理和風控制度是否持續達標。

在監督過程中，如發現管理公司和託管人運作存在任何違反適用原則或合同規定義務、可能採取不符合投資人要求等任何重大的行為時，監督部及時報告董事會和外部監管部門，同時由董事會召集持有人大會，共同商定解任和罰款事項。同時，監督部門每一年度都要根據基金管理公司和託管人的履約情況完成合規報告，作為年度審核的重要依據之一。

（4）績效評估

由於巨災補償基金的資金運作中採取了託管管理的方式，激勵和淘汰機制中的重要一環就是管理人的業績考核；而且巨災補償基金作為商業化運作的基金，有必要進行績效評定。但是由於巨災補償基金的基本目標和其他基金的不同，導致其收益和風險也與其他基金的不同，所以在對基金業績進行評估時，應與相同類型或特徵的基金進行比較。

業績評價指標中，一類是只考慮資產組合收益的波動率或類似風險因子的單因素模型，比較常用的有三種：夏普指數、特雷諾指數和詹森指數；另一類是同時考慮多種因素的多因素模型，如 Fama 的三因素模型。總體來看，雖然從理論上說多因素指標比單因素指標更具有解釋力，但是在實踐中要能準確預測出三個解釋因子的系數是非常難的。而且中國金融市場投機氛圍嚴重，政策因素對金融市場影響很大，並非完全受經濟因素的影響，而且這些因素又很難刻畫和度量，所以我們認為，目前單因素模型比多因素模型更適合對中國基金投資績效的證券評判。

在單因素模型中，夏普指數、特雷諾指數和詹森指數都是以資本資產定價模型為理論依據。夏普（Sharp）指數以 CML 為基準，特雷諾（Treynor）指數和詹森（Jensen）指數以 SML 為基準。但是夏普指數同時考慮了系統性風險和非系統性風險，而特雷諾指數和詹森指數基於投資組合的多樣化消除非系統性風險，僅僅考慮了系統性風險。因此，如果基金沒有完全分散非系統性風險，則特雷諾指數和詹森指數就會有誤差，從而就不能很好地判斷基金的管理能力。中國的證券市場與國外相比還不夠成熟和完善，投機氛圍濃厚，而且中國的投資品種比較有限，不可能做到完全分散投資風險，所以應該選用總風險對收益率進行調整，即上述三個中的夏普指數。隨著中國證券市場的完善，可以考慮採用三種指數進行綜合評價。

（5）費用管理

基金管理費收入的高低主要取決於管理費率和提取標準。巨災補償基金採用混合比例的管理費率，管理費由兩部分構成：一部分是固定比例提取的用來

滿足基金管理人日常管理費用的管理費，這種固定比例是相對的，它會隨著基金規模遞減，但有一個最低限度，能保證基金管理人的日常運作。另一部分是根據基金資產的增值部分提取的用來激勵基金管理人努力工作的管理費，具體為：當基金已實現的淨值收益率超過某一個基準收益率（如某一指數加上一定比例）時，基金管理人按照合同約定對超出基準收益率部分計提 $\alpha\%$ 的業績報酬：固定費用+業績費用，這一部分費用的支付採用延期支付的方式，防止基金管理人的短視行為。同時，規定管理人按當年收取的委託資產管理手續費的 $b\%$ 提取該帳戶的投資管理風險準備金，專項用於彌補巨災專項資金的投資虧損。

其中具體數值的確定，由專家委員會結合巨災補償基金的自身特點（資產規模、存續時間、類型等）和市場供需情況對固定費率的高限、業績報酬提取的高限和風險損失承擔的低限和最高金額進行規定，剩下在價格區間內的具體定價由公開競標時的市場定價機制來進行。

對於託管人的託管費用則一般採取固定比例，其確定原理和過程與管理費基本一致，都是由專家委員會給出費率範圍，根據市場公開競標結果最終確定。

在外包管理中，費用管理部門主要是根據確定的費用支付比例和績效評估部門的報告確定每一年的具體費用數額，並負責完成對於費用的支付清算。除此之外，對於基金管理人的延期支付費用和風險準備金都應在託管銀行設立專門的帳戶委託託管人進行管理。

### 2.9.3 基金資產的安全性管理

巨災補償基金資產的安全性管理主要包括兩個方面：一是投資的安全性，二是內部管理的安全性。其中，巨災補償基金投資的安全性原則是指基金投資風險較小，並能夠確保取得預期的投資收益。內部管理安全性則主要指基金資產管理機構各部門職能設置是否合理以及內部控制制度是否完善。

由於巨災補償基金的投資收益在災害沒有發生時要支付巨災債券的利息和本金，同時還要為將來可能發生的巨災累積資金；在災害發生時，要用於巨災的防災、減災和抗災，容不得半點閃失，要麼就會耽誤防災、減災和抗災工作。因此，基金投資至少要保值，應該遵循「安全性原則」。對於投資的安全性管理主要體現在以下幾個方面：第一，設置低風險證券的投資低限和高風險資產的投資高限，將投融資期限和結構匹配納入考慮。第二，要求基金管理公司提取一定比例的投資管理風險準備金，專項用於彌補基金投資的虧損。這

样,在一定程度保證資金投資安全性的同時,也讓基金管理人的收入和基金投資收益掛勾,部分解決了現有基金治理委託代理問題中委託方和代理人利益不一致的問題。帳戶由專門的託管機構管理,也降低了董事會和資金管理人對資金直接挪用的可能性。第三,對於未行使監督職責造成的基金營運損失,託管人負連帶補償責任。同時要求託管人持有一定比例的基金份額,由於其作為基金持有人的權利可以通過基金託管人角色的發揮得到一定程度的保障,這樣更強化了基金託管人的獨立性和對基金管理人的監督責任。第四,引入淘汰機制,實行非物質的反向激勵。由於基金的年度投資報告是面向社會公開的,如果遭到解任(淘汰),必定會對這一基金管理公司帶來極大的負面影響,公司的其他業務也會受到牽連,這種聲譽損害造成的間接損失是十分大的,這就能很好地激勵基金管理人為了持有人的目標努力。

關於內部管理的安全性,主要體現在部門的職能設置和市場化機制的引入方面。對於基金管理人和託管人的選擇、淘汰以及費用的確定都由多個部門共同參與決定,增加了管理人和託管人的尋租成本。通過公開競標的方式選擇基金管理人和託管人增加了信息的透明度,同時也一定程度上確保了中標公司的管理能力。

### 2.9.4　基金資產的流動性管理

巨災補償基金資產管理應遵循流動性原則,即投資能夠迅速地變現或作為變現的基礎,以保證基金支付需求。巨災的發生具有不可預測性,而且一旦發生,救災是刻不容緩的,巨災的這兩個特點決定了基金的投資必須提供很強的流動性,在不損失其原價值的條件下,能隨時保持轉化為現金的能力,以滿足可能支付的特殊用途。

巨災發生後對受災持有人的補償以及可能面臨的基金贖回情況是事前無法預測的,而且一旦巨災發生就意味著基金必將有大量的現金支出。因此基金資產的流動性管理主要包括兩個方面:一是建立強大的短期融資能力;二是持有適量的流動性資產。其中強大的短期融資能力可以通過充分運用國家信用支持,與大型商業銀行和投資銀行建立長期、穩定的信用關係,與投資銀行簽訂巨災時利用基金所持有的優良資產發行抵押或質押債券的協議,充分利用衍生金融工具,如巨災發生時的基金份額出售計劃等多種途徑實現。而流動性資產的持有則可以通過與基金管理公司簽訂的委託合同中,對於一些流動性較高的投資工具(如活期存款、交易活躍的債券、變現損失小的債券,如國債等)的投資總額設定一個最低的投資比例,以保證及時、足額地滿足各項支出的需

要。防止基金管理人盲目追求收益而使巨災補償基金陷入支付危機。

### 2.9.5 基金資產的盈利性管理

在保證基金資產的流動性和安全性的前提下，基金資產投資應以取得最大收益為原則。第一，巨災補償基金的融資有一部分來自發行巨災債券，根據所發行的巨災債券的條款，一旦所約定的巨災發生，那麼就要截留部分或全部的債券本息對受災基金持有人進行補償，其投資人承擔著很大的風險，也就必然要求較高的收益率。即使約定的巨災沒有發生，基金也必須如約支付高額的利息，這就在一定程度上要求基金必須實現一定的收益，否則就無力承擔這些高昂的利息成本；第二，巨災補償基金是一個可持續發展的基金，要逐步累積和壯大基金的實力，增強承受巨災風險的壓力，因此在保證基金「保值」目標得以實現的基礎上，還應該積極追求基金自身的增長，實現基金「增值」的重要目標。如果基金不能實現增值，基金的收益在市場上沒有競爭力，將意味著基金無法吸收更多的資金、其規模不可能擴大、風險也不可能得到有效的分散，所以在巨災補償基金資產的管理中，盈利性管理也佔有不可或缺的重要地位。

總的來看，資產的盈利性管理可以通過幾個方面來實現。第一，當基金管理公司取得超越市場上同類型基金平均水平的收益時，對於超額收益給予一定比例的薪酬獎勵，這樣的費用設置能夠提升基金管理人的積極性，減少委託代理成本；第二，將業績指標作為是否淘汰基金的重要評價指標之一和一種反向激勵；第三，通過與商業銀行和投資銀行簽訂巨災發生資產抵押協議，可以一定程度上減少現金和高流動性資產的比例，從而有效避免持有過多的流動資產，導致投資收益率過低，失去市場吸引力。第四，在有效進行風險管理的前提下，允許基金管理公司投資於一定比例的房地產、衍生工具等風險債權。

流動性、安全性、收益性的原則在實際的投資運作中往往難以同時滿足，投資於流動性差的投資工具，可以獲得更高的收益率；投資於流動性好的投資工具，其收益率相對就低，安全性高的工具，收益通常也不高。因此，巨災補償基金在具體的投資項目上，就需要在流動性、安全性和收益性之間進行平衡，並根據情況適時靈活處理。

## 2.10 基金的負債管理

對於中國巨災補償基金公司而言，要在資產管理中，同時兼顧安全性、流

動性和收益性，並不是件容易的事。按我們的制度設計，以半封閉結構為基礎、且只有受災註冊地的基金可以贖回，所以基金份額的資金有相當大一部分屬於長期可用的資金；另一方面，一旦巨災發生，遭受巨災註冊地的投資人就擁有了贖回其投資淨值的權利。很顯然，這是一種基金投資人所擁有的美式期權，其行權可能性取決於約定巨災在約定註冊地的發生，帶有很強的路徑依賴性和不確定性。為了應對這種不確定性，除了在資產管理中確保資產具備一定的流動性之外，還有一種策略，就是增強基金的融資能力、預備必要的融資渠道。

### 2.10.1 特別國債融資

作為面向全國的、兼具公益性和商業性的巨災補償基金公司，在國家財政擔保和背書的前提下，如果遇到突發性巨災急需資金時，完全可以申請由財政部發行特別國債進行融資，並專款專用，然后由巨災補償基金公司國家帳戶的后期累積逐步償還。在后文還將討論到，除了上述情況外，在巨災補償基金建立之初的初始投資，以及在基金運作過程中偶然出現國家帳戶資金不足等情況時，都可以利用這一方式融資，以避免緊急變現投資資產所帶來的損失。

### 2.10.2 專項貸款

專項貸款，是以國家政策做支持、以巨災補償基金公司投資資產做擔保，臨時向國家商業銀行或其他商業銀行、以至國際上的商業銀行申請的緊急專項貸款，主要用於向遭受巨災損失的投資人，按約定支付補償款。

這裡說的專項，主要指專款專用、專門政策做支持、專門流程做保障、並有國家財政做擔保的一種特別貸款形式。貸款的期限，可根據擔保資產變現的時間長短進行匹配，以盡量減少資產變現時的費用。

當然，巨災補償基金公司的貸款總額，也須與其用途和擔保資產等匹配，必須進行總量和時間結構的控制，避免過度負債所帶來的風險。

### 2.10.3 巨災債券

巨災債券，是國際巨災保險機構最常用的融資工具之一，其基本特點是，將債券的回報與特定的巨災種類、物理級別或損失大小等相互關聯。它是如果約定的巨災在約定的範圍內發生、且物理級別或損失達到約定的程度時，將部分或全部截留債券的本息的一種債券。

因為巨災發生時巨災債券面臨較大的風險，因此，這類債券的收益率相比

於同等的普通債券，其息票利率通常會更高。再考慮到巨災債券的主要風險是巨災，而巨災的發生與市場上其他證券之間的關聯度很小，所以，一定程度上，這類債券可以被視為市場風險中性的債券，對於許多機構投資者構建市場風險免疫或中性的資產組合時，有其特殊價值。因此，巨災債券在國際市場，還是很有吸引力的。具體的發行程序及管理等，這裡就不贅述了。

### 2.10.4  資產擔保債券

為了在滿足災後補償的同時，基金投資能取得較高的收益，適當做一些長期投資是很有必要的。但如果巨災發生後，巨災補償基金公司的現金不足，無法滿足當期補償支付的需求時，也可考慮用公司現有的投資資產做擔保，發行資產擔保債券，以獲得必要的急用資金。建議除了用巨災補償基金公司的投資資產做擔保外，同時還可以由國家財政提供信用保證，提升這些債券的信用等級，從而降低融資成本。

# 3 巨災補償基金一級市場運行機制研究

　　巨災補償基金要發揮其設計的功能，前提是要能成功發行、被廣大投資人和暴露於巨災風險的社會大眾所認可。中國巨災補償基金公司，是設計和發行中國巨災補償基金份額的唯一主體，只是在發行過程中，既可以由巨災補償基金公司直接發行，也可由其外包給第三方機構外包發行，整個一級市場的運作，如圖3-1所示。基金份額的合約如何設計、如何將設計好的合約銷售給廣大社會公眾，就是巨災補償基金一級市場的建設和運行問題。

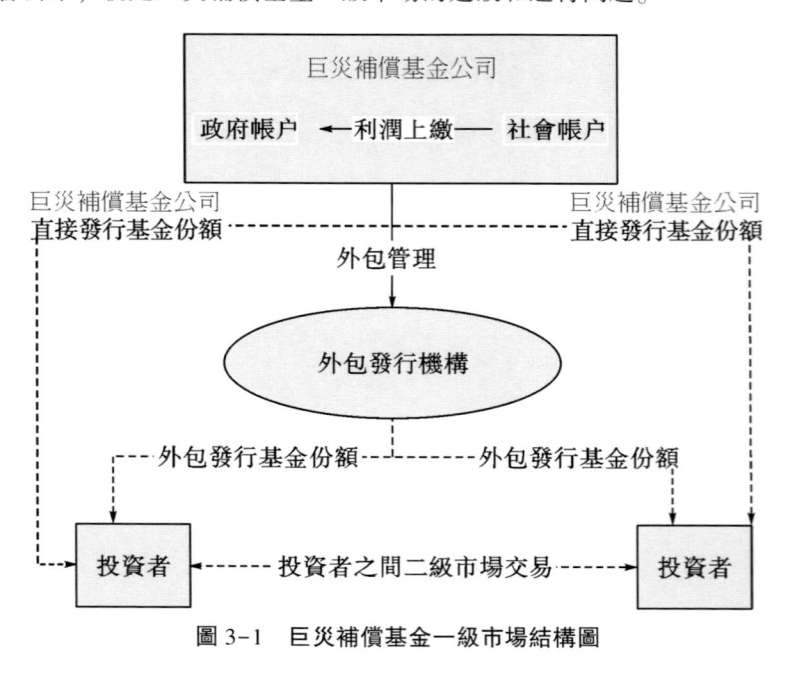

圖3-1　巨災補償基金一級市場結構圖

## 3.1 基金份額及其合約設計

與其他金融工具一樣，基金份額本質上也是一份合約。巨災補償基金是一份介於中國補償基金公司和基金持有人之間的有關權、責、利等相互關係的合約。基金份額的合約設計，就是對將涉及的相關主體、客體及各自的權、責、利等加以清晰界定的過程。

### 3.1.1 基金合約的主體界定

巨災補償基金涉及的最基本的主體，是基金的發行人和投資人；同時，還有其他一些相關主體會與兩個最基本的主體存在一定的權、責、利關係，這包括：中央政府、外包機構、非基金持有人的受益人、第三方服務機構等。

中國巨災補償基金公司是巨災補償基金的發行機構，是完全由政府出資的全資國有公司。中國巨災補償基金公司負責基金份額合約的設計與調整、發行，基金資金的籌集、投資、出險後的補償、基金本身的整體運作、風險控制等。在基金合約的設計中，要特別明確中國巨災補償基金公司的權、責、利。

巨災補償基金份額持有人是指依基金合同和招募說明書持有巨災基金份額的自然人和法人，也是基金的投資人。他們是基金資產的實際所有者，享有基金信息的知情權、表決權和收益權。基金的活動是為了增加投資者的收益和在觸發巨災時對投資者進行的補償。所以巨災基金份額持有人是基金活動的中心。

中央政府。政府外包給外包公司，外包公司向社會籌集資金形成債權債務關係，在基金不能足額補償損失時，政府要及時下達指令通過一定方式來籌集資金，保證基金的持續運作和對基金持有人補償的能力。

外包機構。利用自身的經驗與優點，發行巨災基金，籌集資金，利用籌集的資金投資，提高投資人收益和自身收益，並對資金進行管理與分配。在巨災發生時，對相關註冊地的補償比例要進行調查、分析，從而得到標準，及時進行補償。

非基金持有人的受益人。在巨災發生時，得到基本的公益補償，而得不到購買基金的國家帳戶的補償，得到的補償比例少。

第三方服務機構。為政府、外包公司、投資者提供仲介服務和諮詢服務的機構設施，負責各個註冊地的巨災基金發行與銷售的服務工作，為巨災基金的

其他各個機構提供便利與維持運作。還有一些管理機構：註冊地管理機構、分配及補償比例管理機構等，對註冊地及補償情況進行分析與管理。

### 3.1.2 基金性質

中國巨災補償基金是一種集公益性和商業性於一體的、以市場機構為核心的商業性基金，即從本質上講，特別是對社會大眾投資人來講，巨災補償基金是一種商業基金，其含義是，基金的發行、轉讓等過程，是一個商業化的市場行為。任何投資主體，對於巨災補償基金投與不投、投多投少、什麼時候投、如何投、什麼時候轉讓等，完全是一個自主決策的過程，完全可以根據自己的判斷進行決策；當然，另一方面，決策的風險也完全由相應主體自己承擔。

### 3.1.3 基金目標

巨災補償基金的基本目標是：集政府和民間資本的力量，以市場機制為核心、兼顧公平和效率實現中國主要巨災風險的跨地區、跨險種、跨時間的分擔和共濟。而投資者購買巨災補償基金的主要動機之一是一旦發生巨災，巨災補償基金會給予投資者相對於其原來的投資額的數倍補償，減少了災后的損失並實現了自身收益。

### 3.1.4 巨災風險補償範圍

巨災補償基金的補償，分為公益性補償和商業性補償兩部分。前者面向所有巨災受災人，後者只面向巨災補償基金份額的持有人；前者是根據國家公益性補償政策規定的補償額和補償方式，其目標是確保所有受災的災民最基本的生活保障，後者則是按基金合約約定的標準，根據不同註冊地、不同災害所事先確定的補償比例進行補償。

對同一註冊地，具有根據當地經濟發展水平等測算的最高補償額限制，巨災發生後，如果同一註冊地應當補償的總額高於事先確定的補償限額時，各投資人按比例受償。所以受到投資總額限制的機構投資者，只有在限額以下部分才能得到補償。

### 3.1.5 不同巨災風險的補償比例

巨災補償基金的補償比例，是根據對不同註冊地發生不同種類的巨災風險的概率和可能損失的測算和分析來計算的。具體的測算方法，將在后文詳細討論。由於不同註冊地在巨災風險發生概率和預期損失方面存在差異，這些補償

比例也將有所不同。為了避免巨災發生后定損造成的時間拖延、影響救災和災后重建，在不求精確、只求整體上有效率的情況下，對各個註冊地不同種類的巨災風險的補償比例，都會在發售巨災補償基金份額時明確予以界定。

隨著社會對不同巨災風險認識的加深，以及隨著經濟社會等條件的變化，不同註冊地不同巨災風險的補償比例，也將隨之進行調整。具體的調整方案，將由中國巨災補償基金公司的巨災風險專家委員會和巨災補償基金補償比例調整委員會共同提出議案，由巨災補償基金持有人大會表決通過后，才能進行調整。

### 3.1.6 持有人權利

基金持有人擁有的權利有：收益權、補償權、知情權、管理權（表決權）、受災贖回權、註冊地變更權、基金份額轉讓權等。

收益權是指基金持有人因持有基金份額獲取利益的權利。基金每年會分紅，但是和本金一樣不會返還給持有人。補償權指在發生巨災的時候，要對相應註冊地購買基金的持有人根據其購買的份額進行一定比例的補償。知情權是基金持有者獲取信息的自由和權利，包括從官方和非官方知悉、獲取相關信息。管理權（表決權）指持有人並不直接參與基金的經營管理，而是通過董事會進行，持有人通過選舉董事，從而獲得基金業務的控制權。受災贖回權是指當發生巨災的時候能夠對本金與利息進行贖回的權利。註冊地變更權指基金持有人具有變更購買基金份額地點的權利，一經變更，原註冊地的權利將消失。基金份額轉讓權是指基金持有人可以在二級市場轉讓自己的基金份額，權利也一併轉讓。

基金持有人還具有基金到期后得到本息，依法轉讓或申請贖回基金份額，按照規定召開基金份額持有人大會的權利。並且對基金份額持有人大會事項具有表決權，可以查看或複製公開披露的基金信息資料，對基金管理人、基金發行機構等損害其合法權益的行為可以提起訴訟。

### 3.1.7 持有人義務

基金持有人需要遵守基金合約，繳納基金認購款項及規定費用，承擔基金虧損或終止的有限責任，不從事任何有損基金和其他基金持有人利益的活動。並且在購買基金后受災之前，不得贖回基金，到期才可得到本息或發生巨災后才能對基金進行贖回，這樣可以保證基金的足額和流動性。

持有人的義務有及時繳款義務、投資收益繳納義務、承擔經營風險義務、

監督管理義務、未受災時不得贖回義務、積極防災抗災義務。及時繳款義務是指持有人要在規定時間之前繳納完購買基金的費用，不能拖延，不得抽逃出資。投資收益繳納是指持有人的分紅收益要繳納一部分給國家帳戶。承擔經營風險的義務指持有人要承擔購買基金的一系列風險，如前文所述的基差風險等。監督管理義務指持有人對基金運作的機制、相關機構的運作等有監督的義務，維護持有人的利益。未受災時不得贖回的義務即是在購買基金份額的註冊地沒有發生災害之前，持有人不得對本金和利息進行贖回。積極防災抗災指基金持有人具有抗擊災害、防止災害發生的義務，也是眾多人民的共同義務。

### 3.1.8 基金發行人的權利

因為政府將基金外包給了外包機構，外包機構即為基金發行人。基金發行人具有召開基金持有人會議、參加基金持有人會議、提案、表決、請求分配投資收益等持有基金而產生的權利，並且可以制定相關發行規則和確定相關發行要求。

發行人具體的權利有基金份額發行權、基金份額合約修訂建議權、基金份額定價建議權、基金日常管理與決策權、基金持有人大會召集和提議權、社會帳戶收益分配權、巨災聯繫證券發行權等。基金份額發行權是指基金發行人具有發行基金份額、進行交易的權利。基金份額合約修訂建議權指發行人有對基金合約進行建議提案的權利，對合約制定具有有一定的影響。基金份額定價建議權是指發行人對基金份額的價格制定可以提出建議，對價格的制定有一定影響。基金日常管理與決策權即是對基金的運作和體制進行管理和制定相關決策的權利，使基金利潤最大化。基金持有人大會召集和提議權是指發行人可以聚集和提議召開持有人大會。社會帳戶收益分配權指發行人具有分配社會帳戶投資收益的權利，將這些收益按照一定的比例分配給持有人、國家帳戶、其他機構等。巨災聯繫證券發行權即指發行人具有發行證券的權利，彌補巨災帶來的損失。

### 3.1.9 基金發行人的義務

基金發行人的義務有盡職管理義務、足額補償義務、臨時資金不足融資義務、同等承擔經營風險義務等。

盡職管理義務是指發行人應該盡力管理基金，保障持有人的利益；用時足額補償義務是指發生巨災時，對持有人應進行足額補償，不拖欠資金；臨時資金不足的融資義務，即在巨災發生時，帳戶裡的資金不足以進行補償時，發行

人需進行其他融資方式，以彌補資金的空缺；同等承擔經營風險義務是指發行人與持有人一樣也要承擔同等程度的基金經營方面的風險的義務。

## 3.2 基金發行渠道

### 3.2.1 網上發行

網上發行是指通過與證券交易所的交易系統聯網的全國各地的證券營業部，向公眾發售基金份額的發行方式。而隨著互聯網金融的迅速發展，基金公司還可以自建電商平臺，與第三方基金代銷平臺、互聯網電商平臺以及第三方支付等互聯網機構合作，擴大其網上銷售渠道。

### 3.2.2 網下發行

網下發行方式是指通過基金管理人指定的營業網點和承銷商的指定帳戶，向機構或個人投資者發售份額的方式。目前，中國可以辦理開放式基金認購業務的機構主要包括：商業銀行、證券公司、證券投資諮詢機構、專業基金銷售機構，以及中國證監會規定的其他具備基金代銷業務資格的機構。

### 3.2.3 常年發行

巨災補償基金區別於一般的證券投資基金，兼顧投資和承擔社會責任的特徵，巨災發生時，受災人數之多，經濟損失嚴重，基金對持有人按一定比例補償，需要大量的資金累積。同時巨災的發生是小概率事件，具有不確定性，投資者的認識和判斷也不一致，加之巨災補償基金在申購上是自由開放的，和普通開放式基金相同，因此不應該限制發行的期限，可以採用常年發行的方式，個人和機構投資者可以根據自己的判斷和需要在不同的時間購買，基金的規模也會隨著投資人購買量的增加而不斷擴大。

## 3.3 基金發行對象

### 3.3.1 企業

巨災補償基金建立的目的是巨災發生后，為災區提供財力支持，幫助災區

重建恢復經濟發展與穩定。由於巨災發生也會使當地的企事業單位遭受損失，它們也需要資金重新投入生產，恢復營運，所以對於巨災補償基金的投資者限定這裡可以適當放寬標準，允許企事業單位在有關部門的監控下場外購買巨災補償基金，登記記錄在冊，並且其購買的巨災補償基金不允許進入二級市場流通。

### 3.3.2 個人

個人投資者是指以自然人身分從事基金買賣的投資者。基於巨災補償基金建立的目的和最大範圍地分散巨災風險，巨災補償基金對個人投資者不設限制，只要滿足中國證券投資資格要求的自然人都可以投資於巨災補償基金。巨災補償基金既是一種投資工具，也是風險發生后的補償工具，在兼顧收益性的同時，還具有公益性。中國是自然災害的多發國，對於易受災地區群眾，購買此基金既可以獲得基金收益，還可以在巨災發生時獲得數倍於基金份額的補償。對於其他個人投資者，則可以根據巨災在不同區域發生的概率來選擇註冊地，並進行購買。基金需要全社會的廣泛參與，使風險跨時間，跨地域，跨風險種類地全方位轉移分散。

### 3.3.3 其他機構

機構投資者從廣義上講是指用自由資金或者從分散的公眾手中籌集的資金專門進行有價證券投資活動的法人機構。在中國，機構投資者目前主要是具有證券自營業務資格的證券自營機構，符合國家有關政策法規的各類投資基金等。

### 3.3.4 國際投資人

國際投資人可以是個人投資者，也可以是機構投資者。巨災一旦發生，波及範圍廣，經濟損失巨大，基金份額向國際投資人的發行，不同於一般災后的國際援助，而是擴大了基金營運的后續資金來源，在巨災未發生時，也可以獲得基金的投資收益。

## 3.4 基金發行限制

為了增強購買的便利性，巨災補償基金份額在一級市場的發行與普通的證

券投資基金略有不同：巨災補償基金不設置認購期，投資人可選擇在任意時段進行基金份額申購，並享受相同的費率。投資者可以通過網站、客戶端等方式進行網上申購，也可以通過指定銀行的售賣點進行網下申購。由於中國巨災補償基金具有半封閉性，投資人持有的基金份額只有在巨災發生時才能進行贖回，日常的交易必須通過二級市場進行。

基於防範風險的考慮，我們需要對巨災補償基金在一級市場的發行進行限制，一般分為規模總量限制和單一投資人限制兩大類。其中，規模總量限制主要是為了使募集資金總額與風險損失規模相適應，防止過度融資，而針對單一投資人的限制，則主要是為了防止對二級市場的價格操縱和巨災發生時巨額贖回造成的流動性風險。

總之，巨災補償基金發行管理的核心目標是為日后維持基金的正常交易運作打下基礎，確保其可持續發展，同時在市場活躍度、公平性和社會性之間取得平衡。

### 3.4.1 規模總量限制

基於以下幾點考慮，我們對於巨災補償基金總的發行規模和在單一註冊地的發行規模暫不進行限制。第一，一個國家巨災補償體系的建立必須遵循廣覆蓋的原則，對於補償基金來說，就是確保每一個有避險需求並且具有支付能力的投資者都有購買到基金份額的機會。如果我們對基金的發行規模進行限制，就可能無法滿足所有群眾分散巨災風險的需求。同時，規模限制也可能會引發個人投資者被機構投資者擠出的問題。第二，巨災具有很強的破壞性，往往會造成巨額的經濟損失，基金要提供補償並且長久地發展下去，必須募集大量的資金，其規模的擴大有助於可持續經營。第三，巨災補償基金主要投資於低風險類資產以確保其安全性和流動性，這就決定了基金不會提供很高的收益率，因此購買基金的投資者多數還是為了獲得巨災風險補償，投機者的投資積極性不會特別高漲，也就是說基金的規模一般不會失控，因此無需對規模進行特別的限制。

### 3.4.2 單一投資人限制

單一投資人限制，是指對投資人能夠申購的基金總份額數限定在註冊地發行總額的一定比例之內。目前，中國資本市場整體的投機情緒很重而且缺乏有效的監督機制，如果不在一級市場對投資者進行申購限制，很可能會引發二級市場上的價格操縱，損害中小投資者的利益。同時，在巨災發生時，補償基金

就變成了開放式基金，基金份額過度集中於少數投資者也會增加巨額贖回出現的概率，引發流動性風險。

價格操縱是交易者為了使價格向對自己有利的方向變動，通過集中進行大量交易或信息誘導等各種手段，在市場上創造壟斷力以促使價格偏離正常的供求力量作用下的水平，從而形成人為的低價或高價。而價格的變動趨勢是交易的數量和方向引導的，因此限定單一投資人的基金份額持有的上限就成為防範價格操縱風險的有效手段。

巨災補償基金的投資人主要包括個人、家庭、一般工商企業、保險公司、再保險公司、非保險公司金融機構、信託公司、證券公司、基金公司、地方政府民政部、銀行。根據其資產規模的差異，可以分為個人投資者和機構投資者兩大類。對於不同類型的投資者，由於其對市場的影響力存在較大的差異，因此需要進行分類管理。

### 3.4.2.1 個人投資者

個人投資者主要指個人和家庭，其購買基金份額的主要目的是分散人身和財產面臨的巨災風險，通過獲取多倍補償從而減輕損失。這類群體的巨災承受能力往往較弱，利用基金對沖風險的意願較強。基於巨災補償基金公益性和廣覆蓋的特點，對於個人投資者的購買需求應盡可能地滿足。

從防範風險的角度考慮，個人投資者的資金規模通常較小，不具備操縱市場的能力。同時，巨災補償基金明確規定補償總額不會超過損失總額，投資人很難從巨災補償中獲取額外的利潤，而且巨災補償基金由於其高安全性，收益率較低，在這種情況下，理性的個人投資者不會傾其所有進行購買，而是會選擇與其風險暴露資產規模相適應的基金份額。綜上所述，我們不對個人投資者的申購比例進行限制。

### 3.4.2.2 機構投機者

機構投資者主要包括工商企業和各類金融機構。這類投資者的特點是資金實力雄厚且擁有專業的知識和能力，一旦基金份額持有量超過一定數額，他們就可能利用交易影響基金的價格。而且，這些機構投資者的行為具有一定的示範效應，他們的選擇可能會在市場上引發羊群效應，從而增大價格波動的範圍。這樣的影響在規模較小，流動性較低的註冊地尤為顯著。因此，為了巨災補償基金二級市場的穩定運行，我們需要對單一機構投資者在某一註冊地的投資比例進行上限設定。

對於某一註冊地申購比例的具體限制，全國無需設置統一的標準。各個註冊地可以根據當地的經濟情況、金融市場的發達程度設置不同的比例限額，但

是國家需給出一個比例上限,並要求各個註冊地的比例限制不得超過這一數值。

除此之外,需要注意的是,我們對單一機構投資者設定申購上限,主要是為了防範價格操縱和巨災發生時的流動性風險,但是這一限制主要針對投機者。如果機構投資者是因為其在某一註冊地的資產規模過大,基於避險的需求需要購買超過比例限制的基金份額,那麼他的要求就應該被滿足。因此,我們應根據機構投資者的資產規模分類設限。

(1) 註冊地資產總價值小於比例上限確定的金額

在進行申購限制時,我們需要採取存量和增量相結合的管理方法,即判斷一個投資者的申購指令能否完成,不僅要考慮本次的申購數量,還需要計算該投資者在註冊地已經持有的基金份額。舉例來說,一個註冊地現有的基金規模為 $a$,某一機構投資者目前持有的該註冊地的基金份額為 $b$,該投資者計劃申購的基金規模為 $c$,那麼,只有當 $(b+c)/(a+c)$ 小於註冊地的最高比例限制時,申購才會成功。

(2) 註冊地資產總價值大於比例上限確定的金額

對於這類投資者,即使按照前面的方法測算,他的持有比例已經超過上限了,他的申購也仍然能夠成功。不過在這種情況下,機構需要提供相關的資產證明(這裡主要是指固定資產),如果該機構在這一註冊地的資產總值確實超過了比例上限確定的金額,那麼他就可以申購額外的份額。但是,投資者的基金持有量必須與資產規模相匹配,即在申購完成后擁有的基金份額總值不可以超過其固定資產價值。

## 3.5 基金利潤分配

中國巨災補償體系的根本目標是為巨災的防災、救災和抗災等事務累積和籌集資金,以增強中國承受巨災風險的綜合實力。這一根本目標並不意味著未來的補償體系是個社會福利性或者政府性的機構,而應是具有可持續發展能力的、充分預算約束的、必須考慮盈利能力的經濟實體,必須同時兼有社會和經濟功能。

### 3.5.1 基金利潤分配原則

在基金利潤的分配上,可以採取與風險、成本和收益相匹配的方式。其中

的風險主要有：巨災風險、投資風險、市場風險等，其中的成本主要指資金的機會成本（無風險收益的損失）、勞動力成本、管理成本等。這樣對風險和成本進行匹配后分配，可以使利潤分配合理化、針對化、有條理化。

### 3.5.2 基金利潤分配順序

基金的利潤是基金的收入扣除各種費用，包括人員工資、管理費用、利息、稅收等后的淨利潤，才能用於分配。

對於剩下的淨利潤，要分為兩部分：社會帳戶和政府帳戶。分帳戶來談。①社會帳戶：按規定上繳給國家帳戶的利潤，餘下的計入基金持有人的淨值增值。②政府帳戶：公益補償、商業補償、前期資金不足的彌補等。

所以在未受災的情況下，根據承擔風險，成本與收益的大小，具體分配順序如下：①各種運作費用或成本，包括基金日常經營中的員工費用、日常開支等方面，以及籌資成本，即發行 ILS 工具時的費用等；②稅收，巨災補償基金的企業性質決定其應該納稅，不過由於其公益性質，政策理應給予一定的優惠，我們的建議是在早期可以完全免稅，這樣也能促進基金的成長和發展；④基金持有人投資份額增值。餘下的淨利潤，將做為社會帳戶淨值的增加部分，計入基金投資人淨值中。如果投資人的註冊地發生了約定的巨災風險時，將按災害發生時基金份額的淨值的一定倍數進行商業補償。雖然，正常情況下，巨災補償基金無法贖回，但卻可以通過二級市場轉讓或巨災發生時獲得多倍補償的方式，實現基金淨值增加所帶來的利益。

### 3.5.3 社會帳戶收益繳存

正如前面反覆討論的，巨災補償基金社會投資人，需要將自己投資收益的一定比例繳存到國家帳戶，以換取巨災發生時，從國家帳戶付出的多倍於其持有基金淨值的補償金。所以，巨災補償基金收益的分配，如圖 3-2 所示。

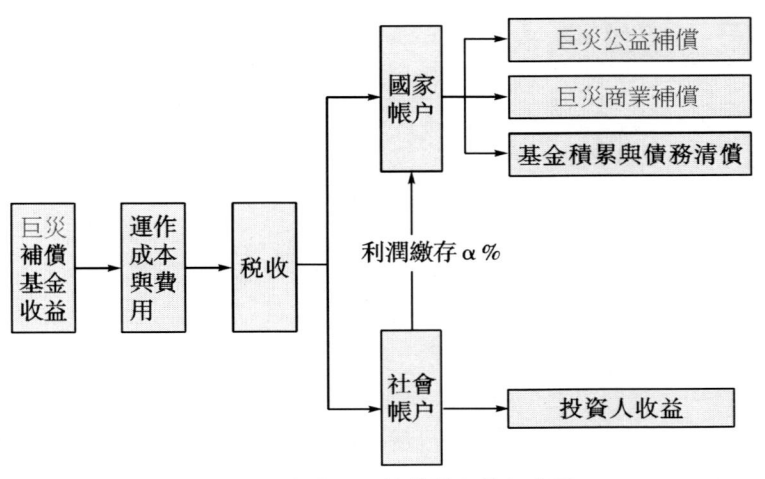

圖 3-2　中國巨災補償基金收入分配

### 3.5.4　巨災補償基金風險的承擔比例

由政府和社會共同出資設立的補償基金，可理解為雙方合夥共同面對巨災風險或做巨災風險的投資。按「甘苦共擔、同比分享」的原則，可考慮各期以兩帳戶的淨資產餘額為比例共同承擔投資的收益或承擔風險損失。

政府帳戶中首先由政府提供初始資金 $x$，在發行的巨災基金中按淨值比例佔有一定份額。隨著巨災基金的發行，社會帳戶用於籌集基金購買者的資金和累積資金，每月向政府帳戶繳納 50% 的帳戶資金增加額。繳納的金額在國家帳戶累積起來，相當於購買了巨災基金的份額，設為 $y$，那麼社會帳戶按淨值占比擁有巨災基金份額。那麼風險發生時，國家對其中損失的 $x/(x+y)$ 進行承擔，而社會帳戶對其中損失的 $y/(x+y)$ 進行承擔。

當政府帳戶資金出現負累積時，國家將採取發行特別債券等措施來籌集資金，相當於對巨災基金加大份額購買，設增加部分為 $p$，所以國家對風險損失的承擔比例為 $(x+p)/(x+p+y)$。這樣按淨值比例進行風險分擔使得政府帳戶和社會帳戶都分擔了風險，避免了由政府或社會帳戶單獨承擔全部風險的情況。

# 4　巨災補償基金二級市場運行機制

正如在介紹巨災補償基金的特點時特別強調的，巨災補償基金在運作上區別於普通保險業務的一個重要特徵，就是有穩健、流動性強的二級市場。要確保巨災補償基金的二級市場不受到巨災的直接衝擊、保持平衡運行，仍然有許多問題需要詳細研究。

## 4.1　巨災補償基金註冊地變更機制

鑒於巨災風險難以精算到具體投保人從而造成巨災保險在商業上存在重大困難的現實，在巨災補償基金相關制度的設計中，我們設計了以註冊地來替代具體的投保人。同時，考慮到人員及財產的流動，基金還設置了註冊地變更機制，以更好滿足投資人的需要。

### 4.1.1　註冊地劃分標準

巨災註冊地的劃分是各種自然災害區劃研究中的一部分，其選取的是對整個社會經濟造成重大影響和損失的樣本，通過對比不同的巨災危險性計算理論和方法的結果，研究巨災風險的起源、巨災風險的量化以及巨災風險在時間、空間上的規律，將不同的地區劃分為不同的巨災風險區域。

註冊地的劃分標準，從本質上講，和保險業務中按投保人預期風險損失大小及其補償劃分是一致的；唯一不同的是，巨災補償基金並不要求將巨災風險精算到單個的投保人，而是根據對特定風險的認知程度，以預期巨災風險損失的可區分性或差異性，進行等級劃分。

而在巨災風險補償基金制度中，巨災可以分為可預期的和不可預期的兩種，由於兩類災害在暴發的頻率和發生後造成的損失等方面有著顯著差異，因此需要將他們加以區別對待。可預期的巨災是一類經常性、發生前可以進行預

測的巨災風險，如臺風、洪水等；而不可預期的巨災是一類以人類目前現有的技術在發生前尚無法預測的風險，如地震、發生概率在五十年一遇或更低概率的巨災事件。對於不同地區巨災風險的劃分，應根據中國巨災的區域特徵，結合更多的災害頻率和損失數據，建立相應的模型來確定。

總的來說，要區分不同地方的預期巨災風險損失，直接相關的因素主要包括：巨災發生概率、當地的財富總量以及巨災與經濟之間的關聯程度。其中，巨災發生概率是指巨災發生的可能性。財富總量指一地的經濟發展水平，或經濟存量。通常經濟越發達的地區，其財富總量也越高。由於財富分佈本身極不均勻，因此，可以很容易想到，即使在同一行政區域，甚至一個較小的行政區域裡，如果財富分佈存在顯著差異，在註冊地上也應當加以區分。比如，城市中心、近郊、遠郊；農村的村落區等。關聯程度討論的是巨災發生時，可能給當地經濟所造成的損失占財富總量的比例。

巨災補償基金註冊地的劃分應該保證不同的經濟發展水平條件下巨災補償基金補償的公平性。為保證巨災補償基金正常運行，我們必須根據不同的風險類別，統一量綱，建立一個全國級別的巨災風險評估模型，並且這個模型應具有系統級的縮放能力，即在擁有足夠的地區級數據時，可以把巨災風險的評價瞄準到很小的一個區域內，系統本身不變。建立巨災風險評估模型首先必須建立人口分佈、自然地理背景數據庫和歷史地質背景數據庫。其次通過確定性、概率性等多種分析方法，分析不同巨災發生的可能性；在部分巨災風險比較大的區域，可以建立場地數據庫，分析場地條件對巨災結構的影響。最後要考慮巨災易損性和對損失結果進行估算，根據目前巨災風險的研究狀況，通過建立全國各種建築物巨災易損性矩陣、人員傷亡易損性矩陣和巨災損失金額易損性矩陣來估計建築物、生命線、人員傷亡及財產損失的結果。根據上述模型，統計各個地區風險模型所需的數據，將全國劃分為不同的區域，確定註冊地的區域範圍，為巨災補償基金的定價提供基礎。

由於中國地域遼闊，不同地區發生巨災的種類和概率是不同的並且這些巨災在不同時間和不同地區發生的情況也是很不相同的，所以如果要將各種巨災風險進行綜合，在全國範圍內進行綜合區劃時，就需要選擇一種標準，以此為依據進行劃分。其中的一個標準就是預期損失，以預期損失的大小作為各種風險綜合劃分的依據。預期損失就是出現巨災風險的概率與這種風險所造成的損失的乘積。

(1) 可預期的巨災風險預期損失的度量

可預期的巨災風險最為典型的就是臺風，在施建祥所著的文章中，選取了1985—2004年間在中國登陸的98次臺風損失數據作為樣本，並運用SPSS和Eviews等軟件進行分析處理，最后選取了Pareto分佈作為中國臺風損失的分佈，如式4-1所示：

$$F(x) = 1 - \frac{\lambda^{\partial}}{(\lambda+x)^{\partial}} \qquad 4-1$$

其中，$\lambda = 84.887,63$，$\partial = 1.965,171$。

而他們對1950—2004年間每年在中國登陸的臺風次數進行統計分析后得到每年在中國登陸的臺風次數服從泊松分佈，如式4-2所示：

$$p(\xi=k) = \frac{\lambda^k}{k!}e^{-k} \qquad 4-2$$

其中，$k = 0, 1, 2, \cdots$，$\lambda = 5.777,78$。

根據以上分佈，可求出抬風損失的密度函數和期望值分別為式4-3和式4-4：

$$f(x) = F'(x) = \frac{\partial\lambda^{\partial}}{(\lambda+x)^{\partial+1}}, \quad x \qquad 4-3$$

$$E(x) = \int_0^{+\infty} xf(x)dx = \frac{\lambda}{\partial-1} = 87.950,87 \text{（億元）} \qquad 4-4$$

然后根據中國臺風災害服從的分佈列出了不同程度的臺風損失發生的概率，例如損失為1億元的臺風發生概率為0.977,2；損失為100億元的臺風發生概率為0.216,6；損失為1,000億元的臺風發生概率為0.006,7。對於經常性發生的巨災風險，巨災補償基金可以自身或委託專門機構建立上述的計量模型，來估算出這種類型的巨災風險的平均損失，確定不同基金註冊地的區分標準，從而為確定恰當的補償標準、補償方式、補償額提供依據。

(2) 不可預期的巨災風險的損失度量

不可預期的巨災風險最為典型的就是地震，大多數的地震損失研究採用易損性分類清單法，即對給定的研究區域，在一定的地震裂度範圍內，分別預測評估各類結構設施的破壞損失，繼而相加得到總損失。

首先，最直接的地震損失表達方式是貨幣損失比率和被破壞的建築物比率。損失率和破壞率的具體定義為：

損失率（DF）= 貨幣損失/重置價值   4-5

破壞力（DR）= 破壞的建築物數目/建築物總數   4-6

從給定的地理區域內的統計樣本數據，可以計算破壞率和平均損失率。

用破壞概率矩陣（**DPM**）來對給定的地震烈度下的設施破壞狀態進行描述，中國目前採用的是 5 類破壞狀態系統。破壞概率矩陣中以符號 $P_{DSI}$ 表示給定地震烈度下一定破壞狀態將會出現的概率，不同矩陣元素的百分數是由經驗數據資料得出的期望數值。

根據破壞概率矩陣，對一給定地震烈度下 $i$ 類建築的平均損失率由式 4-7 給出：

$$MDF_i = \sum_{DS=1}^{S} P_{DSI} \times C \qquad 4-7$$

其中，$MDF_i$ 為給定烈度下的平均損失；$DS$ 為破壞狀態；$P_{DSI}$ 為一定烈度下給定破壞狀態的概率；$CDF_{DS}$ 為給定破壞狀態下的損失率中值。

最后，對給定的設施 $i$，烈度為 $I$ 時的預期損失用式 4-8 計算。

預期損失 = 重置價值$_i$×$MDF_I$ $\qquad$ 4-8

因為地震損失評估分類清單法，在使用中需要研究地區所有建築設施詳盡的分類資料庫，而中國很多地區並沒有這樣可用的資料。

巨災發生時，基金需要向受災的基金持有人進行補償，這是基金最主要的資金用途，也是設立巨災補償基金最主要的目標。相比於巨災保險，補償金的發放條件和標準是事先確定的，不僅體現了公平性而且為巨災發生后進行迅速補償提供了可能，因為不用等到給政府上報具體損失額就可以進行補償。

### 4.1.2 不同險種的註冊地劃分

#### 4.1.2.1 註冊地劃分方法與指標計算

根據前面對劃分標準的說明，可以按一地的財富總量、巨災風險概率和巨災風險經濟關聯程度來劃分。具體操作中，可分別評級后進行評分，再根據最后得分進行註冊地的劃分。

例如，將一地的財富總量按人均值分為 10 個等級，分別從 1~10 給分；巨災風險概率也按 1~10 分計分，再將巨災經濟關聯性同樣按 10 級分類評分。設各項得分分別為：財富總量得分 $Sw$，巨災發生概率得分為 $Sc$，風險與財富總量間的關聯性得分為 $Sr$，則註冊地 $k$ 在該巨災風險 $C1$ 的註冊地分級得分，可由式 4-9 計算：

$$S_{kc1} = S_w * S_c * S_r \qquad 4-9$$

再根據 $S_{kc1}$ 的得分，從 1~1,000 分，每 100 分為一級進行分類，最后可以將某一巨災風險的註冊地分為 10 個大類，如果必要，可在每 100 分的等級中，再按每 10 分為一級共分 100 級。

可以看到，註冊地區劃得分越高，表明這一註冊地的財富總量較大、同時

也面臨較嚴峻的巨災風險，而且巨災與財富損失之間有較強的相關性。這也意味著在這一區域的投資人更容易遭受巨災風險並受到較大的損失。這一區域的主體也更應當適當多做一些巨災補償基金的投資，以防面臨巨災風險時，能及時足額從基金得到補償，以利於災后的迅速恢復和重建。

上述只是就一種巨災風險進行註冊地劃分的公式。事實上，許多註冊地可能同時面臨多種巨災風險的影響。這意味著，同一行政區劃或自然區劃的區域，在不同巨災風險上，可能分屬於不同的註冊地分區，因此，在面臨不同的巨災風險時，其補償比例等，也可能不同。例如，在描述某註冊地時，可能會是：註冊地 $k$，地震巨災區劃 7 級、臺風巨災區劃 1 級、洪澇巨災區域 5 級。由於巨災風險之間有較強的獨立性，因此，很難將多種巨災風險簡單加總或歸為某個變量來統一指代某一註冊地的巨災區劃或分區。

4.1.2.2 地震註冊地劃分

（1）地震災害發生特點

地震屬於一種多發、同時不可預測的巨災，地震的發生同時有很大的可能性引發其他次生災害的出現，若發生在人口聚集的區域更是會帶來難以預計的損失。地震災害造成的損失有以下特點：①主要的損失是由房屋倒塌和地面破壞造成的，尤其是城市中樓房較多的區域損失更是嚴重。②地震時火災是最為嚴重的次生災害，所產生的損失更是不能忽視。因此在城市煤氣如此普遍的今天，地震火災更是損失的主要來源。③山區的地震災害泥石流以及山體滑坡是主要的次生災害，這對山區群眾生命財產安全造成了巨大的威脅，同時還會影響災后救援的開展，使得損失不能及時控制。

（2）地震發生區域分佈

中國位於世界兩大地震帶——環太平洋地震帶與歐亞地震帶之間，受太平洋板塊、印度洋板塊和菲律賓海板塊的擠壓。中國的地震活動主要分佈在五個地區的 23 條地震帶上，分別是：臺灣省及其附近海域；西南地區，主要是西藏、四川西部和雲南中西部；西北地區，主要在甘肅河西走廊、青海、寧夏、天山南北麓；華北地區，主要在太行山兩側；東南沿海的廣東、福建等地。中國的臺灣位於環太平洋地震帶上，西藏、新疆、雲南、四川、青海等省區位於喜馬拉雅—地中海地震帶上，其他省區位於相關的地震帶上。

華北地震區：包括了河北、河南、山東等省的全部或部分地區。在五個地震區中，它的地震強度和頻度僅次於「青藏高原地震區」。由於首都圈位於該區域內，所以非常重要。在這個區域內人口以及建築群都非常密集，交通也非常發達，同時這也是中國的政治經濟文化中心，如果發生地震災害損失是非常

嚴重的。

華南地震構造區：新生代構造整體比較穩定，構造運動幅度和地震強度都較小，只有東北沿海以及長江中下游一帶較為嚴重。構造線和地震斷層以北東向為主，北西向次之。

臺灣地震構造區：包括臺灣省及其鄰近海域，是中國地震活動最頻繁的地區。該區地震的發生與太平洋弧構造、臺灣島及周圍的活動構造運動相關。地震斷層呈北東向，為逆－左旋走滑性質。

新疆地震構造區，是中國強震多發區之一。地震發生與巨大的新生代擠壓型盆地及其間的造山帶運動有關。最大的準格爾和塔里木盆地內部比較穩定，很少有地震發生。其間的天山、阿爾泰山強烈隆起，地震多發生在山區與平原區交界處。地震斷層呈東西或北西走向，北西及北北西走向者多以擠壓兼右走滑為主。由於新疆地震區人口並不密集，經濟也不是很發達，儘管地震發生多，但發生在山區造成的人生和財產損失其實並不嚴重。

（3）註冊地區劃分析

在進行地震災害的註冊地區劃的時候，我們主要根據地震地區分佈情況將註冊地分為五個區域：①華北地區，包括河北、河南、山東、內蒙古、山西、陝西、寧夏、江蘇、安徽等省份；②西南地區，主要包括西藏、四川、雲南；③西北地區，包括青海、新疆、甘肅、寧夏；④東南沿海地區，包括廣東、福建等地；⑤臺灣地區，包括臺灣省及其鄰近海域。在這五個註冊地中，華北和西南地區發生大地震的概率相對要大得多。

### 4.1.3 干旱註冊地劃分

（1）干旱災害發生特點

中國北方地區大部分是內陸地區，干旱是非常常見的一種災害，同時影響的區域非常廣，發生頻繁，危害很大，最重要的是延續時間長。嚴重持續的干旱甚至會造成沙漠化，嚴重威脅當地百姓的生活和工作，更影響到中國經濟和社會的可持續發展。干旱雖然不會對百姓的生命財產造成直接的威脅，但是干旱是中國最為常見，同時也是對農業生產影響最大的氣候災害，如若發生災害，受災的範圍之廣可能會大於其他幾種巨災。干旱是指水分的收支或供求不平衡而形成的水分短缺現象。中國位於東亞，季風氣候最為明顯，而季風氣候的不穩定性則是中國干旱大範圍發生的主要原因。干旱嚴重影響到中國的農業生產工作。中國的干旱大約每兩年就會發生一次較為嚴重的，造成的糧食減產的數量巨大。

就中國的情況來看，各地干旱災害的出現與雨帶推移、季風強弱關係密切。在夏季時期，季風向北移動，北方冷空氣較強的時候，雨帶則在南方停留較長的時間，就形成了南澇北旱；反之，北方干冷空氣較弱時，雨帶較快越過南方地區，北方則會發生澇災，而南方則出現旱象。中國主要的干旱情況有以下特點：①干旱災害面積廣，但分佈不均勻，黃淮海地區占了全國受旱災面積的50%左右；②干旱災害出現頻度高，持續時間長。中國許多地區會出現連續兩個季節的干旱，甚至有時會有三季。③干旱常伴隨著高溫。許多干旱災害並不嚴重，但是同時出現了高溫則會使旱情進一步加重。

（2）干旱發生區域分佈

中國的旱災分佈區域性比較明顯，主要可以分為四個區域：①華北旱災區：陰山與秦嶺間的華北平原、黃土高原西部。②華南和西南旱災區：南嶺以南的廣東與福建南部、雲南及四川南部。③長江中下游旱災區：湘贛南部。④東北旱災區：陰山以北的的吉林省和黑龍江南部。

東部地區：西部的白城、哲里木盟、赤峰等地為較為嚴重旱災區；興安盟、呼倫貝爾盟、朝陽等地為重旱區；佳木斯、吉林和遼寧中部等地為中等干旱區；其他地區為輕旱區。本區干旱主要集中在4月至8月。

黃淮海地區：河北北部、山西北部和沿黃河地區以及山東的泰安、臨汾、菏臺、威海為本區的重旱區。鄭州、石家莊、棗莊等地為輕旱區，其餘中旱區。其中，本區的連旱最為嚴重，是中國受旱面積最大的地區。

西北地區：極旱區包括了陝北的定邊和內蒙古的東勝、烏審旗；陝西的榆林、延安、渭南和甘肅的白銀、慶陽等地屬於重旱區；西安屬於輕旱區；蘭州、寶雞等就屬於中旱區。

長江中下游及浙閩地區：上海、江蘇的揚州等，浙江的杭嘉湖等地區位於平原水網區，灌溉條件好，屬於微旱區；其餘屬於輕旱區。

華南、西南地區：西南地區除四川和雲南部分地區為重旱區外，多數地區屬於輕旱和中旱區，而這一地區的干旱主要出現在秋末、冬季及初春。

（3）註冊地區劃分析

根據中國旱災的具體情況，在具體劃分旱災巨災補償基金的註冊地時，可以形成以下四個區域：①華北地區：包括華北平原和黃土高原，多發春旱；②華南和西南地區：包括廣東、福建、雲南及四川等，多發冬春連旱；③長江中下游地區：包括湖南、江西、江蘇、浙江等，多為7~9月伏旱；④東北地區：包括吉林、遼寧和黑龍江，多為春夏季節的旱災。

在中國的四個主要干旱區劃地中，華北地區的干旱概率最大，持續時間最

長，損失也最嚴重，是全國受災最為嚴重的地區；而相應的長江中下游地區的旱災發生概率就非常小了。在設置補償的時候必須充分考慮不同註冊地區域在損失上的差異性。

4.1.3.1 洪澇註冊地劃分

(1) 洪澇災害發生特點

人們對洪澇災害往往存在著誤解，認為洪澇災害僅指一種災害。然而實際上，洪澇災害包括著洪災與澇災兩種誘發原因不同的災害。洪災主要的誘發原因是河水的泛濫，而澇災主要的誘發原因是大雨或暴雨的持續傾襲。兩者雖然誘發原因存在著差別，但在本質上仍然是由於莊稼或田地遭到積水的破壞從而引發的災害。

由於中國面積廣闊再加之地形、氣候等各種原因，導致洪澇災害頻繁發生，並且對中國的經濟發展等方面造成了嚴重的影響。在中國，洪澇災害的特點主要集中在以下三個方面：

第一，洪澇災害發生的頻率較高。由於中國的國土面積廣闊，並在各個地區分佈著各種河流，因此在降雨季節，河流的水位上漲導致洪災的發生。再加之中國是典型的季風氣候，每當夏季降雨就會十分集中，導致中國洪澇災害頻繁發生。

第二，洪澇災害的發生較為集中。上文提到中國是典型的季風氣候，降雨主要發生在夏季。因此，夏季成為洪澇災害集中發生的季節。

第三，洪澇災害造成的損失巨大。由於洪澇災害在中國發生的頻率較高、並在一個季節中頻繁發生，導致了洪澇災害造成的損失巨大。再加之，洪澇災害不僅對田地、農作物造成嚴重的危害，甚至會危害到城鎮的道路以及經濟發展，使得損失進一步擴大。以上兩個原因也使得洪澇災害造成的經濟損失遠遠超過其他的自然災害。

(2) 洪澇災害發生的區域分佈

上文中提到中國的地形較為複雜，並非一馬平川，中國的地形主要有平原、高原以及山地。複雜的地理形勢使得河流上游在高原、山地，而下游集中在平原，再加之中國的耕地、工業區等主要集中在河流的中下游平原地帶。這樣一來，洪澇災害的侵襲就較為嚴重。

由於中國的高原、山地主要集中在西部以及北部而平原則主要集中在東部以及南部的沿海地帶，這樣就使得中國洪澇災害的分佈也主要集中在東南部以及沿海地區。再加之中國季風氣候的影響，從春季開始，降雨主要集中在江南地帶，進入夏季後轉為長江下游地區直至秋季再轉入江南地區，隨後降雨

減少。

華南地區：從上圖的洪澇分區可以清楚地看出華南地區為中國的多洪澇區，從每年的3月開始就逐步進入多雨時節，直至9月份降水量逐步減少。在夏季發生洪澇災害的可能性最大。

長江中下游地區：該地區也是中國的多洪澇區，從每年的4月份開始直至8月份下旬，降水量普遍很高。其中，6~7月是梅雨季節，發生洪澇災害的時間基本集中在這段期間。

黃淮海地區：該地區同樣也是中國的多洪澇區。這一地區的洪澇災害主要集中在夏季的7、8月份，在春秋兩季的洪澇災害程度則較輕。

東北地區：該地區屬於中國的次多洪澇區。造成洪澇災害的主要原因是東北地區積雪較多，在春夏天氣變暖時使得積雪融化，容易造成洪澇災害。

西南地區：該地區次洪澇區僅占一小部分，少洪澇區占大多數。發生洪澇的時間也主要集中在夏季，雲南、四川、重慶等地夏澇較為嚴重。

西北地區：該地區屬於中國的最少洪澇區。這一地區主要的地理形勢為高原與山地，身居內陸，受季風氣候的影響較小，因此遭受洪澇災害的機率較小。

（3）註冊地區劃分析

通過上文中對中國洪澇災害的區域劃分可知，對洪澇災害的巨災補償基金註冊地進行選擇時，應當選擇中國發生洪澇災害較多的地區。同時，搭配不同的時間段選擇不同程度的補償比例。

由上文可知，洪澇災害巨災補償基金的註冊地應當主要集中在以下四個地區：華南地區、長江中下游地區、黃淮海地區以及東北地區。對於華南地區，主要是指廣東、廣西以及福建等地；對於長江中下游地區，主要是指浙江、江西、湖南等省份；對於黃淮海地區，主要是指山東、河北等省份；對於東北地區，主要是指東三省。

4.1.3.2 臺風註冊地劃分

（1）臺風災害發生的特點

臺風災害發生的特點主要有以下三個方面：

第一，臺風發源地比較固定。臺風災害有別於其他自然災害的主要特點是，臺風的發生需要一定的自然條件。也正是由於這一原因，臺風災害的發生區域相對比較集中與固定。

第二，臺風災害的危害地區廣泛。雖然臺風的發源是在特定的地區，但是，由於中國地處太平洋的西北方向，正好在臺風移動的路徑之上，因此，中

國的沿海地區都有可能受到臺風的影響，致使受危害地區擴大。

第三，臺風災害的損失大。雖然，臺風發生的時間不像其他自然災害那樣有較長的時間，但是在每年的盛夏季節，臺風登陸中國時都會對登陸的省份造成巨大的財產損失，甚至造成人員的傷亡，損失慘重。

（2）臺風災害發生的區域分佈

上文中已經提及，臺風的發源地主要是熱帶或副熱帶的洋面上，即主要在西太平洋洋面上。臺風形成之後，移動的路徑主要是西北方向，因此位於西太平洋西北方向的地區將會受到臺風的侵襲。中國的地理位置主要處於西太平洋的西北方向，因此，中國的東南沿海地區深受臺風災害的影響。遭受臺風侵襲最多的省份是中國的臺灣、福建、廣東以及浙江等省份。

雖然在大多數情況下，臺風的移動路徑比較固定，不會發生較大的偏轉。但是，也有極少數的臺風會有突然改變移動路徑的情況。因此，在中國臺風的移動路徑主要分為以下三條：

第一條，西北路徑。沿此路徑襲來的臺風主要在中國的華南、華東地區登陸。不僅如此，還經過中國的臺灣省以及臺灣海峽。因此，沿西北路徑襲來的臺風對中國的影響範圍廣，造成的損失巨大。

第二條，西移路徑。沿此路徑襲來的臺風主要在中國的華南地區登陸，主要對廣西、廣東等省份有較大的影響。

第三條，轉向路徑。這一路徑主要包括向北偏轉或是向東北方向偏轉。雖然這一類型的臺風主要在日本登陸，但是也有一小部分會在中國的山東半島或遼東半島登陸，對華北及東北地區造成危害。

（3）註冊地區劃分析

對臺風災害的巨災補償基金註冊地進行劃分時，應當針對受臺風危害的嚴重程度以及受臺風侵襲的時間進行有針對性的劃分，主要可以形成以下四個地區：

浙江省等沿海地區：這一地區受臺風的危害主要集中在5、6月份。

華南、華東以及華北地區：這一地區受臺風的危害主要集中在7、8月份，主要包括廣東、浙江以及山東等沿海省份。

長江口以南的地區：這一地區受臺風的危害主要集中在9、10月份。

汕頭以南以及臺灣省：這一地區受臺風的危害主要集中在11、12月份。

綜上所述，中國受臺風災害的影響主要集中在夏季的東部沿海地區。因此，臺風災害的巨災補償基金在這一時間段以及這一地區的補償比例應當適當高出其他時間段以及其他地區。

### 4.1.4 註冊地變更的原因

巨災補償基金的註冊地，相當於為保單確定具體的被保險人，是為了界定某筆巨災補償基金的補償責任的空間範圍而設置的。通常情況下，投資人會以自己個人及家庭人員、財產的所在地為其投資的註冊地，讓自己最關注的人和財物處於「被保護」的範圍內，一旦發生約定的巨災，則可以得到約定的補償，這是最簡單、最直接的巨災風險防範方式。倡議建立具有「跨時間、跨地區、跨險種」，以基金註冊地作為確定損失和理賠單位等方式的巨災補償基金，對於突破中國巨災保險市場落後、巨災風險難以精確測算到個別投保人等一些障礙具有十分重要的意義，並能很好地分散巨災風險和提供風險保障，對維持經濟和社會穩定具有重要的理論和現實意義。

巨災補償基金的註冊地在初始申購確定以後並不是不能更改的，它可以在交易系統中進行更改，但是必須合乎相關要求。對巨災補償基金註冊地的更改主要分為兩個方面，一個是主體未變更的更改，一個是主體變更的更改。

投資人所關注的人可能因為學習、工作、旅遊等原因而離開投資時的原註冊地，這會導致這些原本受到保護的人員暴露在巨災風險之下。同樣，原本受保護的財產，也可能因為交易、運輸、轉移等而離開原來的註冊地。此時，變更註冊地，巨災補償基金的持有人並沒有發生變化，只是單純地變更註冊地，並沒有交易介入。在這種情況下，巨災補償基金的最短持有期限不需要重新進行計算，只是未改變註冊地前的延續，只要註冊地變更前的持有時間加上變更後持有的時間超過了最短持有時間，巨災補償基金的持有人就能在災後獲得全額補償。因為巨災補償基金持有人並未發生變化，同時災後獲償有提供身分證和資產證明並與註冊地比較的要求，使得不存在常態性巨災風險的投機行為，所以最短持有時間不需要重新計算，疊加計算即可。

巨災補償基金為了維持資金的穩定性，認購和申購後，在未發生巨災的情況下是不允許贖回的，只能通過二級市場交易。也有一部分投資人可能出於投機或投資的需要，希望根據自己對未來巨災風險的預測而更改註冊地，如果自己的預測是正確的，則可能獲得多倍的補償，實現巨災風險預測套利交易產生了巨災補償基金持有人變更註冊地的需求。對於這種註冊地的變更，實質上購買者相當於在二級市場上按照交易價格申購了巨災補償基金，變更註冊地后需要按照新申購巨災補償基金的要求重新計算巨災補償基金的持有時間，必須在持有期滿一年后才能在災后獲得全額補償。這樣要求是為了防止對常態性巨災風險的投機行為。因為如果沒有這種規則要求，在某個區域某種巨災的高發季

節即將到來之前，基金投資者可以通過二級市場大量買入該地區的巨災補償基金，如果巨災真的發生，他將不花費任何成本地獲得額外補償，如果過了這個高發季節巨災未發生，他可以賣出巨災補償基金，沒有任何損失。為了杜絕這種情況的發生，主體變更的註冊地更改，巨災補償基金的持有時間必須清零重新計算。

正是因為註冊地變更可能成為投機的重要方式，所以，一方面要根據實際需要允許註冊地的變更，另一方面，要適當限制註冊地的變更，以規避過度投資的風險。因為儘管投資巨災補償基金前投資者都會制訂一系列的投資計劃，但並不能保障補償基金一定能夠實現預定的投資目標。所以投資者需要根據自身的風險承受能力和個人偏好進行必要的投資收益預期調整，以緩解基金淨值變化對情緒造成不利的影響，從而更好地調整自身的投資心態。註冊地的變更也就順應了投資者的這一心理，有利於投資者更好地進行投資。

過度投機風險的危害，從大的方面看，巨災補償基金作為一種金融投資工具，如果存在大量的投機行為，將會阻礙證券市場健康有序的成長，扭曲市場的資源配置，使得有發展潛力的企業得不到資金支持，阻礙企業的發展，制約市場化改革的進程，從而對整個國民經濟的發展造成損害。從小的方面看，巨災補償基金建立的根本目的是對巨災風險進行跨時間、跨空間、跨地區的分散管理，為人們提供巨災風險保障，在平時積蓄全國的資金力量，當巨災發生的時候能夠及時對受災群眾進行有力的救助，為受災地區的災後重建工作提供幫助，減輕政府的經濟壓力，實現社會的穩定。而對巨災補償基金的過度投機行為一方面以犧牲廣大人民群眾的利益尋求自身的災難效益，違背了基金建立的根本目的，違背了補償制度的公益性，使基金的性質發生了改變，成為了牟取暴利的工具；另一方面，如果同一時間同一地點存在大量的同險種巨災補償基金持有者，當這種巨災發生時，巨災補償基金的政府資金帳戶將支付大量的資金補償，這無疑是一個巨大的壓力，雖然一旦政府資金帳戶資金短缺，政府會給予資金幫助，但是這樣就違背了建立巨災補償基金分擔政府資金壓力的目的，同時也會對巨災補償基金產生影響，大大縮小基金的規模，降低基金應對其他巨災風險的能力，制約基金的發展。為了防止過度投機，即使變更註冊地，基金投資的最短持有期至少應包含這類巨災一個發生週期。但也不能過長，過長會限制基金的流動性，傷及投資人的積極性。

### 4.1.5 註冊地變更的影響

巨災補償基金的註冊地在初始申購確定以後並不是不能更改的，它可以在

交易系統中進行更改，但是必須合乎相關要求。更改註冊地之後，由於變更註冊地的原因不同，其影響也不同，需要從以下三個方面考慮：

4.1.5.1 主體不變更的避險型註冊地變更

只是單純地變更註冊地，雖然沒有交易介入，相當於只是未改變註冊地前的延續，但為了規避過分投機，在某些巨災風險，特別是像洪澇或臺風一類季節性發生的巨災可能出現時，會出現瘋狂將註冊地變更到可能出險的地區的情況，這就要求變更主體必須能提供屬於避險型變更的證明文件，才能連續計算基金的最短持有時間。這些證明文件的目的是說明：與主體存在直接利害關係的人員或財產在原註冊地和變更后的註冊地之間，存在事實的、必要的轉移。例如：子女從原註冊地到新註冊地入學、就業，公司財產從原註冊地轉移到了新註冊地等。在這種情況下，基金持有的最短時間將連續計算。

4.1.5.2 主體不變的非避險型註冊地變更

雖然基金的持有人主體沒有變，但無法證明屬於避險型註冊地變更或所提供的證明無效時，將從變更註冊地后重新計算最短持有時間，這一規定的目的，是為了避免某些巨災可能發生時的過度投機。

對於可能出現的虛假證明或故意弄虛作假等行為，政府主管部門應按擾亂金融秩序的相關規定處理。

4.1.5.3 主體變更同時的註冊地變更

對於這類註冊地變更，應重新計算最短持有時間，其目的是防止對常態性巨災風險的投機行為。因為如果缺乏相應規則要求，在某個區域、某種巨災的高發季節即將到來之前，基金投資者可以通過二級市場大量買入該地區的巨災補償基金。極有可能出現一些機構投資人過分集中註冊於某些較小註冊地，甚至出現操縱這些註冊地基金，影響到相應註冊地真正有避險需求的投資人，可能會使得巨災補償基金偏離其最初的社會目標。

但是，在主體發生變更的情況下，適度的投機行為也有存在的合理性。利用巨災風險套利的做法，有發災難財的意味，看似「不道德」，只要不過度投機，並能被控制在一定範圍內，也有促進市場流動性、增強基金對普通投資人吸引力的作用，也能提高市場對基金定價的準確性，有助於將一些有關巨災風險的相關信息及時、全面地反應到市場上，為防災、減災提供可資參考的信息。

如果設定最短持有期一年的實際天數，並規定巨災發生時的補償額與持有期限與式 4-10 掛勾，則最短持有期天數將與實際補償額直接聯繫起來。

實際補償額＝全額補償額×（實際持有天數/當年的實際天數）     4-10

從這裡的規定可以看到，為了防止過度投機，硬性規定了二級市場轉讓基金時需要重新計算最低持有期，即使是有真實避險需求，也不例外。這一看上去不近情理的規定，是為了降低大量二級市場交易中為了證明真實避險需求時帶來的高昂的交易費用，同時，也是為了保護一級市場基金發行的需要。

在具體的執行中，為了保護真實避險需求、控制投機行為，也可補充相關規定：

（1）變更註冊地前最低持有期。即只有在原註冊地的持有期滿一年及以上，才能申請變更註冊地，否則不能變更註冊地。這樣能防止註冊地的頻繁更換，有助於市場的平穩發展。

（2）真實避險需求證明。如果投資人希望獲得全額補償，在申請變更註冊地時，應提交人員或財產從原註冊地轉移到新註冊地的相關證據或證明，例如：學生的錄取通知書與入學證明、新項目的批准文件、居住證明等相關文件。最大限度地保護真正有需求的投資者。

（3）必要的時候，對個人可按人數設置最高可更改註冊地的投資額度，在這一額度下，可獲得全額補償；超過部分，按一定比例逐級遞減補償進行靈活處理。

### 4.1.5.4 最短持有期規定與基金一、二級市場的關係

前面已經提到，規定二級市場基金交易後需要重新計算最短持有期，一方面是為了防止二級市場對某些巨災風險的過度投機，另一方面，也是為了保持一級市場基金的發行。這就涉及最短持有期規定下一、二級市場之間的平衡問題。

如果對二級市場基金交易不設最短持有期要求，而一級市場新發行的基金則有這樣的要求，則一級市場相對於二級市場的基金將處於相對弱勢的地位，容易導致一級市場發不出去，而二級市場上的基金被瘋狂炒作的可能。反之，有了這一規定，一方面，在二級市場出手轉讓基金的賣方因為這一規定要和買方共同承擔最短持有期重新計算的成本，勢必會更加小心謹慎以決定是否轉讓基金，以避免草率出讓後面對巨災時的風險暴露；另一方面，對於買方而言，則多了一種選擇，就是在一級市場和二級市場上購入基金的選擇。

此外，如果為了保護部分真實避險需求而規定對有真實避險需求的二級市場轉讓免除最短持有期的要求，則存在兩方面的問題：一是前面提到的對真實避險需求進行驗證所帶來的高昂的交易成本；另一方面，是對最早因為真實需求購買基金的投資人不公平的問題。最早一批購買基金的、有真實避險需求的投資人，都只能從一級市場購買「原始」基金，其最短持有期都是從零開始

4 巨災補償基金二級市場運行機制 | 129

計算的，如果以後的投資人可以通過二級市場迴避掉最短持有期要求，這顯然是有失公允的。

可以看到，最短持有期規定的設置，同時兼具防止二級市場過度投機和平衡一、二級市場關係的作用。最短持有期長短的具體規定，可根據相關災害研究對巨災風險的預測能力變化進行必要的調整。由於部分與氣候相關的巨災具有較強的週期性，特別是以年為時間單位的週期性。因此，我們認為，這一最短持有期可以 1 年為基礎來規定。

## 4.2  巨災補償基金受益人問題

從前面的分析可以看到，巨災補償基金的投資，因為是半封閉式的，投資人不能隨時自由贖回自己的份額，份額的註冊地沒有發生巨災時，只能在二級市場轉讓其基金份額才能套現。但是，隨著投資時間的延長、巨災的發生以及其他多種因素的影響，巨災補償基金的投資人可能會出現因災死亡等多種情況，這時投資人權益的轉移等問題就需要探討了。

### 4.2.1  投資人作為默認受益人

正常情況下，巨災補償基金的投資人自然成為默認的受益人，也就是說，如無投資人的特別指定或其他特別的原因，投資人將自然成為巨災補償基金權益的受益人。這是誰投資、誰受益的原則的具體體現。

為了賦予投資人充分的選擇權，在基金發行或二級市場轉讓後註冊時，應當像保險單一樣，為投資設置選擇受益人的權利和機會。

### 4.2.2  投資人指定受益人

投資人除了自己作為巨災補償基金的受益人外，還可以指定自己以外的任何一人或多人作為其投資權益的受益人。投資人和受益人之間，可以有特定的某種關係，也可以沒有任何關係，均可作為指定的受益人。

如果投資人要指定多人作為其投資權益的受益人時，還可以在不同受益人享有的比例、順序等方面做進一步細化的指定。

### 4.2.3  投資人身故無指定受益人而有繼承人

在巨災之中，投資人因災身故的事經常發生。如果投資人在巨災中死亡，

而生前又沒有明確指定受益人時，可按中國的繼承法相關規定，通過法律程序指定法定受益人。具體操作過程中，如果投資人生前立有遺囑或類似的法律文件，而其中沒有對巨災補償基金的權益做出任何特別的約定或說明時，可將巨災補償基金的投資權益做為投資人遺產的一部分，遵照其遺囑同等處理。否則，按法定程序處理。

### 4.2.4 投資人身故且無受益人和繼承人

在一些巨大的災難中，成千上萬的人因為巨災而辭世，有時會出現一家、甚至一大家人同時遇難的情況。如果投資人在災難中身故，而生前未指定受益人或指定的受益人及其繼承人，以及投資人的法定繼承人均已身故時，建議可將其投資權益列入巨災補償基金國家帳戶下的專門帳戶，用於救濟其他受害人或其他公益事項。

通過以上分析可知，在巨災補償基金的一級和二級市場上，對每一個新的投資人或從二級市場買入基金份額進行註冊登記的投資人，都應賦予他們選擇和指定受益人的權利。這應該成為巨災補償基金發行和轉讓過程中一個基本的法定程序。

## 4.3　巨災補償基金二級市場交易形式探討

雖然巨災補償基金有其特殊性，但在二級市場交易形式方面，我們認為完全可以同類似當前市場已經有的基金或其他證券一樣，在證券交易所進行公開交易。其基本的交易流程、方式、機制等，都可以和當前股票與債券市場的保持一致。但鑒於巨災補償基金更類似於基金而不是股票，我們認為可更多地參照開放式基金的交易模式，逐日計算和公布基金淨值、不同註冊地不同巨災風險下的補償倍數、不同註冊地的投資餘額、各註冊地不同巨災風險相關的歷史數據、交易的歷史數據等，都應公開化和透明化，包括巨災補償基金商業補償倍數的計算方法、過程、調整程序等，也應保持公開和透明化，以便投資人能充分利用相關的公開信息，有效地對巨災補償基金定價。詳細的補償倍數及定價方法，將在下一章中深入討論。

### 4.3.1 交易價格公示方式

巨災補償基金不同於其他基金或產品的一個特徵，是基金在二級市場的價

格，不僅取決於出讓方持有的基金份額的淨值，還與基金原註冊地、買方是否會變更註冊地以及更改后的註冊地有關，這是因為基金的價值在很大程度上取決於巨災發生后，能從商業性補償中獲得多少倍的補償。

因此，巨災補償基金在公示價格時，不僅要公示當前基金的淨值，同時，還需要說明基金的註冊地和相應註冊地的補償倍數。建議在操作時，對所有註冊地進行統一編碼，而且相應的編碼應當可以直接解讀出對應的註冊地信息，並能用於計算不同註冊地之間的換算系數。

例如，我們以 D、H、T 分別表示地震、洪澇和臺風，同時使用前面介紹的註冊地分級指標表示該註冊地在某一風險種類下的分級，用阿拉伯數字表示，如果一註冊的編碼為 D3H5T7，則表示該註冊地的地震災度為 3 級、洪澇為 5 級而臺風為 7 級。所以，某一註冊地的基金，在報價時，將報為：基金淨值 112.8 元，註冊地代碼為：D3H5T7。

### 4.3.2 不同註冊地基金價格的換算

面對一長串的註冊地代碼，如果在不同註冊地之間基金份額的價格之間進行換算，相應的換算是否科學合理，直接關係到二級市場的交易能否流暢、順利地進行。只有前面的註冊地代碼，還不足以進行交割價的計算，還需要不同註冊地不同風險的分級對應的巨災發生概率和補償倍數，才能進行換算，換算系數 $E$ 可表示為 4-11：

$$E = \sum_{c=1}^{n} p_{jc} * cp_{jc} / \sum_{c=1}^{n} p_{kc} * cp_{kc} \qquad 4\text{-}11$$

式中，$p_{jc}$ 表示註冊地 $j$ 發生巨災風險 $c$ 的概率，$n$ 表示註冊地 $j$ 面臨的巨災風險的種類數目，分子上相當於是以巨災發生概率為權重，加權計算了註冊地 $j$ 的平均補償倍數；而分母則計算的是註冊地 $k$ 的平均補償倍數。其中不同註冊地發生某種巨災的概率，是在對註冊地分級時的重要依據，可以進行公示，任何人都可以進行查詢。為了操作時方便，在一定程度上，可將某種巨災的註冊地分級與發生巨災的概率對應起來，則使用時會更加方便。還有一種辦法，就是只要輸入註冊地代碼，就可以自動顯示出該地的加權平均補償倍數。

更為直接和便利的辦法，是在公示補償基金價格時，同時顯示其淨值和加權平均補償倍數。不同投資人，可以根據基金原註冊地的加權平均補償倍數和自己想更換的註冊地的加權平均補償倍數進行換算，作為其出價的基礎和參考，前面的例中，也可使用：基金淨值 112.8 元，加權平均補償倍數為 3.2 倍。

### 4.3.3　註冊地換算系數的調整

即便有了不同註冊地的換算系數，不同註冊地的基金之間進行交易，亦未必會完全按照換算系數進行交割，原因是：加權平均補償倍數，只是對未來補償倍數的預期，中間差了一個很重要的參數，那就是：時間。

對於加權平均補償倍數完全相同的基金，如果不同註冊地發生某種巨災的時間順序上有先後，那麼先發生的地方，其基金的價值更高，原因是貨幣的時間價值。很遺憾的是，要準確預測哪個註冊地最先出現巨災是十分困難的，但正因為這種預測或預期上的差異，不同的投資人才會形成各自獨特的看法，市場才能得以運轉。

可見，投資人在二級市場買賣巨災補償基金時，不僅要參考基金當前的淨值、預期的補償倍數，還要考慮補償可能發生的時間、補償倍數在將來的變化（詳細討論請見下一章）等因素，才能更為準確地確定基金的價格。

### 4.3.4　基金價格指數

由於不同註冊地的基金，其預期的補償倍數可能不同，其交易價格也可能不一樣。因此，對於巨災補償基金而言，其價格指數最重要的，是說明相對於基金的淨值，其成交價格是高於、等於還是低於淨值，至於基金本身增值導致的基金價格變化，則可體現到淨值本身的變化中。

因此，某註冊地 $j$ 的巨災補償基金的價格指數，可表示為 $PI_j$：

$$PI_j = \frac{p_s}{E * NV} \qquad 4\text{-}12$$

式中，$E$，就是前面討論過的轉換系數，$PI_j$ 表示某註冊地 $j$ 的巨災補償基金價格指數，其含義是其成交價與當日公布的基金淨值之間的比值。如果某註冊地的基金價格指數為 110（省略了百分號，后同），則意味著該註冊地的基金是溢價出售的，表明了買方可能預期該註冊地在近期發生巨災的可能性較大。反之，如果指數為 100 以下，比如為 80，則表明市場認為該註冊地近期發生巨災的可能性較小。

當然，某註冊地的巨災補償基金價格指數，表示的只是市場的一種看法，而正如已經反覆討論過的，巨災究竟何時以何種程度發生，在目前的科學技術水平下，是無法準確預測的。不過，如果某註冊地的巨災補償基金價格指數突然發生重大變化，在一定程度上也是提示該註冊地的人們警惕可能的風險。如果只是聽信謠言而發生某些交易，則市場最終會教訓這類投資，讓他們付出必

要的代價。合理的投機，事實上是培養理性市場的基礎。

要說明的是，基金的價格指數，除了按註冊地來做之外，還可以按風險種類、按註冊地分級、按風險種類加註冊地分級等，分別來做，以更好地提示不同要素對基金價格的影響。

### 4.3.5 基金的登記與結算

正如在對基金受益人的討論中分析到的，巨災補償基金的投資人在巨災之中，可能會面臨許多的不確定性，為了充分保障投資人的利益，在基金的發行或轉讓過程中，都應對投資人進行身分核實和登記，同時記錄其指定的受益人、甚至直系親屬關係，以備不時之需。由於是全國性的基金，建議直接進行全國統一登記和結算。其登記和結算機構，可直接由國家指定的第三方機構來負責即可，這些第三方機構，包括中國債券登記結算公司等。

基金的結算，要求能做到每日交易結束后公布基金淨值，以便巨災發生時，可直接依據巨災發生前一日公布的淨值進行補償，同時，也是基金在二級市場進行交易時的重要參考。

# 5 巨災補償基金雙帳戶資金變化分析

巨災補償基金能否正常運行，很重要的一點，是國家帳戶的資金能不能滿足巨災發生時的補償需要。由於國家帳戶的資金有一部分來自社會帳戶的收益，因此，對兩個帳戶資金變化情況的分析就十分必要。兩個帳戶的資金分析，也是巨災補償基金定價的基礎。

## 5.1 巨災補償基金雙帳戶資金變化的一般分析

設一註冊地巨災風險在第 $i$ 期發生的概率為 $p_i$，當期的 GDP 為 $GDP_i$，風險造成的損失與當期 GDP 的比值為 $R_i$，則在第 $i$ 期發生巨災時，該註冊地的預期損失如式 5-1 所示：

$$E(L_i) = p_i * GDP_i * R_i \qquad 5\text{-}1$$

另外，設當前該註冊地投資巨災補償基金的投資額為 $V_i$，即可得到註冊地巨災補償基金投資額與當地當期 GDP 的比值 $IR_i$ 如式 5-2 所示：

$$IR_i = V_i / GDP_i \qquad 5\text{-}2$$

再設基金投資的收益率為 $Y_i$，則註冊地投資人在巨災補償基金中的投資額 $V_i$ 的預期收益為 $IV_i * y_i$；當期基金收益中分配給政府的部分為 $y_{gi}$，分給社會帳戶的部分為 $y_{si}$，即巨災補償基金投資收入在政府和社會帳戶之間的分配比例 $\alpha_i$ 如式 5-3 所示：

$$\alpha_i = y_{gi} / Y_i \qquad 5\text{-}3$$

可知，同期社會帳戶的分配比例為 $\beta_i = 1 - \alpha_i$。

設有某註冊地 $j$，0 期的 GDP 為 $GDP_0$，且投資於巨災補償基金的投資占財富總量的比例為 $IR_0$，則第一期運行后，社會帳戶的投資從最初投入時間第 0 期初到第 0 期末的投資收益率為 $y_0$，總收益 $Y_{s0}$ 如式 5-4 所示：

$$Y_{s0} = IR_0 * GDP_0 * y_0 \qquad 5\text{-}4$$

其中，如果分配給政府帳戶的初始比例為 $\alpha_0$，則分配給政府帳戶的收益 $Y_{g0}$ 如式 5-5 所示：

$$A'_{g1} = A_{g0} * (1+y_0) + \alpha_0 * IR_0 * y_0 * GDP_0 - \gamma_0 * GDP_0$$
$$= (A_{g0} + \alpha_0 * IR_0 * GDP_0) * y_0 + A_{g0} - \gamma_0 * GDP_0 \qquad 5-5$$

再設政府帳戶的初始資產總額為 $A_{g0}$ 到第 1 期期初時（新增前），政府帳戶的資產總額 $A'_{g1}$ 為初始總額及其收益加上從社會帳戶獲得的收益如式 5-6 所示：

$$A'_{g1} = A_{g0} * (1+y_0) + \alpha_0 * IR_0 * y_0 * GDP_0 - \gamma_0 * GDP_0$$
$$= (A_{g0} + \alpha_0 * IR_0 * GDP_0) * y_0 + A_{g0} - \gamma_0 * GDP_0 \qquad 5-6$$

同時，該註冊地社會帳戶在第 1 期期初的價值 $A'_{s1}$ 如式 5-7 所示：

$$A'_{s1} = IR_0 * GDP_0 + IR_0 * GDP_0 * y_0 * (1-\alpha_0)$$
$$= (1+y_0 * \beta_0) * IR_0 * GDP_0 \qquad 5-7$$

考慮到各年的社會財富總量在不斷變化，或近似地講，各年的 GDP 會按不同的速度變化，包括正的增長或負的增長。由於巨災補償基金的半封閉式特徵，社會帳戶的淨值只會因巨災發生后出現贖回才可能減少，並不會因為 GDP 的負增長而減少，因此，在這裡只考慮 GDP 增長的情況。出於財富總量和 GDP 增速的變化，還需要考慮各年投資於巨災補償基金的投資額的增加問題。

同時，每年政府新撥款為 $H_{gi}$，其中，$H_{g0} = A_{g0}$。

只考慮期末值的話，第 1 期期末時，社會帳戶的總額如式 5-8 所示：

$$A_{s1} = [IR_0 * GDP_0 + IR_0 * GDP_0 * y_0 * \beta_0 + IR_1 * GDP_1] * (1+y_1 * \beta_1)$$
$$= \{[(1+y_0 * \beta_0) * IR_0 * GDP_0 + IR_1 * GDP_1] * (1+y_1 * \beta_1)\}$$
$$= (1+y_0 * \beta_0) * (1+y_1 * \beta_1) * IR_0 * GDP_0 + (1+y_1 * \beta_1) * IR_1 * GDP_1$$
$$\qquad 5-8$$

則第 1 期期末時，政府帳戶總額如式 5-9 所示：

$$A_{g1} = [A_{g0} * (1+y_0) + \alpha_0 * y_0 * IR_0 * GDP_0] * (1+y_1) + H_{g1} * (1+y_1) + \alpha_1 * y_1 * IR_1 * GDP_1$$
$$= (1+y_0) * (1+y_1) * A_{g0} + (1+y_1) * H_{g1} + (1+y_1) * \alpha_0 * y_0 * IR_0 * GDP_0 + \alpha_1 * y_1 * IR_1 * GDP_1 - Y_1 * GDP_1 \qquad 5-9$$

第 2 期期末時，社會帳戶總額如式 5-10 所示：

$$A_{s2} = \{[(1+y_0 * \beta_0) * IR_0 * GDP_0 + IR_1 * GDP_1] * (1+y_1 * \beta_1) + IR_2 * GDP_2\} * (1+y_2 * \beta_2)$$
$$= (1+y_0 * \beta_0) * (1+y_1 * \beta_1) * (1+y_2 * \beta_2) * IR_0 * GDP_0 + (1+y_1 * \beta_1) * (1+y_2 * \beta_2) * IR_1 * GDP_1 + (1+y_2 * \beta_2) * IR_2 * GDP_2 \qquad 5-10$$

則第 2 期期末時，政府帳戶總額如式 5-11 所示：

$A_{g2} = \{[A_{g0} * (1+y_0) + \alpha_0 * y_0 * IR_0 * GDP_0] * (1+y_1) + H_{g1} * (1+y_1) + \alpha_1 * y_1 * IR_1 * GDP_1\} * (1+y_2) + H_{g2} * (1+y_2) + \alpha_2 * y_2 * IR_2 * GDP_2$

$= (1+y_0) * (1+y_1) * (1+y_2) * A_{g0} + (1+y_1) * (1+y_2) * H_{g1} + (1+y_2) * H_{g2} + (1+y_1) * (1+y_2) * \alpha_0 * y_0 * IR_0 * GDP_0 + (1+y_2) * \alpha_1 * y_1 * IR_1 * GDP_1 + \alpha_2 * y_2 * IR_2 * GDP_2 - \gamma_2 * GDP_2$      5-11

依次遞推，不考慮 0~T 期內存在的補償支出的情況下，第 T 期期末時社會帳戶如式 5-12 所示：

$A_{sT} = (1+y_0*\beta_0) * (1+y_1*\beta_1) * \cdots * (1+y_T*\beta_T) * IR_0 * GDP_0 + (1+y_1*\beta_1) * \cdots * (1+y_T*\beta_T) * IR_1 * GDP_1 + \cdots + (1+y_T*\beta_T) * IR_T * GDP_T$

$= \sum_{i=0}^{T} [\prod_{i}^{T} (1+y_i\beta_i)] * IR_i * GDP_i$      5-12

第 T 期期末時政府帳戶的總值如式 5-13 所示，其中 $i \leq T$：

$A_{gT} = \sum_{i=0}^{T} [\prod_{i+1}^{T} (1+y_i)] * \alpha_i y_i * IR_i * GDP_i + \sum_{i=0}^{T} [\prod_{i}^{T} (i+y_i)] * H_{gi} - Y_T * GDP_T$      5-13

考慮多個註冊地的話，即存在 J 個註冊地時，第 T 期期末 J 個註冊地總的社會帳戶的總值如式 5-14 所示：

$A_{sT} = \sum_{j=1}^{J} \sum_{i=0}^{T} [\prod_{i}^{T} (1+y_{ij}\beta_{ij})] IR_{ji} * GDP_{ji}$      5-14

第 T 期期末 J 個註冊地總的政府帳戶的總值則如式 5-15 所示：

$A_{gT} = \sum_{j=1}^{J} \sum_{i=0}^{T} [\prod_{i+1}^{T} (1+y_{ij})] \alpha_{ij} y_{ij} IR_{ji} * GDP_{ji} + \sum_{j=1}^{J} \sum_{i=0}^{T} [\prod_{i}^{T} (1+y_{ji})] H_{jgi} - \gamma_T * GDP_T$      5-15

若 T 期期初發生巨災，則社會帳戶的總值如式 5-16 所示：

$A'_{sT} = A_{s(T-1)} = \sum_{j=0}^{J} \sum_{i=0}^{T-1} [\prod_{i}^{T-1} (1+y_{ij}\beta_{ij})] IR_{ji} * GDP_{ji}$      5-16

若 T 期發生巨災也按 T-1 期計量。政府帳戶的總值如式 5-17 所示：

$A'_{gT} = A_{g(T-1)}$

$= \sum_{j=1}^{J} \sum_{i=0}^{T-1} [\prod_{i+1}^{T-1} (1+y_{ij})] \alpha_{ji} y_{ij} IR_{ji} * GDP_{ji} + \sum_{j=1}^{J} \sum_{i=0}^{T-1} [\prod_{i}^{T-1} (1+y_{ij})] H_{jgi} - \gamma_{T-1} * GDP_{T-1}$      5-17

再設某註冊地 $j$ 第 T 期期初發生的補償額為 $C_{jT}$，如果出現了國家帳戶餘額

不足第 T 年補償之需，即國家帳戶出現了負值時，按融入的資金額即資金負值的金額乘以假定收益的 1.1 倍計利息成本，則第 T 期期初的政府帳戶 $A'_{gjT}$ 可表示為式 5-18：

$$A''_{gjT} = A_{gj(T-1)} = \sum_{j=1}^{J}\sum_{i=0}^{T-1}[\prod_{i+1}^{T-1}(1+y_{ij})]\alpha_{ji}y_{ji}IR_{ji}*GDP_{ji} + \sum_{j=1}^{J}\sum_{i=0}^{T-1}[\prod_{i}^{T-1}(1+y_{ij})]H_{jgi} - \sum_{j=1}^{J}C_{jT} + \sum_{j=1}^{J}A_{ngjT}*(1-1.1y_{ji}) - \gamma_{T-1}*GDP_{T-1} \quad 5\text{-}18$$

其中，$A_{ngiT}$ 表示當註冊地 j 政府帳戶餘額不足當期補償時融入資金的金額，$(1-1.1y_{ji})$ 表示按假定收益的 1.1 倍扣除了利息成本。

## 5.2 巨災補償基金雙帳戶資金變化的簡化分析

為了簡化分析，設巨災補償基金投資額占註冊地財富總額的比例為 IR、各期的投資收益率為 y，GDP 增長率和政府新增撥款增長率均為 g，社會帳戶分配給政府帳戶的比例 α 均保持不變，則有式 5-19：

$$GDP_T = GDP_0 * (1+g)^T \quad 5\text{-}19$$

這樣，在 T 期期末時，設此前沒有發生巨災，且沒有補償支出時，由式 5-12 可得社會帳戶的資金總額可簡化為式 5-20：

$$\sum_{i=0}^{T}[\prod_{i}^{T}(1+y_i\beta_i)]IR_i*GDP_i$$
$$= (1+y\beta)^{T+1}*IR*GDP_0 + (1+y\beta)^T*IR*GDP_0*(1+g) + \cdots + (1+y\beta)*IR*GDP_0*(1+g)^T$$
$$= IR*GDP_0*[(1+y\beta)^{T+1}(1+g)^0 + (1+y\beta)^T(1+g)^1 + \cdots + (1+y\beta)^1(1+g)^T]$$
$$= IR*GDP_0*[(1+y\beta)^{T+1}(1+g)^0 + (1+y\beta)^T(1+g)^1 + \cdots + (1+y\beta)^1(1+g)^T]$$
$$= IR*GDP_0*\frac{[(1+y\beta)^{T+1}*\{(1+y\beta)^{-1}(1+g)\}^T]}{1-(1+y\beta)^{-1}(1+g)}$$
$$= IR*GDP_0*\frac{(1+y\beta)^{T+1}*\left[1-\left(\frac{1+g}{1+y\beta}\right)^T\right]}{1-\frac{1+g}{1+y\beta}}$$

$$= IR * GDP_0 * (1 + y\beta)^{T+1} * \frac{1 - \left(\frac{1+g}{1+y\beta}\right)^T}{1 - \frac{1+g}{1+y\beta}}$$

政府帳戶則可簡化為式 5-21：

$$A_{gT} = \sum_{j=1}^{J} \sum_{i=0}^{T} \left[ \prod_{i+1}^{T} (1 + y_{ij}) \right] \alpha_{ji} y_{ji} IR_{ji} * GDP_{ji} + \sum_{j=1}^{J} \sum_{i=0}^{T} \left[ \prod_{i}^{T-1} (1 + y_{ij}) \right] H_{jgi} +$$

$$\sum_{j=1}^{J} A_{ngjT} * (1 - 1.1 y_{ji}) - \gamma_T * GDP_T$$

$$= a * y * IR * GDP_0 * \frac{(1+y)^T * \left[1 - \left(\frac{1+g}{1+y}\right)^T\right]}{1 - \frac{1+g}{1+y}}$$

$$+ A_{g0} * \frac{(1+y)^{T+1} * \left[1 - \left(\frac{1+g}{1+y}\right)^T\right]}{1 - \frac{1+g}{1+y}}$$

$$+ \sum_{j=1}^{J} A_{ngjT} * (1 - 1.1 y_{ji}) - \gamma_T * GDP_T$$

$$= [a * y * IR * GDP_0 + A_{g0} * (1+y)] * (1+y)^T * \frac{1 - \left(\frac{1+g}{1+y}\right)^T}{1 - \frac{1+g}{1+y}}$$

$$+ \sum_{j=1}^{J} A_{ngjT} * (1 - 1.1 y_{ji}) - \gamma_T * GDP_T \qquad 5-21$$

若某註冊地 $j$ 在 $T$ 期發生巨災和補償，按 $T-1$ 期計量，社會帳戶可簡化式 5-22：

$$A_{sT-1} = IR * GDP_{j0} * (1 + y\beta)^T * \frac{1 - \left(\frac{1+g}{1+y\beta}\right)^{T-1}}{1 - \frac{1+g}{1+y\beta}} \qquad 5-22$$

政府帳戶可簡化為式 5-23：

$$A_{gT-1} = [\alpha * y * IR * GDP_{j0} + A_{jg0} * (1+y)] * (1+y)^{T-1} * \frac{1 - \left(\frac{1+g}{1+y}\right)^{T-1}}{1 - \frac{1+g}{1+y}}$$

$$+ \sum_{j=1}^{J} A_{ngjT-1} * (1 - 1.1y_{ji}) - \gamma_{T-1} * GDP_{T-1} \qquad 5-23$$

## 5.3 影響補償額相關參數的估計

在分析了雙帳戶資金變化后，要估計雙帳戶資金的變化，還需要確定前述模型中的相關參數，參數的估計，是模型應用的前提和基礎。本節根據中國的實際情況，對前述模型中的相關參數進行討論。

### 5.3.1.1 GDP 及其增長率

國民產生總值 GDP 有多年的統計資料，可根據各註冊地的 GDP 資料統計出其平均值和增長率，並參考對相關註冊地 GDP 未來增長情況的預測，確定各註冊地的 GDP 增長率。改革開放以來，中國長期保持 7% 以上的 GDP 增長，2014 年中國提出了國民經濟增長的新常態，未來中國 GDP 的增長速度可能會逐步趨於一個較低的新常態，未必能繼續保持過去較高的增長率。隨著中國已經成為全球第二大經濟體，根據本書發達國家經濟增長情況，在后面長達 100 年的長期模擬研究中，我們將設定中國 GDP 的增長率為 2% 且保持不變，以簡化模擬過程。

### 5.3.1.2 巨災補償基金投資比例

不同註冊地投資於巨災補償基金的資金，占當年 GDP 的比例，我們認為將與相應註冊地所面臨的巨災風險直接相關。正常情況下，所面臨的巨災風險越高，其投資於巨災補償基金的比例也越高。按前面對註冊地的分級，比如巨災風險從低到高分為 10 級，我們可以假定其投資於巨災補償基金的資金餘額占當期 GDP 的比例可以從萬分之一到千分之一，也就是從 0.01%~0.1%。

要說明的是，這一比例實際是一個累積比例，並不一定是從基金設立之初一次性投入，而是可以分期逐步累積的。當然，如果能一次性投入，以後的投入我們假定只是按 GDP 的增長比例同比增長即可。所以，即使對巨災風險較高的註冊地，其巨災補償基金的投資額占 GDP 的比例是巨災風險較小地區的 10 倍，但分散到眾多投資主體和長達 100 年的時間裡，這個比例也仍然有其現實性和可行性，何況這一次性投資的千分之一額度，相對於其面臨的巨災風險，也仍然是可接受的。

在后面的模擬運行中，為了簡化相關問題，我們假定了相應巨災風險只被分成了 3 個級別，分別為 1 級、5 級和 9 級，相應的巨災補償基金投資比例也

分別為萬分之一、萬分之五和萬分之九。這一簡化的假設，分別代表巨災風險較低、中等和較高的三類註冊地。巨災各類註冊的占比，則是根據多年的統計數據和國家相關專業研究部門的災害區劃來確定的。

### 5.3.1.3 巨災補償基金投資收益率

由於巨災補償基金採用了雙帳戶和半封閉式設計，其社會帳戶的資金除了巨災發生時、少數註冊地在災害發生地的部分投資人可能會贖回其基金份額外，其餘部分是不可贖回、長期穩定的，完全可以用於長期投資或至少使用按比例逐期進行長期投資的。為了保持基金的穩健性，我們假定這部分資金的投資收益約等於目前中國商業銀行的基準貸款利率6%。

雖然國家帳戶需要承擔巨災發生時的補償義務，其資金必須保持一定的流動性，以應對隨時可能出現的巨災風險。但鑒於國家帳戶有國家財政作擔保，而且即使在國家帳戶資金不足時也完全可以通過用所投資的資產做擔保發行特別國債、向商業銀行貸款等方式融資，在我們假定了這類融資的利率為前面假設收益的110%的情況下，我們仍然可以假定國家帳戶資金的收益率為6%。

### 5.3.1.4 社會帳戶利潤繳存率

社會帳戶的投資收益，需要按一定比例繳存到國家帳戶，以換取在巨災發生時，相應註冊的投資人獲得國家帳戶按約定倍數補償的權利。而這一繳存比例究竟多高才合適？如果比例過高，則巨災補償基金的投資價值將過低，缺乏對社會投資人的吸引力；如果此比例過低，勢必要影響國家帳戶的資金累積，影響巨災發生後國家帳戶的補償能力。因此，這一比例需要根據巨災補償基金的投資總額、巨災風險發生及預測情況、國民經濟增長情況等進行調整。

在后面的模擬研究中，我們將假定這一繳存比例為50%，也就是社會帳戶資金的收益，一半會繳存國家帳戶，為巨災補償累積資金，一半作為基金投資人的投資收益。

### 5.3.1.5 國家帳戶初始資金

前面已經討論到，國家帳戶需要由政府注入一筆初始資金，作為巨災補償基金的啓動資金。這筆資金究竟多少才比較合適？太高了，財政負擔太高；太低了，不足以應對巨災風險。根據新中國成立以來中國為應對自然災害的生活救助資金的撥款情況（圖5-1），及中國經濟發展情況和巨災發生與發展趨勢，我們假定這筆初始資金為150億元人民幣，相比普通年份的撥款金額較高，但畢竟這是一勞永逸式的投資，而且，相比2008年汶川大地震時的撥款並不算多。

一次性投入的初始資金，其基本的目標，是為了吸引社會資金的廣泛投入

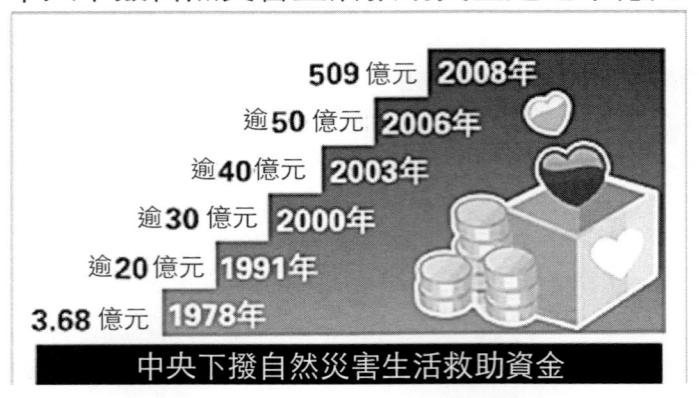

图 5-1　新中國成立以來，中央下撥自然災害生活救助資金情況①

從而發揮出政府資金的槓桿作用。只要社會投入達到一定數量後，隨著社會帳戶向國家帳戶繳存額的增加，國家的初始資金不但不會成為一次性瞬間用完的資金，相反，還完全可能不斷發展和壯大，這在后面的模擬研究中將會得到證明。

此外，隨著國家經濟實力的增強，我們有理由假設，政府會按國家 GDP 的增長速度同比增加向巨災補償基金國家帳戶的投資。和前面討論的一樣，我們這裡也假定這一增長比例為固定的 2%，以簡化后面的模擬研究。

#### 5.3.1.6　巨災補償基金商業補償倍數

巨災發生後，對受災持有人的商業補償倍數，取決於註冊地巨災發生概率、損失程度等多種因素。事實上，由於補償基金的銷售均按面值銷售，其補償倍數，才是真正的定價。詳細的補償倍數，將在下文具體討論，這裡只簡要就后面模擬研究將要用到的參數做個初步的假定。

在模擬研究中，為了簡化問題的分析，我們分別為風險發生概率由低到高的 1、5 和 10 級註冊地設置了 10、5 和 2 倍於持有人巨災發生時權益的初始補償比例。

#### 5.3.1.7　巨災補償基金公益補償比例

中國巨災補償基金既承擔巨災發生對受災註冊地持有人的商業補償，也承

---

① 新華網. 新中國成立以來中央下撥自然災害生活救助資金過 4 億元 [EB/OL]. http://news.xinhuanet.com/politics/2009-09/10/content_12027685.htm.

擔對受災註冊地非基金持有人的公益補償，特別是基本生活保障的補償責任。商業補償將按事先約定的補償倍數進行，而公益補償標準具體如何制定，則需要根據基本生活保障的要求和受災地區物價水平等來決定。

為了模擬上的實用和便利，我們在后面的模擬研究中，將假設公益補償比例為相應註冊地當年 GDP 的 0.03% 進行測算。從圖 5-1 可以看到，圖中是國家在各年針對全部災害的撥款，而我們這裡只針對遭受巨災影響的註冊地，所以這一比例看上去似乎不高，實際已經遠高於國家撥出的災害生活補貼款了，這可以有效避免過去撒胡椒面式的財政撥款杯水車薪的弊端。當然，這一比例的撥款，實際上是全國的補償基金投資人長期「貢獻」的結果。

# 6 商業補償金的確定與補償流程

巨災補償基金運行機制的核心,是合理確定商業補償金,並清晰界定補償的基本流程。前者關係到特定巨災發生后、不同註冊地的投資人應當和能夠獲得的補償金額;后者則關係到投資人以何種方式、在何種條件下按何種程序獲得補償的問題。

## 6.1 商業補償倍數的計算與調整

正如前文反覆提到的,巨災補償基金商業補償,是以巨災發生時投資人所持有人基金份額的淨現值為基礎的一定倍數來進行的,因此,確定商業補償金的數額,重點就是要分別計算出商業補償的倍數和巨災發生時投資人持有的基金淨值。后一個問題,在前面雙帳戶資金變化分析裡,對社會帳戶的討論中已經討論過了,這裡重點討論商業補償倍數的確定問題。

### 6.1.1 單一註冊地商業補償倍數的計算與調整

前文我們已經假設了,巨災發生時,巨災補償基金將對相應註冊地的居民提供公益性補償,其比例為當年當地 GDP 的千分之一。由於公益性補償是在商業補償前支出的,所以,商業補償的可用資金,是在巨災發生時,補償基金政府帳戶餘額扣除公益性補償后的部分,才能用於商業補償。在這一節中,將重點討論商業性補償倍數的計算與調整問題。

從單一註冊地 $j$ 來講,設該國家為該註冊地投入的初始資金總量為 $V_{jg0}$,該註冊地投資人為巨災風險 $C_1$ 投入巨災補償基金的投資為當期 GDP 的一定比例,該比例為 $IR$,再設巨災補償基金的投資收益率為 $y$,在不考慮其他註冊地對該註冊地的影響的情況下,到發生巨災時,這一註冊地在國家帳戶所累積的資金總額,在扣除公益性補償后,根據式 5-15,將為:

$$A_{jgT} = \sum_{i=0}^{T}\left[\prod_{i+1}^{T}(1+y_i)\right]\alpha_{ij}y_i IR_{ji}*GDP_{ji} + \sum_{i=0}^{T}\left[\prod_{i}^{T}(1+y_{ji})\right]H_{kjgi} - \gamma_T*GDP_{jT} \qquad 6\text{-}1$$

再設註冊地 $k$ 發生巨災 $C_1$ 的概率為 $p_{c1k}$，發生巨災 $C_1$ 時的補償倍數為 $m_{kc1}$，根據式 5-14，到巨災發生 $T$ 時，社會帳戶的價值為：

$$A_{sT} = \sum_{i=0}^{T}\left[\prod_{i}^{T}(1+y_{ij}\beta_{ij})\right]IR_{ji}*GDP_{ji}$$

以巨災發生時社會帳戶價值 $A_{sT}$ 的 $m_{kc1}$ 倍進行補償時，則補償額 $CP_T$ 如式 6-2 所示：

$$CP_T = m_{kc1}*A_{sT} = m_{kc1}*\sum_{j=1}^{J}\sum_{i=0}^{T}\left[\prod_{i}^{T}(1+y_{ij}\beta_{ij})\right]IR_{ji}*GDP_{ji} \qquad 6\text{-}2$$

為了保持國家帳戶的持續運作，則這時的補償額不得大於註冊地 $j$ 在國家帳戶的資金餘額，即如式 6-3 所示：

$$CP_T \leq A_{jgT}$$

$$m_{jc1}*\sum_{i=0}^{T}\left[\prod_{i}^{T}(1+y_{ij}\beta_{ij})\right]IR_{ji}*GDP_{ji} \leq \sum_{i=0}^{T}\left[\prod_{i+1}^{T}(1+y_{ij})\right]\alpha_{ij}y_{ji}IR_{kji}*GDP_{kji} + \sum_{i=0}^{T}\left[\prod_{i}^{T}(1+y_{ij})\right]H_{kjgi} - \gamma_T*GDP_{kT} \qquad 6\text{-}3$$

這樣，補償倍數 $m_{kc1}$ 應滿足式 6-4：

$$m_{jc1} \leq \frac{\sum_{i=0}^{T}\left[\prod_{i+1}^{T}(1+y_{ij})\right]\alpha_{ij}y_{ji}IR_{kji}*GDP_{kji} + \sum_{i=0}^{T}\left[\prod_{i}^{T}(1+y_{ij})\right]H_{kjgi} - \gamma_T*GDP_{kT}}{\sum_{i=0}^{T}\left[\prod_{i}^{T}(1+y_{ij}\beta_{ij})\right]IR_{ji}*GDP_{ji}}$$

$$6\text{-}4$$

從單一註冊地完全靠本地投資和本地政府出資額來累積補償資金時，其補償倍數將直接取決於政府所出的初始資金、基金的收益率和在巨災發生前基金的累積時間，也就是 $T$ 的大小，比如，累積 100 年後和剛設立基金就發生巨災，將是非常不一樣的。

這裡的時間 $T$ 的長短，對不同的巨災，可能存在很大的差異。比如，地震的發生存在很大的不確定性，而且難以預測；而洪災和臺風，有較強的季節性和地域性。一般而言，某註冊地發生巨災的間隔時間，與該註冊地巨災發生概率呈一定的減函數關係，也就是巨災發生概率越高，巨災的間隔時間越短；巨災發生概率越低，巨災間隔時間越長。即：

$$T = f(p_{ck}) \qquad 6\text{-}5$$

則結合式 6-4 和式 6-5 可知，就單一註冊地來講，巨災發生概率越高的地區，補償倍數必然越低；反之亦然。

從調整來講，很顯然將因巨災發生概率、投資比重、巨災補償基金的投資

收益率、社會帳戶的收益繳存率、政府帳戶的初始資金額度等的變化而變化。由於沒有不同註冊地之間的風險緩衝和補償共濟，相關因素的變化會比較大，這會導致補償倍數的不穩定，甚至讓基金失去吸引力。

### 6.1.2　多註冊地商業補償倍數的計算與調整

與前面單一註冊地相比，多個註冊地商業補償倍數的計算，相同之處是也需要先從政府帳戶中扣除公益補償額后，才能用於商業補償；不同之處是，資金來源不再僅限於單一註冊地的政府初始資金及其增值和註冊地投資人社會帳戶投資增值的繳存，還包括全國各地所有註冊地投資人的增值繳存；當然這時的國家帳戶，要承擔的補償範圍和責任，也同時涵蓋了全國的各種巨災風險。

和前面討論的不同之處在於，不同分級的註冊地，其發生巨災的概率和預期損失是不一樣的，因此，其補償倍數也應有所不同。

根據前面對單一註冊地的討論，則多個註冊地商業補償倍數的計算，在不區分具體的註冊地和巨災風險種類的情況下，單次巨災的補償倍數 $m$ 按式6-6計算：

$$m \leq \frac{\sum_{j=1}^{J}\sum_{i=0}^{T}[\prod_{i+1}^{T}(1+y_{ji})]\alpha_{ji}y_{ji}IR_{ji}*GDP_{ji} + \sum_{j=1}^{J}\sum_{i=0}^{T}[\prod_{i}^{T}(1+y_{ji})]H_{jgi} - \sum_{j=1}^{J}\gamma_{T}*GDP_{T}}{\sum_{j'=1}^{J'}\sum_{i=0}^{T}[\prod_{i}^{T}(1+y_{ji}\beta_{ij})]IR_{ji}*GDP_{ji}}$$

6-6

式中，$j$ 和 $J$ 分別指所有的註冊地，即不區分是否發生巨災的所有註冊地；而 $j'$ 和 $J'$ 表示的是發生巨災的補償地，未發生巨災的補償地被排除在外。

對比前面單一註冊地的補償倍數計算，可以看到，最關鍵的，就是分子和分母，均增加了不同註冊地的加和部分。式6-6計算的，可稱為在時間 $T$ 某次巨災發生時，國家帳戶的資金累積、相對於特定巨災發生地的社會帳戶淨值的倍數，也就是此時，國家帳戶累積的資金餘額，最高能承受的補償倍數。

$m$ 值的計算，可確定一定的時間窗口，比如10年、20年或50年內，全國發生巨災時，國家帳戶可支持的最高補償倍數的移動平均值。這個時間窗口的長短，需要根據巨災補償基金掌握的巨災數據和基金運行數據合理規定。從目前來講，由於這些數據都不充分，可先按10年左右的巨災數據為基礎，以移動平均的方法滾動推進，在必要的時候，再進行調整。這一時間窗口如果太長，其穩定性可能相對更好，但對巨災動態反應的及時性可能不足；如果時間窗口過短，則可能反應動態較好，穩定性又不足。

上述計算的是全國平均一次巨災的補償倍數，而具體到某個註冊地的補償倍數，則需要對照該註冊地巨災風險的發生次數與全國的平均次數，如果其發

生次數更多，則補償倍數應越低，這是因為基金的發行是按同樣面值發行，而補償時是由持有人的基金淨值為基礎的一定倍數補償的機制決定的。這時，需要引入另一個參數，就是註冊地系數，其計算方法為：

設某巨災類型共有 $J$ 個註冊地，共發生巨災 $N_J$ 次，其中，註冊地 $j_1$、$j_2$、$\cdots$、$j_J$ 發生的巨災的次數分別為 $n_{j_1}+n_{j_2}+\cdots+n_{j_J}$，且 $N_J=n_{j_1}+n_{j_2}+\cdots+n_{j_J}$，且相應註冊地巨災的損失總額為 $L$，相應的巨災損失分別為 $L_{j1}$、$L_{j2}$、$\cdots$、$L_{jJ}$，且所有註冊地的總損失為 $L_J$，則註冊地 $J_1$ 的註冊地調整系數 $l_{j_1}$ 為式 6-7：

$$l_{j_1} = \frac{L_{j_1} * N_J}{L_J * n_{j_1}} \qquad 6\text{-}7$$

同理，設有 $C$ 種巨災風險註冊地，共發生巨災 $N$ 次，其中，巨災風險為 $c_1$、$c_2$、$\cdots$、$c_C$ 發生的巨災的次數分別為 $n_{c_1}+n_{c_2}+\cdots+n_{c_C}$，則 $N_C=n_{c_1}+n_{c_2}+\cdots+n_{c_C}$，且相應註冊地巨災的損失總額為 $L$，相應的巨災損失分別為 $L_{j1}$、$L_{j2}$、$\cdots$、$L_{jJ}$，且所有註冊地的總損失為 $L_J$，也可從巨災風險種類的角度，計算出巨災風險類型的調整系數 $l_{c_1}$ 為式 6-8：

$$l_{c_1} = \frac{L_{c_1} * N_C}{L_C * n_{c_1}} \qquad 6\text{-}8$$

可以看到，無論是從風險種類還是從註冊地方向進行調整，其調整系數都是與損失成正比，而與發生次數成反比。這實際上是在單次巨災損失額和發生頻率之間的一種平衡。單次巨災的損失額，與巨災的嚴重程度、巨災類型、註冊地的抗災能力等直接相關；而巨災的發生次數，與特定的地質、地貌、區位等相關。這種平衡的實質，是由巨災補償基金按面值統一發行、按對國家帳戶的貢獻度和兼顧公平等目標所決定的。

在上述兩種調整系數的共同作用下，某註冊地 $j$ 發生某種巨災 $c_i$ 后，其基礎的補償倍數 $m_{Bc_ij_j}$ 按式 6-9 計算：

$$\begin{aligned} m_{Bc_ij_j} &= l_{c_i} * l_{j_j} * m \\ &= \frac{L_{j_1} * N_J}{L_J * n_{j_1}} * \frac{L_{j_1} * N_J}{L_J * n_{j_1}} \end{aligned}$$

$$*$$

$$\frac{\sum_{j=1}^{J} \sum_{i=0}^{T} [\prod_{i+1}^{T}(1+y_{ji})]\alpha_{ji} y_{ji} IR_{ji} * GDP_{ji} + \sum_{j=1}^{J} \sum_{i=0}^{T} [\prod_{i}^{T}(1+y_{ji})]H_{jgi} - \sum_{j=1}^{J} \gamma_T * GDP_T}{\sum_{j'=1}^{J'} \sum_{i=0}^{T} [\prod_{i}^{T}(1+y_{ji}\beta_{ij})]IR_{ji} * GDP_{ji}}$$

$$6\text{-}9$$

## 6.2 補償額計算標準與方法

根據式 6-9 的基礎補償倍數，某註冊地 $j$ 發生某種巨災 $c_i$ 后就可計算出某個註冊地的基礎補償額 $CP_{Bcj_i}$，如式 6-10 所示：

$$CP_{Bcj_i} = m_{Bcj_i} * A_{j,sT} = l_{c_i} * l_{j_i} * m * \sum_{i=0}^{T}[\prod_{i}^{T}(1+y_{ij}\beta_{ij})]IR_{j,i} * GDP_{j,i} = \frac{L_{j_i} * N_J}{L_J * n_{j_i}} * \frac{L_{j_i} * N_J}{L_J * n_{j_i}} * m * \sum_{i=0}^{T}[\prod_{i}^{T}(1+y_{ij}\beta_{ij})]IR_{j,i} * GDP_{j,i} \qquad 6-10$$

其中的 $m$ 為式 6-6 計算的一定時間段內中國巨災補償基金可支持的補償倍數的平均值。

按式 6-10 計算出來的，只是註冊地 $j$ 在巨災 $c_1$ 發生后的基礎補償額，也是最高補償額。具體某個投資人的實際補償額，還需要根據其最短持有期、其持有基金的淨現值等進行調整。

設某基金投資人 $P$，其投資於補償基金的投資額，在巨災發生時的淨值為 $PV_T$，所持有的基金的天數為 $d_p$，如果最短期為 $D$，且在最短持有期以內時其補償倍數需要按實際持有期占最短持有期的比例進行調整的話，則其可用於計算補償額的實際淨值 $PV_{Et}$ 如式 6-11 所示：

$$PV_{gT} = PV_{pT} * \min(\frac{d_p}{p}, 1) \qquad 6-11$$

則在註冊地 $j$ 在巨災 $c_1$ 發生后，投資人 $P$ 可獲得的補償額 $CP_p$ 如式 6-12 所示：

$$CP_p = PV_{pT} * min\left(\frac{d_p}{D}, 1\right) * m_{Bcj_i} \qquad 6-12$$

可以看到，個人的補償額，實際就是巨災發生時，個人投資額的淨現值，乘以最短持有期調整系數再乘以持有人基金的註冊地、在相應風險類型下的基礎補償倍數決定的。這表明，巨災中，投資人想獲得更高的商業補償，將取決於投資於基金的初始資金、投資的時間長短、收益高低和相應註冊地發生特定巨災風險的概率與損失情況。

從理論上講，巨災補償基金的補償額計算，已經將應當納入考察的主要因素涵蓋在內了，至於考慮得是否精確和完全合理，還需要進一步的實踐檢驗才能做更好的修正和完善。

## 6.3 巨災補償基金的定價

和其他金融工具一樣，巨災補償基金的理論價格也是其預期收到的現金流的現值。巨災補償基金投資現金流包括三個方面：一是在第 $j$ 年發生巨災後，投資人可以獲得的補償額 $CP_p$；二是在第 $j$ 年發生巨災後，投資人可以按基金當時的淨值贖回基金的金額 $V_{pT}$；三是巨災發生時，投資人可以獲得的公益補償金 $CP_g$。理論上講，將這三類現金流分別按一定的利率貼現，其貼現值之和就應該是巨災補償基金的價格 $P_{cpf}$，即

$$P_{cpf} = PV(CP_p) + PV(V_{pT}) + PV(CP_g)$$
$$= PV(CP_p + V_{pT} + CP_g) \quad 6\text{-}13$$

其中，$CP_p$ 可由式 6-12 求出。

根據式 5-14，可以求出個人投資在社會帳戶上的資金，在巨災發生的 T 時刻，其價值 $V_{pT}$ 表示為式 6-14：

$$V_{pT} = \sum_{i=0}^{T}\left[\prod_{i}^{T}(1+y_{ij}\beta_{ij})\right] * IR_{pji} * GDP_{ji} \quad 6\text{-}14$$

在式 6-14 中，$IR_{pji}$ 表示個人投資額占其註冊地 GDP 的比例。同時，設註冊地 $j$ 的人口數為 S，則巨災發生時，單個投資者可以獲得的公益補償額 $CP_g$ 可計算為式：

$$CP_g = Y_T * GDP_T / S \quad 6\text{-}15$$

這樣，巨災補償基金的價格 $P_{cpf}$ 可表示為式 6-16：

$$P_{cpf} = PV\left[PV_{pT} * min\left(\frac{d_p}{D}, 1\right)\right] * m_{Bcj_i} + \sum_{i=0}^{T}\left[\prod_{i}^{T}(1+y_{ij}\beta_{ij})\right] * IR_{pji}$$
$$GDP_{ji} + \gamma_T * GDP_T / S \quad 6\text{-}16$$

在式 6-16 中，求現值的函數 PV，其主要變量為利率和時間。這裡使用的利率，可參考無投資者的要求收益率，而貼現的時間，是最為不確定的因素，可能因不同主體的風險承受能力、風險偏好、風險容忍度等的不同而不同。

對巨災補償基金價格影響很大的另一因素，是巨災發生的時間 T，這不僅影響投資的增值，也影響國家帳戶的資金累積，同時也影響對未來收益的貼現。而巨災發生的具體時間，受制於目前人們對巨災風險的認識不足，很多是無法確知的，尤其是地震等巨災風險；即使對一些有較強季節性的臺風、洪澇等災害，其具體的發生時間和區域，也是很難預知的。但對巨災發生概率差異顯著的地區，同樣的時間階段內，發生巨災的次數也會有顯著差別，前后兩次

巨災之間的時間也會顯著不同。正是這種不同，將成為直接影響不同註冊地巨災補償基金價值的主要因素。

## 6.4 補償資金來源

基金註冊地一旦發生基金約定的巨災，其持有人將有權獲得約定的補償。補償資金的來源，一方面是常規的，即基金正常運作時，從政府帳戶的投資收益、社會帳戶提交的投資收益、政府定期的救災資金、巨災債券融資、巨災彩票和社會捐贈中可用於巨災補償的部分等共同構成。另一方面，則是當常規資金來源無法滿足特定時期補償需求時所專門開闢的特別渠道，這包括：巨災特別國債、商業銀行巨災特別貸款等。

### 6.4.1 補償資金的常規來源

巨災補償基金的常規補償基金來源，指基金正常運作情況下，從常設的、長期穩定的渠道而籌措的可用於巨災補償的基金來源。這主要包括：政府定期的救災專用資金、政府資金的投資收益、社會帳戶提交給政府帳戶的收益分配部分、巨災債券融資、巨災彩票和社會捐贈等。

#### 6.4.1.1 政府定期的救災專用資金

政府專項撥款，顧名思義，是指政府在撥付資金的同時對這一部分資金的用途進行了明確的規定，接受專項資金的一方必須按照政府的明文規定使用。政府之所以進行專項資金的撥付，主要是為了更好地配合中央政府宏觀政策的實施或是對某些重大的事件進行補償。因此，在巨災發生之後，政府及時撥付的專項資金就成為補償資金重要的組成部分。

從歷年中國發生的巨災風險來看，巨災風險發生的最大的特徵就是發生的頻率較低但是一旦發生，造成的危害就是巨大的。再加之，中國對巨災風險方面的研究起步較晚，沒有總結出巨災風險發生的規律。因此，無法合理地對巨災進行預期成為了巨災風險不受商業保險公司青睞的一大原因。巨災風險不能吸引商業保險的承保，政府的補助此時就發揮了不可或缺的作用。

不僅如此，在中國，巨災風險一旦發生就會造成嚴重的人力、物力以及財力的損失，經濟的損失往往也表現出空間上、時間上的高度集中。積聚在一起的經濟損失有時候會超過商業保險公司的承保能力，甚至會危害到整個保險市場的正常運作以及超過其承保能力。因此，當商業保險公司不能發揮其作用的

時候，政府就應當發揮其應當承擔的責任以及作用，政府定期發放的專項資金成為巨災風險補償的重要組成部分。

通過上述分析可知，巨災風險的補償資金通過簡單的市場運作以及商業保險的承保是遠遠不夠的，政府撥付的專項資金是巨災補償資金的重要組成部分，同時也是巨災補償基金成立的基礎。

### 6.4.1.2 政府資金的投資收益

由上一小節的分析可以看到，政府專項撥款作為政府資金投入到基金中，這無疑也是巨災補償基金中不可或缺的重要組成部分。長期以來，中國都採取的是一種以中央政府為主導、地方政府配合，以國家財政救濟和財政撥款為主的補償機制。所以政府資金往往是災害損失補償的基本來源，這樣的調動比較迅速且集中。但是，由於政府的財政資金總是有限的，這也就導致了巨災後財政補償的局限性。巨災補償基金將這一部分先在事前放入基金中運作，而這一部分自然會隨之產生投資收益，政府資金的投資收益自然也是補償資金的一部分來源。不僅如此，由專業機構進行投資，可以更好地讓這些資金保值增值。在巨災發生較少的年份，充分利用連續投資的複利效應，可以更快地壯大基金的實力，更好地發揮巨災救助年度撥款應對巨災風險的效力。

### 6.4.1.3 社會帳戶提交給政府帳戶的收益分配部分

在基金社會帳戶的收入中，每年會按一定的比例提交給政府帳戶。在巨災發生時，持有基金的災民在獲得基金權益部分的補償後，再用這部分社會帳戶的資金進行補償。因此，可以說社會帳戶提交給政府帳戶的收益分配部分也是基金的一種資金來源。

政府帳戶上的超額補償金必須在巨災發生時才能進行劃撥，同時還要以基金持有人的損失超過其持有基金權益作為補償的條件，並且是以未發生巨災年份全部持有人以及受災年份未受災持有人收益按約定比例上繳為前提。因此，從嚴格的定義上看，這部分資金其實還是社會帳戶的收益，只是進行了一定的二次分配，是一種統籌統支的方式。進一步說就是大部分未受災的基金持有人對少數受災持有人進行的一種互幫互助，這也是平時累計投資收益在災後支付的方式，並不是從基金外部獲取資金。

### 6.4.1.4 巨災債券融資

巨災債券也是債券的一種，因此也具有債券基本的性質。投資者將資金投資於巨災債券與投資於普通債券時都一樣會獲得利息，同時在到期時收回本金。不同的是，巨災債券的投資者並不一定會到期獲得本金及利息。巨災債券本金及利息的償付主要取決於災害是否發生，如果巨災債券所規定的災害沒有

發生,那麼投資者將會獲得相應的利息及本金。但如果發生了巨災債券所規定的災害,那麼本金及利息就不會償付給投資者。通過對巨災債券特徵的描述可以清楚地看到,巨災債券具有很大的風險。與此同時,高風險對應著高收益,巨災債券票息率都遠高於普通債券。

對於巨災債券的發行方來說,發行巨災債券可以將巨災風險分散給投資者,如果巨災真的發生,債券中籌集到的全部或者部分款項就要被用來進行補償。對於投資者而言,巨災債券的風險和金融財務風險基本不相關,這樣也可以分散其他金融資產的系統性風險。因此,這也是多元化投資組合的重要選擇之一。因為巨災事件的頻發,當前國際金融市場已經能夠很好地利用巨災債券來轉移、分散巨災風險。

但可以看到,巨災補償基金由於巨災發生的時間和損失都有很大的不確定性,無法預測,這無疑對確定巨災債券的發行數量、票面利率、債券期限等造成了很大的阻礙。需要進行大量的工作來權衡各方面的影響,最終進行定價。

### 6.4.1.5 巨災彩票和社會捐贈

常態性的巨災彩票是指以巨災保險產品為基礎,商業保險公司為籌集特定險種的巨災保險基金而特許發行、依法銷售,自然人自願購買,並按照特定規則獲得中獎機會的憑證。一般彩票的資金分配包括公益金、返獎獎金和發行經費,因為巨災彩票的發行費用較低,就保證了25%以上的公益金募集率。保險公司如果以發行巨災彩票所籌公益金作為巨災保險基金,則由保險公司自己來管理這部分公益金。巨災保險基金補償不足時由巨災彩票的公益金來補償。災後定時定向發行的巨災彩票也有類似的管理方法。在整個過程中,巨災彩票的發行銷售過程中的一些專業化資金運作都由商業銀行等金融機構來提供。這部分資金同樣可以投入到巨災補償基金中,接受更專業的管理,產生更大的效應。

在發生巨災的時候不僅僅會有之前討論的政府資金的救助,一些非政府機構同樣會進行一些捐助,這就是這裡所談的社會捐贈。這些非政府機構,例如紅十字會、其他公益機構或非政府組織等,其中有些機構可能具有一定的資金營運能力,有些則未必能對所接受的資金進行專業化管理。那些沒有資金營運能力的機構通常會選擇委託銀行等金融機構代收資金,進行保管。但是這種代收代管,並不會產生任何的經濟利益。交由巨災補償基金則可以很好利用這些資金,創造出更多的價值來補償受災群眾。同時這些機構大部分都會簡單地選擇某一家銀行,並不會通過投資收益等方面的篩選來選擇第三方託管機構。如果能將這些善款以市場化、公開化的機制,交由優秀的專門機構進行管理,勢

必能更好地發揮這些善款的社會和經濟效益。

在巨災補償基金內部，可設立相應的機構，專門管理所接受的捐助款以及彩票公益金部分，尤其是那些指定了用途的捐助款、需要長期經營和管理的捐助款以及適合設立專門基金進行管理的捐助款。同時，還可以對這些款項設立專門的機構來考核其投資收益、風險等，定期公開營運報告，將所有的信息做到透明公開，讓投資者以及捐助者的資金得到更好的增值。尤其是在管理制定用途的資金時，必須嚴格按照制定事項來進行，對捐助者提交專門的報告，讓其對資金運作流程放心，能夠繼續選擇巨災補償基金來管理。

### 6.4.2 補償資金的特別來源

#### 6.4.2.1 巨災特別國債

如果遇到多種巨災在某個特定的時間段裡集中爆發或某種巨災在相對較大的空間範圍爆發或某些巨災在國家重要的經濟區域，例如大城市中心區等爆發時，巨災補償基金日常累積的收益或常規資金來源不足以補償這些註冊地的基金持有人時，為了確保基金的正常和長效運作，完全可以由政府直接面向全社會發行巨災特別國債以解決基金臨時的資金不足問題。

巨災特別國債屬於專項國債，專款專用，只能用於巨災補償，而不能轉作其他用途。可由巨災補償基金向財政部提出申請，由財政部統一發行籌資后，轉交巨災補償基金專項使用，並單獨核算。

專項國債的發行總額，可根據當期應補償額——基金可用的補償資金后的缺口部分為上限。如果巨災補償基金同時還向商業銀行申請了巨災特別貸款，則其上限可再從前述缺口中減去巨災特別貸款進行調整。

特別國債的償還，可由財政代發代還。巨災補償基金以自身的投資收益和社會帳戶分配的投資收益作為還款資金來源，直至還清為止。

如巨災補償基金的投資收益或其他收入無法償還特別國債的欠款時，可再通過增發基金份額、財政補貼、降低基金的補償比例、發行巨災債券融資等方式來解決。

#### 6.4.2.2 巨災特別貸款

巨災特別貸款，則是由巨災補償基金直接向商業銀行申請的、用於補償基金持有人的貸款，也屬於專門貸款，只能用於巨災補償、不能轉作他用。不同於由國家財政代發代償，巨災特別貸款，是由巨災補償基金向商業銀行提出貸款申請后，由商業銀行根據商業原則自主決定是否向基金發放的商業性質的貸款。

貸款的利率、期限、客戶等，均由巨災補償基金和貸款的商業銀行按商業原則進行協商。為了提升貸款的信用條件，可考慮由國家財政進行本金98%左右比例的擔保。這一比例的設計，在確保商業銀行支持巨災補償事業能收回98%的本金的基礎上，要求商業銀行也必須認真審查基金的徵信和營運能力。有國家政策的擔保，也能有效降低這類貸款的成本，減輕巨災補償基金的負擔。

此外，在清償順序上，可設定商業銀行的特別貸款優於國家的特別國債的清償。這種設計一方面體現了國家財政作為補償基金的最終借款人或擔保人的職責；另一方面，也是為了更好地保護商業銀行支持巨災補償事業的積極性。

為了更好地鼓勵各商業銀行對巨災補償事業的支持，建議對巨災專項貸款在貸款的撥備要求、營業稅和所得稅的稅收政策等方面設立專門政策，例如：因為有國家財政擔保，因此這部分貸款可免提損失準備金、可免除營業稅、可優惠甚至免除這類業務的所得稅等，以充分發揮出財政資金的槓桿作用，更好地支持巨災補償事業的發展。

## 6.5 補償資金不足及其處理

由於巨災的發生在時間和空間上都存在許多不可預知的偶然性，雖然出現的機率很低，但在實際運作中，也不是完全不可能多種巨災同時、在較大的範圍內發生，而導致巨災補償基金可用的補償資金不足的情況。這種情況將直接影響到基金能否正常運轉，事關基金的信譽和可持續性，這裡分別予以討論。

### 6.5.1 補償資金臨時不足的處理

補償資金的臨時不足，指在短期內基金可用於補償使用的資金少於當期應補償的資金的情況，隨著基金正常運作中的不斷累積，基金完全可以靠自身的力量逐步彌補所存在的資金缺口的情況。

補償資金臨時不足的原因，主要是巨災風險的發生在時空上的不均勻、補償金使用在時空上和補償資金來源不相匹配而造成的。如果從更長遠的時間或更廣闊的空間看，基金的累積本身是足以覆蓋補償基金需求的，也就是說，這種臨時性不足，只是資金來源與使用在時空上的錯位問題，而不是基金本身的補償能力問題。

#### 6.5.1.1 巨災聯繫證券

由於巨災本身的不可預測性，上述時空錯位問題難以完全避免。而目前市

場上應對這類風險比較成功的做法之一，就是發行巨災聯繫證券，包括巨災債券、巨災期貨、巨災期權、巨災保險基金等。其中市場認可程度最高、目前推廣最好的，是巨災債券。只要把債券到期時間計劃好，同時，把發行額度、發行時間和到期時間、風險連動的機制、巨災發生后截留本息的比例等設計好，完全可以作為巨災補償基金長期、穩定可使用的重要的巨災補償資金來源之一。

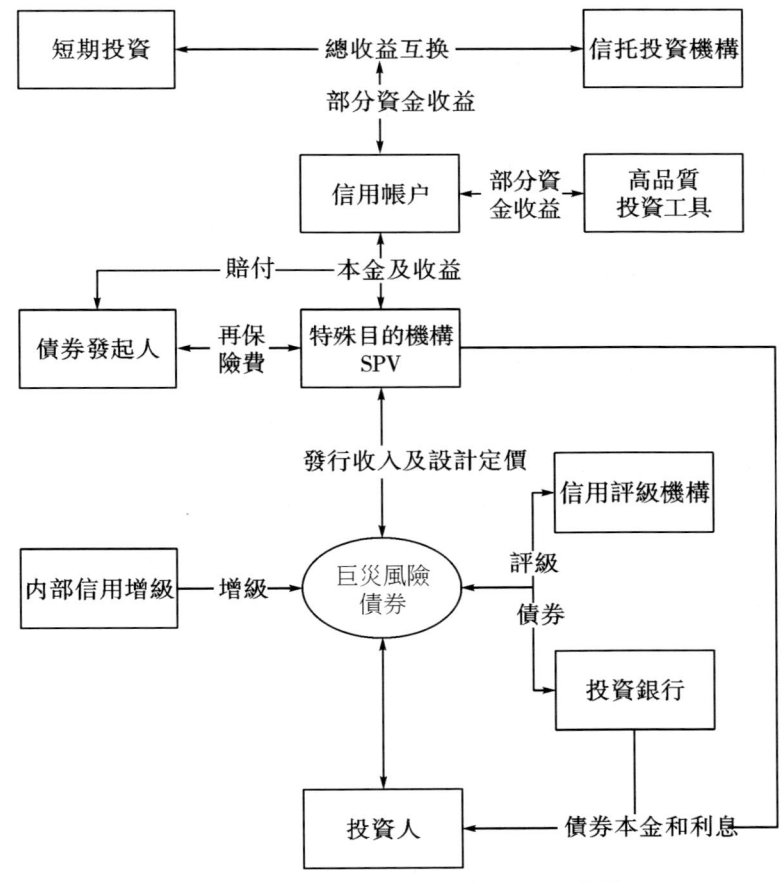

圖 6-1　巨災風險債券發行與運作示意圖①

巨災債券同普通債券一樣，投資者將資金貸放給債券發行人，從而取得息票形式的利息和最終返還本金的請求權。與普通債券不同的是，巨災債券本金

---

①　何敏峰. 保險風險證券化問題探討 [J]. 證券與保險，2007 (3).

的返還與否取決於債券期限內特定事件是否發生。若發生債券預先規定的觸發事件，那麼債券發行人向投資者償付本金和利息的義務將部分乃至全部被免除；若在債券到期日前沒有發生觸發事件，則債券發行人到期向投資者還本付息。由於巨災不可預測，巨災債券的投資者會承擔較高的風險，基於風險越高，收益越高的經濟學基本原理，巨災債券通常息票利率都遠遠高於其他債券。巨災債券與其他類型債券最主要的區別就是，巨災債券的發行要通過一個特殊目的機構（SPV）來架起債券發起人與資本投資者之間的橋樑。一方面與債券發起人簽訂一個再保險合約，在約定巨災事件發生時對發起人的巨災損失進行一定程度的補償，另一方面和投資者簽訂巨災債券合約獲得債券本金，並通過資本市場對資金進行運用。巨災債券發行的具體機制如圖6-1所示。

此外，巨災期貨、巨災期權等巨災聯繫證券，也可經過精心安排，成為巨災補償基金的融資渠道。特別是，與巨災相關程度較高的行業，如保險行業、能源、交通、建築等行業可能面臨的巨災損失，以及通過巨災補償基金可能獲得的補償，通過期貨和期權合約聯繫起來，將這些行業的風險，包括巨災補償基金可能面臨的巨災風險通過金融市場加以分散和轉移，這不僅是個融資的問題，更是風險分散和轉移的渠道和機制。

6.5.1.2　商業銀行巨災專項貸款

對短期、臨時性的資金不足，巨災補償基金也可以通過向商業銀行短期借款的方式籌措需要的週轉資金，對此，在前面已經較為詳細地作了說明，不再贅述。

### 6.5.2　補償資金長期不足的處理

如果巨災補償基金出現資金不足，無力支付約定應付的補償金，且無法簡單通過時間或空間的累積由自身來解決時，這時的資金短缺，就不再只是簡單的臨時不足，而是長期不足了。

當巨災補償基金出現資金長期不足時，需要通過調整補償比例、擴大基金份額銷售、提高基金投資的收益、進一步細化註冊地分區等方式予以解決。

6.5.2.1　調整補償比例

這是最直接、最易想到、也相對更容易的解決辦法。但為了維護「三公」的基本原則，補償比例的調整必須十分謹慎，其調整的程序、比例、區域、幅度等，都必須有十分嚴格的程序。建議這一比例的調整，應由基金內部的補償比例委員會這個專門的委員會，根據相關風險研究的進展、新的數據收集和分析情況、基金整體運行的盈虧情況、巨災風險整體發展趨勢、國民經濟特別是

區域經濟發展變化等綜合提出議案，由基金持有人大會決議通過方可執行。關於這個專門委員會的組成、分工及職能等，請參考基金內部管理相關章節。具體來講，可由專門委員會不同專業的委員分別提出相應的議案，再由委員會形成統一的補償比例調整整體方案。這樣操作，可以減少補償金的補償總數，進而緩解和解決補償金長期不足的問題。

### 6.5.2.2 調整社會帳戶的利潤分配比例

和前面調整補償比例一樣，也可通過適當調整社會帳戶和國家帳戶間的利潤分配比例，來平衡政府帳戶的餘缺。由於這一比例直接影響到基金持有人的實際收益，因此，也需要遵循嚴格的程序和標準來執行，基金及政府都不能隨意調整，建議由基金持有人大會表決才能通過。

擴大基金銷售份額。由於巨災補償基金運作的核心機制是市場機制，其基金份額的銷售是市場行為，其銷售量，取決於市場對基金的認可程度和市場主體對巨災風險的認知情況。基金可通過公益和商業廣告、巨災風險及防範措施的教育、巨災風險相關知識的普及，加強國際合作擴大市場範圍，以巨災補償基金為基礎金融工具開展多方面的金融創新、以更好地滿足不同風險偏好的投資人等措施，來擴大基金份額的銷售。

提高基金投資的收益。在一定宏觀經濟背景下，一定時期內基金的投資收益是相對穩定或固定的，可能較難有顯著的提升。但在必要的時候，基金的投資管理委員會可以適當調整基金在不同領域或工具上的投資比例、期限結構、流動性要求等，為基金委託的投資機構提供更多的選擇，為投資機構尋求更高的投資收益創造條件。例如，正常情況下，考慮到基金對資金流動性的較高要求，基金投資於固定資產投資的比例可能會很低，但如果是在災後重建等與巨災重建相關的固定資產投資中，以補償金為基礎，將補償和投資相結合，一方面可以提高基金的投資收益；另一方面，可以擴大除補償金以外的重建資金來源，加快災後重建的步伐。具體操作中，可根據相應註冊地的基金份額總量，按一定比例給予商業化的資金支持，這也能促進基金本身的銷售。

### 6.5.2.3 進一步細化註冊地分區

由於對巨災風險認識和研究不足，以及受巨災風險本身特殊性的影響，不同巨災風險補償地的分區在精細程度上不盡一致。當註冊地分區不準確時，可能會出現損失的實際區域和補償區域間較大的誤差，以致部分受損的地區未能得到補償，而部分未受損的反而得到了補償的情況。如果這種情況嚴重到一定程度，不僅會影響巨災補償基金的聲譽，也會降低基金的效率，同時導致補償金使用的社會和經濟效益低下。盡可能提高註冊地分區的準確性和補償金使用

效率，節約無謂的浪費和損失，將是一項長期、細緻的工作。

## 6.6　補償金超額餘額的處理

　　由於巨災發生的不可預見性和巨災發生的非均勻性，和相對均勻的補償金累積過程相比，國家帳戶累積的補償金，既有可能出現不足，也可能出現大量超額餘額的情況。這裡所指的超額餘額，是相對於一段時間內的巨災補償需求而言的，並不是絕對用不出去的資金。這種相對的超額餘額，容易給基金管理者，甚至基金投資人一種錯覺，就是國家帳戶累積的資金量太大卻不用於給投資人或公眾補償，感覺資金被浪費或者虛置等。

　　正如前面反覆提到的，這種超額餘額是資金累積和使用在時間上的錯配形成的，這些看上去龐大的資金累積，只是為將來可能出現的巨災補償所做的儲備。但正因為是儲備，就必然有個合理的儲備量和儲備形式問題，也就涉及儲備總量和儲備形式的管理問題。

　　為了提高儲備金的使用效率，基金的資產管理部門，可設定一系列的管理標準，例如，當總量達到一定金額或相對於基金份額總額達到某個比例時，可適當增加或減少中長期投資的比重，在確保基金流動性的前提下，適當提高基金的收益。

　　另一方面，如果基金累積的資金達到某個更高的比例時，可適當調低社會帳戶向政府帳戶的利潤分成比例，或調高對基金投資人的補償比例，或同時適當調整。和前面談到的調整補償比例要求一樣，這也需要遵循嚴格的流程和標準。

## 6.7　商業補償金的支付流程

　　一旦發生巨災，巨災補償基金就將按要求對受災註冊地開展約定的補償救助工作。其基本的工作流程，如圖 6-2 所示，以下分別簡要討論各項程序的主要內容。

### 6.7.1　巨災發生及災區確認

　　災害發生后，國家相關部門及巨災補償基金的相關專門委員會將立即行

| 巨災發生及災區確認 | 投資人訊息確認 | 補償金額確認 | 支付 | 特殊事項處理 |
|---|---|---|---|---|
| ・災害發生確認<br>・災害發生區域確認<br>・災害物理級數確認<br>・災害損失預估<br>・權威發布相關訊息 | ・以巨災發生前日為除權日，確認受災註冊地投資人清單<br>・確認投資人最短持有期情況<br>・確認投資人身份及其銀行帳戶 | ・投資人投資總額及截至巨災發生前一交易日的淨值金額<br>・該種巨災下特定註冊地補償倍數計算<br>・調整項及調整額<br>・實際補償金計算 | ・先支付公益補償額<br>・再支付商業補償額<br>・優先選擇貨幣支付<br>・必要時可考慮非貨幣支付，但須獲得投資人認可 | ・投資人因災死亡的處理<br>・指定受益人死亡的處理<br>・無法定受益人時的處理<br>・其他特殊事項處理 |

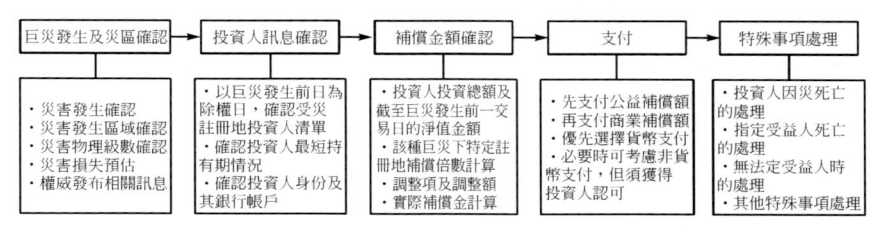

圖 6-2　巨災補償基金補償業務流程

動，就災害的物理級別、受影響的區域、可能的損失大小等進行迅速判斷和分析，並盡快就所發生的災害是否屬於巨災補償基金所約定的巨災、哪些註冊地的全部或部分區域屬於本次巨災直接影響區域等，公開宣布，以明確巨災補償基金應採取補償措施的註冊地。

### 6.7.2　投資人信息確認

除了確認災害的級別是否屬於基金補償的巨災級別、巨災影響的註冊地之外，很重要一點，就是要核實巨災發生前一日登記在冊的、註冊地在本次巨災受害地區的投資人的名單和身分。基金應盡快就註冊地在受災區的投資人的姓名、身分信息、投資金額、投資時間、累計淨值等，列出詳細的清單，並及時公布。此外，相關投資人的銀行帳戶信息等也要確認，以備支付補償款用。

### 6.7.3　補償金額確認

如第 5 部分研究指出的，巨災發生後，巨災補償基金的相應專業委員會根據事先約定的考察時間段內不同註冊地、不同巨災風險種類發生巨災的情況，計算出相應巨災和補償地的調整系數，從而確定本次巨災不同註冊地（假設有不同的註冊地同時受災）的基礎補償系數，再結合前面確定的不同投資人的投資金額、時間和投資到巨災發生前日的淨值以及最低持有期，計算出每位投資人應當獲得的實際補償金額。

### 6.7.4　公益補償金的支付

公益補償金，是中國巨災補償基金所擔負的社會義務和責任，其支付是先於商業補償金支付的。正如前面已經談到的，巨災發生後，可按受災註冊地巨災發生前一年 GDP 的 0.03% 從國家帳戶提取出專項公益補償金，再按受災註冊地的人口數目平均分配後支付。

由於公益補償金的計算十分簡單，我們認為巨災發生後，巨災補償基金完

全可以迅速計算出補償總額，並立即劃撥出專項補償金，用於對災民的緊急救助，其反應速度，一定程度上完全可以非常快速，比如在半個小時甚至更短時間內發放下去。

公益補償金的支付，原則上仍然可以使用現金的方式。但如果是救災需要，且是災民生活和救助所必需的，也可折算為救災必需品發放下去。

### 6.7.5　商業補償金的支付

確定了本次巨災應支付的補償金後，巨災補償基金應從國家帳戶上的現金或利用國家帳戶上的相應資產為質押、抵押或擔保融得的資金或前面討論過的特別國債融得的資金，及時支付給相應的基金投資人。原則上，相關的補償金應以現金方式直接支付到相關投資人事先登記或指定的帳戶上。在特殊情況下，經投資人確認后，可以相應資金購買投資人所急需的災后急救用品等方式支付。

### 6.7.6　特殊事項處理

巨災之下，難免有些特殊事項的發生。一種特殊情況是，原基金投資人在災害中死亡，無法由其本人領取補償金。這時，可考慮由其指定的受益人或法定繼承人代為領取；如果沒有指定的受益人或指定的受益人死亡，且法定繼承人也死亡時，可考慮將這部分補償款及其投資的淨值直接歸屬國家帳戶所有，用於賑濟其他巨災受害人。

## 6.8　出險后投資人基金份額贖回管理

### 6.8.1　贖回資格的認定

巨災補償基金是半開放式的基金，只有在約定災害發生時，基金持有人才可以行使贖回權。因此當投資者要求或申請贖回時，需要首先核實其贖回資格，只有符合相應的條件，才可以進行基金的贖回。

贖回資格認定的第一件事，是投資人身分的核實，為了保證基金的安全，在基金贖回時要進行身分認證。有權贖回者，主要包括投資人本人、其指定的受益人或經法定程序認定的繼承人（在原投資人死亡或失去行為能力證明的條件下）。

第二件事，是要證明所投資的基金份額的註冊地，是否屬於巨災發生或國家認定的受災地。只有當基金份額的註冊地屬於國家認定的巨災受災地，投資人才有權要求贖回基金份額。

第三件事，是有權贖回的人的真實意願。贖回是個自願的過程，沒有人能強迫要求他人行使贖回權。無論是投資人本人，還是其指定的受益人或繼承人，只有當有權贖回的人真實表達了其贖回意願，比如，提出贖回申請後，才能贖回基金份額的淨值。

### 6.8.2 贖回額的計算

基金投資人贖回的基金淨值，是從投資人投資基金之日的第二天開始計算，按基金投資的實際收益，在扣除基金本身的管理費用等成本和稅收後，計入基金的淨值。基金的投資收益，應逐日計算並報告。具體的計算方法，可借鑑開放式基金淨值的計算方法。與開放式基金不同的地方是，巨災補償基金有兩個帳戶，是分開計算的。基金公布的基金份額淨值，只是社會帳戶中基金份額的淨值。

要說明的是，贖回資金來源於社會帳戶，不會對政府帳戶產生直接的衝擊和影響。只是，如果贖回額較大時，可能會影響政府帳戶從社會帳戶收益中的分配額，影響政府帳戶的資金累積。不過，從另一方面看，正因為遭受巨災的投資人能獲得多倍於自己投資淨值的補償，更容易吸引更多的人投資於巨災補償基金。基金後期的資金累積不僅不會減弱，相反，應當更有保障。

### 6.8.3 補償卻不贖回的處理

正如前面討論過的，只有投資人、其指定的受益人或法定繼承人願意贖回，才能贖回；基金無權要求投資人強制贖回。補償卻不贖回，指持有人只接受了補償，卻暫時不願意贖回淨值而繼續持有的情況。

在這種情況下，投資人已經在剛發生的巨災中獲得了補償，為了確保基金的公平性，我們認為應以其淨值為基礎，將其視為再次重新購買基金份額，重新計算最低持有時間等。這樣，才能更好地保證贖回和不贖回者之間以及基金的新投資人和早期投資人之間的利益平衡。

## 6.9 巨災補償基金贖回管理

由於巨災的發生很難預測，而一旦發生巨災，受災註冊地的投資人就可能要求贖回自己的基金淨值，因此，巨災補償基金必須隨時準備著應對這種突如其來的贖回衝擊。由於投資人只是從社會帳戶中贖回自己個人的投資淨值，並

不影響其他投資人的資產價值；加之發生巨災的註冊地，可能只是眾多註冊地中極少的一小部分，因此，從理論上講，以全國的社會帳戶資金應對小範圍註冊地的贖回需求，本身並不會有什麼問題。

但如果遇到某些非常重要的註冊地，其投資在整個巨災補償基金中的占比較高時，極有可能對基金、特別是基金中的社會帳戶造成較強的流動性衝擊。這就要求巨災補償基金在管理社會帳戶的資金時，必須保持較為充分的流動性或具備較強的短期的融資能力。

#### 6.9.1 應對贖回風險的現金管理方法

贖回的現金需求，主要是指基金持有人贖回其淨值的現金需求，對巨災補償基金而言，其主要的特點是贖回人數、贖回數量和贖回的時間都很不確定。由於這種不確定性，所以基金管理人在進行現金需求數量的估算時，必須收集有關持有人的信息，包括投資者的贖回意願、不同註冊地的投資分佈、全國的巨災發生的平均概率等。並根據這些信息，對常規的現金保留水平進行預測，並確保基金所持有的資產應具備充分的變現能力，或開闢特別的融資渠道，在急需現金時能以較低的成本融入必需的現金。

##### 6.9.1.1 現金需求數量預測方法

（1）歷史法，包括統計分析法和加權平均值法兩種。統計分析法是指根據基金歷史上不同時期的贖回量，進行統計分析，找出在不同時期、不同狀況下基金持有人的贖回規律。基金管理人可以根據這些規律，結合目前和未來一段時間的市場狀況等各種因素，確定未來一段時間的贖回量，並預留相應的現金來應對贖回。由於巨災補償基金沒有相應的歷史數據，而且其贖回背後的基礎和原理又與普通開放式基金有著很大的不同，取決於未來巨災發生的時間和概率，而不單純取決於市場狀況。因此，短期內，可能無法使用直接的歷史統計方法。但管理部門仍然可以根據中國過去巨災的發生情況，包括發生的種類、頻率、影響的區域範圍等數據，對巨災本身進行一些統計分析，進而對贖回需求做出預測和分析。

在基金正常運作一定時間，比如 10 年後，就可以逐步開始使用加權平均值法來預計可能的贖回需求。這一方法的特點是，隨著時間窗口和長短不同，其穩定性和時效性可能存在一定的互補性。時間窗口越長，移動平均值的穩定性越強，但時效性可能會相對較差；反之亦然。由於巨災高風險低概率的基本特徵，我們建議和前面討論補償倍數一樣，可考慮採用 20 年左右的時間為時間窗口長度，以綜合平衡穩定性和時效性。

（2）參考法，指借鑑參考其他類似基金的數據來確定贖回量的方法。比較遺憾的是，巨災補償基金屬於一種全新的基金模式，很難直接使用其他基金的相關數據作為參考。不過，由於巨災補償基金面對的也是巨災風險。雖然不一定有其他基金的數據作為參考，但保險行業的損失與理賠數據、國家相關災害研究部門等所收錄的巨災發生情況等數據，卻可以為基金提供另一種參考數據。

（3）未來預測法。對巨災補償基金而言，對贖回需求的預測，其本質是對巨災發生情況及其分佈的預測。雖然要準確預測單一巨災發生的具體時間和位置存在非常大的困難，但就幅員遼闊的中國而言，根據歷年的巨災發生數據，就全國範圍內可能發生巨災的種類、次數、大概的分佈區域等進行預測，比準確預測單一巨災反而要容易許多，因為這種情形下，我們要的不是精確性，而是在一定統計條件下的可接受程度。

在實際操作中，完全可以綜合運用上述方法，比如，以歷史數據的統計分析為基礎、參考保險行業及不同巨災專業研究部門的數據，引入必要的預測方法和模型，應該能達到不錯的效果。

#### 6.9.1.2 投資者結構分析

如果巨災補償基金能廣泛吸收各類資金來源，無論是對資金大規模的追求還是對資金來源多樣性的追求都能給基金的管理者帶來好處。但是從控制基金贖回風險的動機出發，對基金的購買資金的來源、基金購買者的動機、基金投資者的風險承受能力等因素進行必要的分析和記錄都是極為重要的。

基金的投資者包括散戶投資者和機構投資者兩大類，與之相對應的是他們不同的購買動機和風險承受能力，以及由此衍生出來的不同的購買和贖回習慣，這些習慣包括他們對贖回要求的時間、頻率、數量等。因此，瞭解基金投資者的風險收益偏好，明確其可能的贖回數量時間，在此基礎上對基金投資者的構成加以研究分類，可以形成對基金在未來一段時間的潛在贖回狀態的預測，進而構建與之相應的基金資產負債期限結構，滿足基金流動性需要。

而且基金管理者可以根據數據定期與投資者進行溝通並保持聯繫，在危急情況下有針對性的公關對緩解巨災補償基金的贖回風險可以起到積極的作用。散戶投資者的投資量相對較小，投資理念的理性程度不足，而且由於他們的風險承受程度具有多樣性，因此面對單個散戶投資者的贖回頻率和數量很難預測。針對這一特點，可以借鑑商業銀行和保險的做法，使用統計方法來觀測散戶投資者的贖回狀態。

相對於散戶投資者，機構投資者擁有龐大的資金實力，較強的抗風險能力

和成熟的理性投資理念。機構投資者由於自身存在一定的社會性，並追求資金的保值增值，更為強調資金的安全。

### 6.9.2 基金資產的配置分析與管理

#### 6.9.2.1 證券選擇

流動性對基金所持有證券有兩點要求：一是持有期同現金支付的期限相匹配，或者有穩定的可預期的股息、利息流入；二是證券本身流動性好，容易以最低成本變現。但在目前股票市場，一方面上市公司業績波動幅度極大，分紅隨意性大，往往難以預測對未來持有期的現金收入情況。另一方面，在上市公司素質普遍不高、優質藍籌品種稀缺的情況下，難免出現各家基金同時重倉持有某一只股票的情況。而有關法規只對基金所持有股票占總股本的比重規定了上限，並沒有對其占流通股本的比重作出限定，致使一些流通股與總股本差別較大的股票，出現一家基金或多家基金重倉控制的情況，流動性非常弱。

上述情況在封閉狀態下，只要帳面淨值持續增高，短期內尚無大礙，只在分紅時期面臨一定的變現困難。但是對於半開放的巨災補償基金，仍然會面臨資產的贖回風險。這是因為，雖然巨災補償基金在沒有發生巨災時，不會有贖回風險，但一旦有巨災發生時，如果基金收益過低，部分本來沒有贖回需求的投資人，也可能會選擇贖回。

我們的研究認為，巨災補償基金應是面向全球進行證券選擇的，沒有必要非限制在國內進行投資。如何充分利用基金的穩定性、基金資產在長期和流動性兩個方面的特點配置必要的長期和短期資產，在確保必要的流動性的同時，提高基金資產的收益率，是需要專門進行研究的課題。

#### 6.9.2.2 資產配置

鑒於巨災補償基金半封閉的特徵以及巨災風險的特點，我們認為巨災補償基金在資產配置模式上，採用長期和短期資產比重較高，而中期資產比重相對較低的啞鈴模式相對更為合適。理由是，只要不發生巨災，就不會有贖回的問題，投資資金就可以用於長期投資；但另一方面，巨災的發生不可確知，且一旦發生後就可能面臨突然的贖回風險，因此又必須確保一定流動性較強的資產，以備不時之需。所以，從這兩個方面的特徵看，啞鈴模式更為合適。另外，即使在長期資產的配置中，也仍然可以使用分批到期、定期循環投資的方式進行投資。比如，將總資產中的70%用於長期投資，再將這70%除以365，即每天投資一份長期資產，以確保每天都有長期資產到期，這樣，即使發生巨災，我們至少可以保證有一天的投資額是到期可以用於補償支付的。

# 7 巨災補償基金運作模擬

前面巨災補償基金運作的理論模型雖然從理論上表明基金運行的可行性，但基金能否穩定、順暢、長期運行，特別是面對不確定的巨災衝擊時，在多大可靠區間內能確保其穩健性，需要進一步通過模擬研究進行探討。

在模擬中，我們遵循先單項巨災風險、后綜合模擬；分區分級、以險定級、以險定價的基本思路。需要說明的是，鑒於中國幅員遼闊，不同巨災風險在地區間存在顯著差異，註冊地的詳細分級是一項巨大的工程，顯然無法在本題的研究中做到準確和具體，在模擬研究中，只能從基本原理和方法上進行模擬，研究中使用的相關參數和風險級別設定等，均是在相關領域的研究成果的基礎上開展的，我們相信本項研究在精確性上的不足，並不會影響研究結論本身的可靠性和實用性。

由於基金的補償資金由國家帳戶支出，所以在模擬中，我們將重點關注國家帳戶的餘額變化，包括餘額淨值的變化以及可能出現的短期融資等情況。

## 7.1 模型公共參數選擇

和許多研究一樣，參數選擇常常是最困難的工作之一。在對巨災補償基金雙帳戶資金變動的分析中，已經討論過模型的相關參數問題。在這裡的模擬研究中，將首先對這些參數再次進行界定和明確，作為進一步模擬研究的基礎。

### 7.1.1 巨災補償基金社會帳戶初始投資

巨災基金註冊地投資取決於當年相應註冊地 GDP 和該註冊地的巨災風險級別，我們假設註冊地巨災基金投資與當年 GDP 的比值 $IR_i = k_i \times IR$，這裡 $k_i$ 為註冊地 $i$ 的巨災風險級別，$IR = 0.01\%$。例如，如果我們根據巨災風險由低到高將註冊地分為三級，則 1 級註冊地 $k_i = 1$，該註冊地的投資規模為其當年

GDP 的 0.01％；2 級註冊地 $k_i$ = 2，其投資規模為當年 GDP 的 0.02％，以此類推，3 級註冊地投資規模為其當年 GDP 的 0.03％。

### 7.1.2 巨災補償基金社會帳戶投資收益率

鑒於基金的半封閉性，基金的資金，尤其是社會帳戶資金是非常穩定的，完全可以有相當一部分做長期投資，我們相信這一收益率的設定是具有現實性的。為了簡化模擬過程，我們假設這一收益率在模擬過程中保持不變，收益率使用短期貸款利率 $y$ = 6％。

### 7.1.3 巨災補償基金社會帳戶收益分配比例

巨災補償基金的分配比例為 $\alpha_i = \alpha$ = 0.5，且在模擬階段保持不變。而在實際運作中，這一比例，完全可以根據基金的實際情況，經過特定程序進行必要調整。

### 7.1.4 巨災補償基金國家帳戶初始資金

國家帳戶初始金額 $A_{g0}$ 的設定，按 2009 年安排 75 億元，2010 年增加至 113 億元的金額[1]，並參考近幾年的巨災發展情況以及 GDP 的增長情況，我們設定政府對國家帳戶的初始投資為 $A_{g0}$ = 150 億元。除了期初的投資外，在運作期間國家對基金每期進行追加投資。我們假設國家 GDP 增長率 $g$ = 2％，每年按照 GDP 增長的萬分之一進行追加投資。

### 7.1.5 國家帳戶運作參數

國家帳戶運作與社會帳戶相同，收益率按照長期國債收益率 4.9％運作。根據前面的分析，模擬中每期分配給國家帳戶的收益為：

$$Y_{gt} = \alpha \times y \times A_{st-1}$$

這裡 $A_{st-1}$ 為社會帳戶上期資金總額。

根據我們的巨災補償基金國家帳戶模型，假設 $t$ 期國家帳戶資產總額為 $A_{gt}$；如果沒有巨災發生，不考慮政府追加投資和公益型補償問題時，國家帳戶累計則有式 7-1：

$$A_{g(t+1)} = A_{gt}(1 + y_g) + Y_{gt} \qquad 7-1$$

---

[1] 專家稱中國災害救助標準仍需大幅提高，法制網－法制日報（北京），http：//money.163.com/11/0517/10/748HTMPG00253B0H. html.

若 $t$ 期註冊地 $j$ 發生巨災，根據我們的模型國家帳戶累計則有式 7-2：

$$A_{g(t+1)} = A_{gt}(1 + y_g) + A_{st}(\alpha \times y \times IR \times GDP) - \sum_{j=1}^{n} p_j \times IR_j \times GDP_j \quad 7-2$$

$p_j$ 為註冊地 $j$ 的補償倍數，與註冊地初始投資額相同，大小主要取決於註冊地的巨災風險程度。在註冊地分級區劃中，我們提出按10級分類，但在模擬中為了簡化模擬過程，我們準備將第1、2、3級歸為1等註冊地，將4、5、6、7歸為2等註冊地，餘下的8、9、10級歸為3等註冊地，以簡化模擬過程。例如，按照註冊地巨災風險由低到高排序，1等註冊地發生巨災，國家帳戶對該註冊地的補償倍數為10倍，如果註冊地根據其巨災風險被列為2等，那麼對它的補償倍數為5倍，3等註冊地為2倍的初始補償倍數，然後根據式6-9進行調整，由於式6-9給出的是最高補償倍數，現實中基金不可能在一次巨災中將全部的政府帳戶餘額用於補償，也就是不會按最高倍數補償，且為了縮小不同註冊地和險種之前可能的巨大差異，我們為1、2和3等註冊地設定了最高補償倍數，分別為：12、7和5倍。現實運作中，補償倍數可以取決於巨災的類型、巨災的發生頻率、巨災發生的區域和巨災造成的損失等多種因素，實際的補償倍數可能是不同的值。除了按照購買金額當年的規模補償外，國家帳戶還對巨災發生註冊地進行公益補償，我們假設補償規模為其當年GDP的0.03%。

為了提高與實際情況的相似度，我們分別選取了全國31個省級行政區域和1,973個縣市作為數據樣本，用樣本的2013年GDP總量作為我們計算巨災補償基金初始投資、巨災補償和公益性補償的計算依據。按照我們前面所述，對不同的巨災我們將縣市級註冊地分為了3級①，具體占比見表7-1。我們在模擬時，將按這裡統計的結果分別設置相應比例級別的註冊地、同時匹配各縣的 GDP 計算其投資額和補償額。

表 7-1　中國縣（含縣級市）三種巨災三級分類下的占比統計

| 地震 | | | 洪澇 | | | 臺風 | | |
| --- | --- | --- | --- | --- | --- | --- | --- | --- |
| 1 等 | 2 等 | 3 等 | 1 等 | 2 等 | 3 等 | 1 等 | 2 等 | 3 等 |
| 84.63% | 8.22% | 7.15% | 48.79% | 22.15% | 29.07% | 36.41% | 42.39% | 21.20% |

---

① 具體分級依據，我們將在后文給出。

## 7.2 地震巨災風險及其補償情況模擬

### 7.2.1 地震巨災發生頻率模擬

根據文獻研究，我們使用極值分佈來模擬地震巨災發生。在概率和統計學中，極值分佈描述的是一個隨機變量最大值發生的可能性，一般極值分佈的分佈函數如式 7-3 所示：

$$F(x;\mu,\sigma,\xi) = \exp\left\{-\left[1+\xi(\frac{x-\mu}{\sigma})\right]^{-\frac{1}{\xi}}\right\} \qquad 7\text{-}3$$

其中，$1+\xi(\frac{x-\mu}{\sigma}) > 0$，$\mu \in R$ 是位置參數，$\sigma > 0$ 是尺度參數，$\xi \in R$ 是形狀參數。根據形狀參數的取值不同，一般極值分佈可以變化為我們熟知的 Frechet、Weibull 和 Gumbel 分佈。圖 7-1 給出了 $\mu = 0$，$\sigma = 1$ 和 $\xi = 0.000,01$ 的極值分佈密度函數。

Density for Extreme Value Distribution

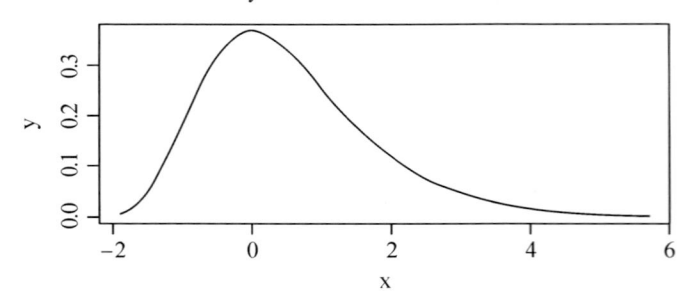

圖 7-1　$\mu = 0$，$\sigma = 1$ 和 $\xi = 0.000,01$ 的極值分佈密度函數圖

在模擬過程中，我們根據地震極值理論原理，假定某一區域在時間 $t$ 內發生的一系列地震中，最大的震級的地震分佈服從分佈函數：

$$F(x;\mu,\sigma,\xi) = \exp\{-\exp-(\beta(x-\mu))\}$$

可見，這一分佈為 $\xi = 0$ 和 $\sigma = \frac{1}{\beta}$ 時的極值分佈函數（Gumbel 分佈函數）。對於地震最大震級的極值分佈參數選擇，我們首先根據圖 4-2 所示中國地震帶的分佈將註冊地按其所處區域分為三級：連發式地震帶的註冊地為 3 級，單發式地震帶的註冊地為 2 級，其他為 1 級。

對於特定級別的地震最大震級分佈函數參數的選擇，我們參考了陳培善和林邦慧（1973）的研究。在這篇論文中，作者對華北地區地震發生數據分析後發現使用極值分佈可以很好地擬合該地區地震發生頻率，而且文中指出該分佈對中國其他地震帶的地震頻率數據也適用，因此，我們參考這篇論文中對參數的估值。由於論文使用的是華北地區京冀一帶的地震數據，而中國這一地區處於連發式地震帶，所以 1 等註冊地的分佈參數我們使用了文章的估計值：位置參數 $\mu_1$ = 2.86，尺度參數倒數 $\beta$ = 1.71（其中，$\beta$ 為與地震頻度關係中的 $b$ 值差一個常數 $\ln 10$，所以意義與 $b$ 值一樣。$\lg n(x) = a - bx$，$x$ 是震級，$n(x)$ 是 $x$ 鄰近的單位震級範圍內的地震次數，可得到 $b$ 的含義；$\mu$ 為復發週期為一單位時間的地震震級）。對其他級別的註冊地，我們在此基礎上考慮對註冊地地震巨災發生概率做適當調整。對於 2 等註冊地，我們假設參數 $\mu$ = 2.5，$\beta$ = 1.8；3 等註冊地的參數為 $\mu$ = 2.2，$\beta$ = 2。圖 7-2 顯示了這裡設置的三級註冊地地震的極值分佈函數圖。

圖 7-2　三種級別註冊地地震註冊地地震的極值分佈函數圖

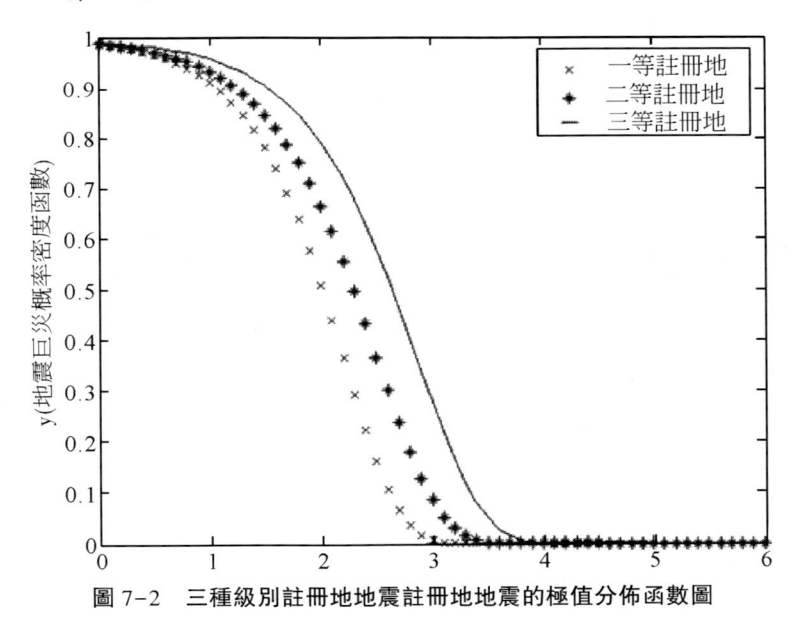

### 7.2.2　不同級別地區巨災發生模擬

給定上述參數后，我們就可以對不同級別的註冊地一段時期內的地震發生情況進行模擬。這裡我們設定註冊地樣本為 200，基金運作時期為 50 年，同時設定大於 6.5 級的地震為巨災，按照每個月的時間段來進行模擬。由於上述參數描述的是地震最大震級的年度數據，我們需要將其轉換為月度分佈。圖 7-3

是轉換后的模擬，其中橫軸是巨災發生的時間，縱軸是當月發生地震巨災的次數，圖中用不同的點標註對應的註冊地級別。可以看出 1 等註冊地沒有發生巨災，2 等註冊地發生巨災的概率為 0.012，3 等註冊地發生巨災的概率為 0.027。從結果來看，50 年內發生地震巨災的次數為 30 次，基本與歷史數據吻合。

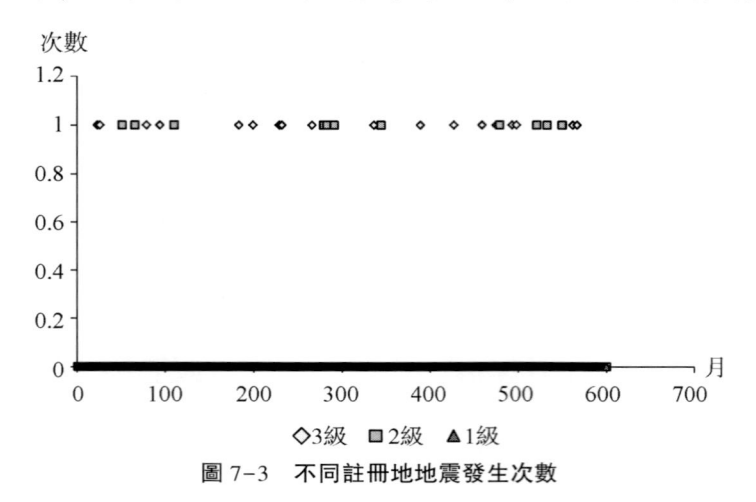

圖 7-3　不同註冊地地震發生次數

### 7.2.3　不同級別地區地震巨災損失模擬

給定上節不同級別地區巨災發生模擬，這裡我們根據孫偉和牛津津（2008）論文的研究假定巨災損失服從對數正態分佈：$\log(x) \sim N(8.156, 3.483,9)$。由於論文中給的是年度損失，我們假定其平均分配在每個月份，則月度巨災損失服從分佈 $\log(x) \sim N(5.671, 3.483,9)$。圖 7-4 是模擬結果，數據單位均為億元。

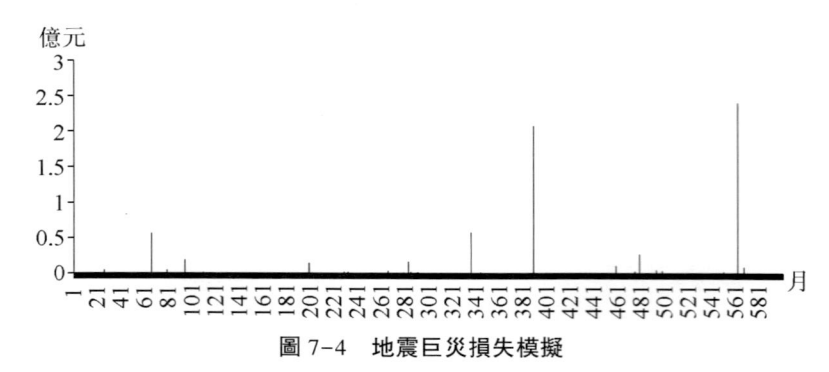

圖 7-4　地震巨災損失模擬

我們根據前面地震巨災在不同註冊地發生的概率，模擬相應級別註冊地地震的發生情況可以看出 3 等註冊地巨災發生的頻率和損失均明顯高於 2 等註冊地。1 等註冊地由於沒有發生巨災，故損失為零。

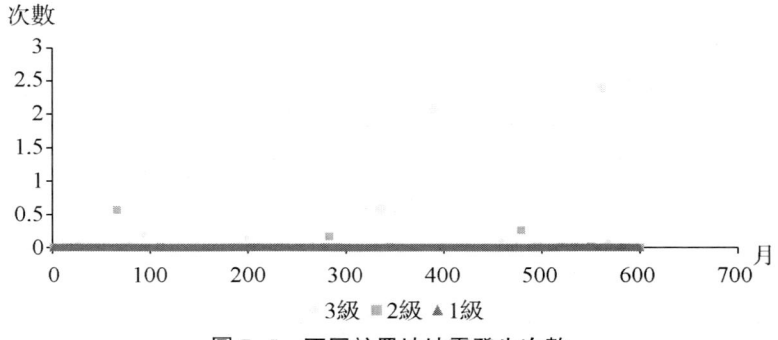

圖 7-5　不同註冊地地震發生次數

### 7.2.4　地震巨災補償基金國家帳戶模擬

設定基金運作時間為 50 年，整個基金運作過程的模擬次數為 100 次（1,000 次的模擬結果與 100 次差別很小，故這裡我們給出 100 次模擬結果）。為了更好地顯示模型的穩健性，我們從最簡單的單一註冊地開始，然后模擬了註冊地數目增加和補償倍數等參數對國家帳戶資金的影響。

#### 7.2.4.1　單一註冊地

我們假定所有註冊地巨災風險相同，使用前文所述 3 級註冊地巨災發生分佈參數（$\mu_1 = 2.86$ 和 $\beta = 1.71$）和補償倍數 2 倍。這一假定，是基於最壞打算或可能性來考慮的。如果其他註冊地為 2 級或 1 級時，雖然按我們的設計，其補償倍數會更高，無論從發生巨災的可能性還是損失方面，都可能更低，其最終的補償額將比 3 級註冊地假設下更低。

註冊地 GDP 規模使用中國 31 個省級行政區 2013 年 GDP 規模，社會帳戶按照 0.01% 的投資比例，初始規模為 63 億元。除此之外，我們假定不會在兩個月內連續發生大於 6.5 級的嚴重破壞性地震，並且每年這類地震巨災發生的次數不得高於三次。其他參數均使用模擬的公共參數。

由給定參數設定，圖 7-6 給出了統一 3 級註冊地假定下國家帳戶模擬的期末資產分佈，表 7-2 給出了模擬結果的描述性統計結果。從模擬的結果來看，國家帳戶有出現負值的情形，但是從 50 年的運作週期來看，絕大部分國家帳戶期末資金規模都出現在 2,500 億~5,500 億元的範圍，均值在 4,424.2 億元，

方差為 459.91 億元，期末國家帳戶出現負值的概率為 0。

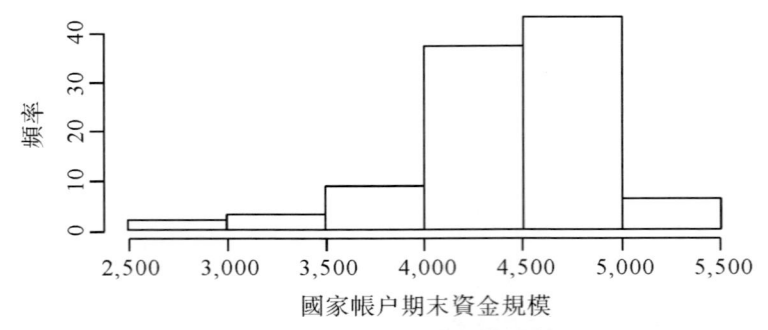

圖 7-6　統一為 3 等註冊地假定下國家帳戶資產期末餘額分佈（50 年）

表 7-2　統一為 3 等註冊地假定下國家帳戶期末資金規模描述統計

|  | 均值 | 方差 | 中值 | 最小值 | 最大值 | 偏度 | 峰度 |
|---|---|---|---|---|---|---|---|
| 國家帳戶期末資產規模（億元） | 4,424.2 | 459.91 | 4,489.58 | 2,875.17 | 5,172.04 | -1.11 | 1.26 |

根據國家帳戶期末資產規模，我們在圖 7-7 中給出了最大、最小和中值的情況。從圖中的國家帳戶最大和最小累計曲線我們可以看出國家帳戶在運行期間的範圍。而從累積過程可以看出，國家帳戶的期末資金規模很大程度上取決於期初巨災發生的頻率和補償規模。如果期初國家帳戶有較大的補償，則之後的累計速度會明顯減慢。

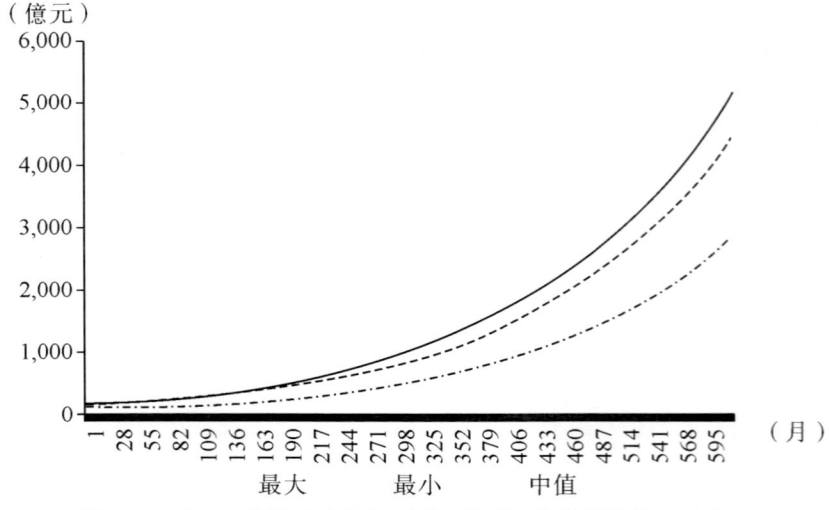

圖 7-7　統一 3 等註冊地假定下國家帳戶資產累計模擬（50 年）

圖7-8給出了統一為3等註冊地假定下國家帳戶累計模擬和對應的巨災補償情況，可以看出在運作初期，大於6.5級的地震在GDP較高的註冊地連續出現了2次，國家帳戶出現了較大規模的補償（補償和公益性補償共計約69億元），而且后期巨災發生了4次，其中一次補償總額達到了近80億元，所以國家帳戶資產累計的補償較低。但是由於與巨災補償基金初始投資規模相比，國家帳戶初始規模較高，所以並未出現透支情形。從國家帳戶補償和公益性補償金額來看，分別占到模擬所得巨災損失的13.48%和4.44%，總體占到17.92%，相比於2008年汶川大地震中保險業的賠付比例0.21%來講，要高出80倍以上。

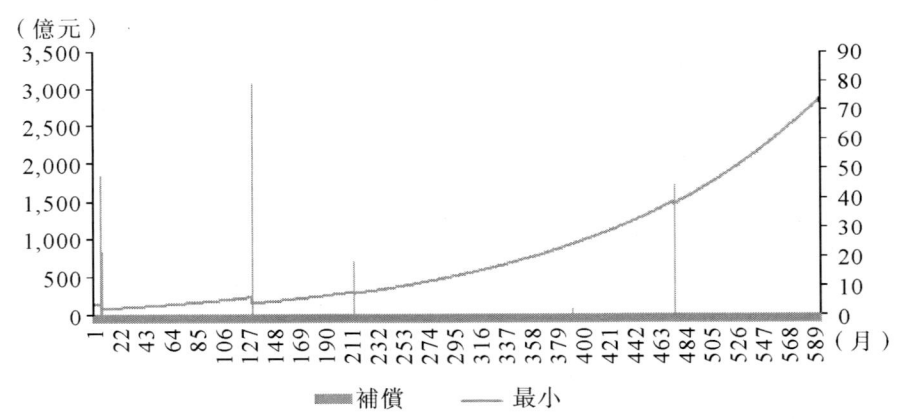

圖7-8 統一為3等註冊地假定下國家帳戶餘額與對應的巨災補償（50年）

### 7.2.4.2 補償倍數變化情況

我們在這一節分別將補償倍數提高至4倍和5倍，圖7-9是相應的國家帳戶期末資金規模最小情況，可以看出當補償倍數提高至4倍時，國家帳戶在運行期間出現了短暫的透支情況，當補償倍數提高至5倍時，這種現象出現的時間更長。在這期間由於國家帳戶只有補償，而沒有利息收入，累積完全依賴社會帳戶的收益繳存，所以國家帳戶的規模在不斷減小。但是，隨著社會帳戶規模的增加，其分配到國家帳戶的資金在基金運作後期已經可以完全抵消之前的透支。

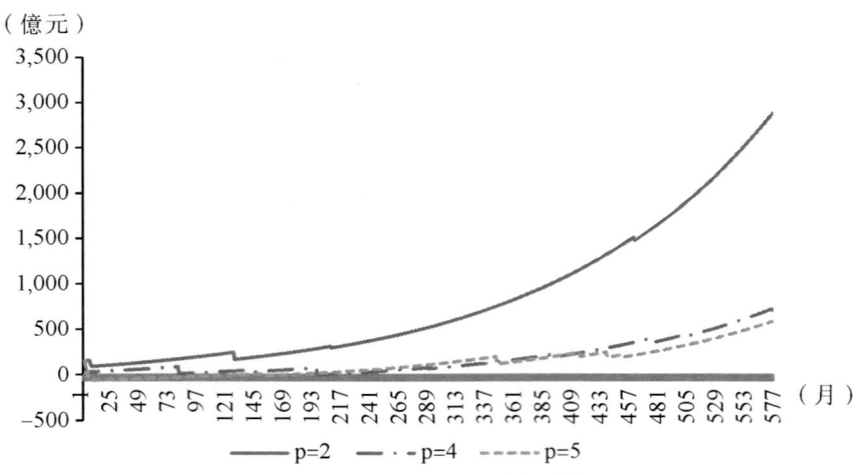

圖 7-9　統一為 3 等註冊地假定下不同補償倍數國家帳戶最低餘額情況

### 7.2.4.3 發債機制模擬

　　針對上述補償倍數為 5 時，國家帳戶運行期間出現較長時期的透支情況，我們模擬了前文設計的短期融資機制：當國家帳戶出現負值時，當期可以通過發債的方式對外融資來補足國家帳戶，融資以巨災基金收益的 1.1 倍計息，利息由國家帳戶來承擔，一旦國家帳戶累計資本超過發債規模後，即可償還本金；如果在融資后，國家帳戶再次出現負值，則可以再次發債，發債累計入國家帳戶債務。我們使用上述補償倍數為 5 的國家帳戶和補償數據模擬了這一機制。

　　圖 7-10 給出了模擬結果。從中可以看出考慮發債機制後，國家帳戶不再出現負值。由於運行期間巨災補償規模較大（最大補償高達 94 億元），期初基金的運作無法在很短時間內還本付息，因此發債規模有疊加的情況出現。尤其在基金運作 20~30 年間，國家帳戶一度實現還本付息，但由於再次發生巨災補償，所以我們看到了再次出現融資。在基金運作的后期，社會帳戶的補償規模不但可以償還國家帳戶融資利息，而且有了一定剩餘。所以，模擬結果表明：在巨災發生頻率不是很高，補償額度不是特別巨大的情況下，這一機制是可行的。

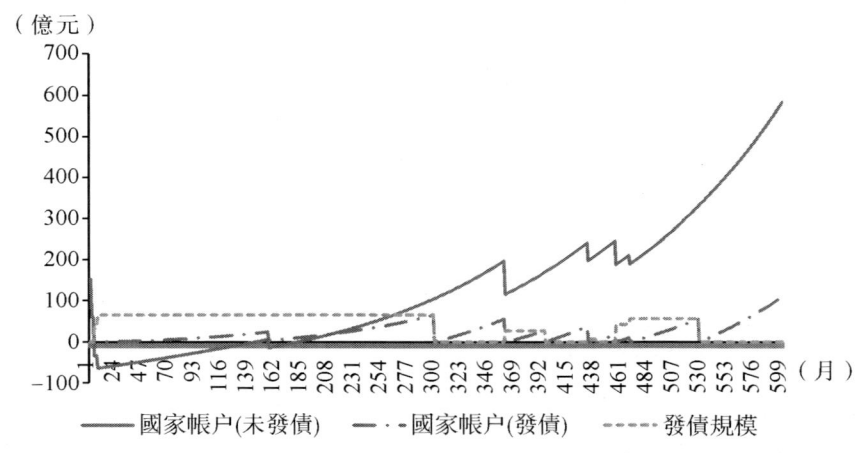

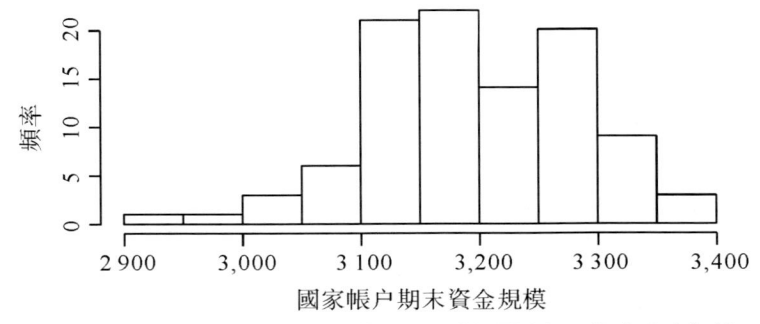

图 7-10　统一为 3 等注册地，固定补偿倍数假定下巨灾补偿基金发债机制模拟（50 年）

### 7.2.4.4　多等级注册地模拟

为了更好地与前文所述的巨灾补偿基金机制吻合，我们将单一注册地扩展到多等级注册地，这里我们使用县市级行政区作为模拟的注册地，因为现实中，地震的发生通常不会波及省的范围，比如 2008 年汶川特大地震，损失范围并不会涉及整个四川省，因此使用县级注册地更符合现实情况。根据 2013 年中国县级行政区域 GDP 数据，我们选取了 1,973 个县作为注册地，按照前面所述认购规模，基金初始投资额为 27 亿元，为省级注册地初始投资额的大约 1/3。我们将注册地按照前文所述分为 3 等，图 7-11 是模拟的结果，表 7-3 给出了对模拟结果的描述性统计。

图 7-11　将 1,973 个县分为三等注册地模拟国家帐户期末资金规模

可以看出，注册地的增多使得国家帐户的表现要稳定很多。虽然期末资金平均规模降低，但是与单一注册地相比，国家帐户资金规模的方差明显变小。

在 50 年的運作時間內，國家帳戶同樣沒有出現負值的情形。其中，平均規模降低主要是因為改成 3 種等級的註冊地後，發生補償的頻率可能增加了，雖然平均的補償額相對並不如統一為 3 等時的高，但這影響了國家帳戶的收益和增長性。

表 7-3　　將 1,973 個縣分為 3 個等級註冊地模擬國家帳戶
期末資金規模的描述性統計

|  | 均值 | 方差 | 中值 | 最小值 | 最大值 | 偏度 | 峰度 |
|---|---|---|---|---|---|---|---|
| 國家帳戶期末資產規模（億元） | 3,194.98 | 85.7 | 3,191.95 | 2,931.32 | 3,374.69 | -0.31 | -0.33 |

而且從國家帳戶期末最小資產規模的情況，如圖 7-12 對 1,973 個縣按三級分類后國家帳戶最小資產餘額變化情況，國家帳戶抵禦巨災的能力明顯提高。在圖 7-13 中，詳細模擬了其最初 3 年的情況，可以看出，國家帳戶在運作初期雖然有過多次補償，但是並未有明顯的下降，僅在補償額度接近 3.5 億的水平時，才有了明顯的波動，很顯然，對註冊地的細分，能有效提升整個補償基金的穩定性。

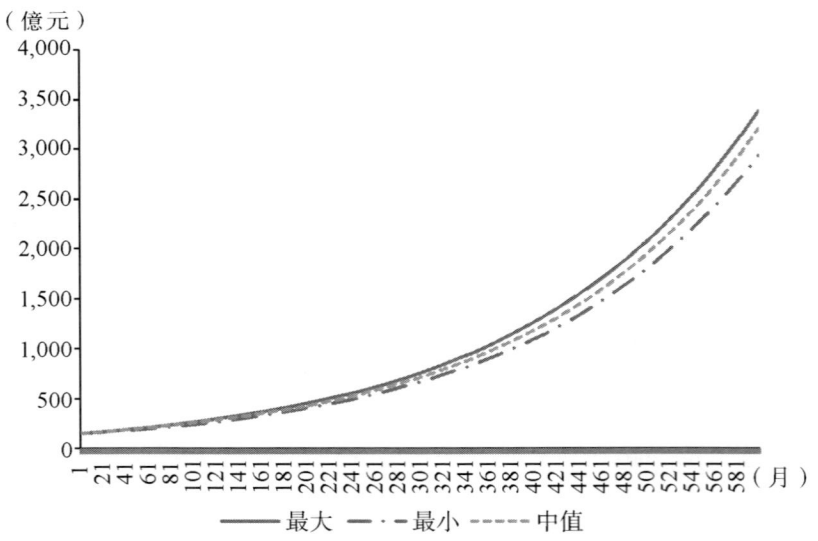

圖 7-12　對 1,973 個縣按三級分類后國家帳戶最小資產餘額變化情況

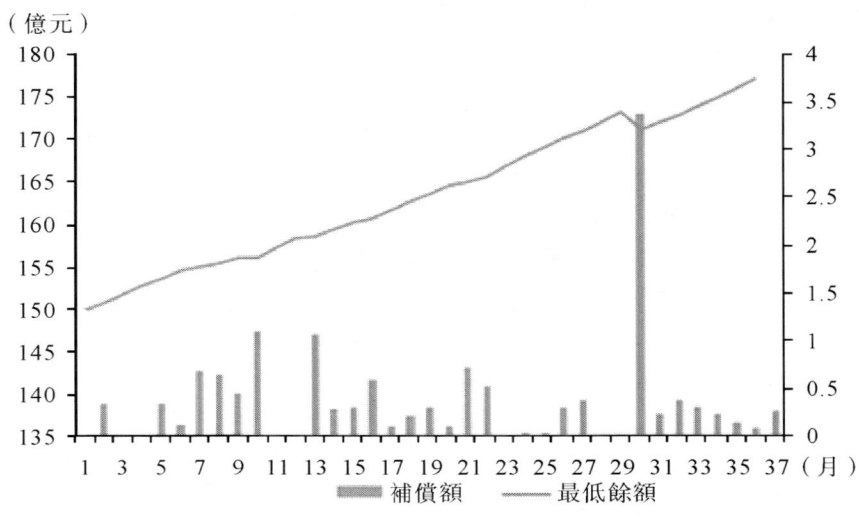

圖 7-13　對 1,973 個縣三級分類后國家帳戶最低餘額 3 年的詳細情況

## 7.3　洪澇巨災補償基金運作模擬

洪水巨災補償基金的模擬與地震巨災基金基本一致，只是在註冊地劃分和洪災發生的模擬上有略微的差異。

### 7.3.1　洪澇巨災分級模擬

我們根據前文對於中國洪澇災害發生的描述對註冊地進行劃分。在圖 4-3 中，可以清晰地看到，中國華南地區、長江中下游地區、黃淮海地區為洪澇多發地，東北地區、西南地區為洪澇次頻發地，西北地區為洪澇少發地，因此我們將洪澇多發和次頻發地區的縣市註冊地劃分為兩個級別：洪澇少發地區註冊地為 1 等，次頻發地區註冊地為 2 等，多發地區註冊地為 3 級。對於三個不同級別的註冊地補償倍數不同：1 級註冊地補償倍數為 10 倍，2 等註冊地補償倍數 5 倍，3 等註冊地補償倍數為 2 倍，與地震巨災一致。

對於洪災發生的模擬，我們參考劉家福和吳錦等的論文《基於泊松—對數正態複合極值模型的洪水災害損失分析》。在論文中，作者通過對中國洪澇災害數據的分析得出中國洪澇巨災發生的概率符合 $P_k = \dfrac{\lambda}{k!} e^{-\lambda}$ 的分佈。其中，

$P_k$ 為極端事件發生的概率，$k$ 為極端事件出現的次數。對於參數 $\lambda$ 的取值，我們使用論文中根據洪澇數據對於參數 $\lambda$ 的估計值 6.07。

由於論文只是給出全國洪澇災害發生概率，並未對洪澇災害進行分類，所以為了將分級機制加入模擬過程，我們假定所有註冊地均勻分佈在區間 $[0, k]$ 上，其中 $k$ 為當期洪災發生次數。我們根據兩類註冊地數量可知，3 等註冊地發生次數為總次數的 4/8，2 等註冊地發生次數佔比為 3/8。因此，每期給出全國洪災發生次數后，將其 7/8 取整作為洪災發生在 1 等與 2 等註冊地的次數，然後剩餘的作為 3 等註冊地洪澇發生次數。然後，在 1 等註冊地樣本內隨機抽取次數的 3 倍設為洪災發生數據，2 等註冊地則抽取兩倍，3 等註冊地按 1 倍抽取。此外，由於中國洪澇多發生於夏季 8、9 和 10 月，所以我們將洪災的發生限定在每年的 8 到 10 月，其餘月份沒有洪災的發生。在我們的模擬結果中，50 年 1 等註冊地發生洪澇巨災總數為 133 次，2 等註冊地發生洪澇巨災的次數為 104 次，3 等註冊地為 53 次。3 等註冊地發生洪澇災害的概率要明顯高於 2 等註冊地，而 2 等註冊地要高於 1 等註冊地，基本符合中國不同地區發生洪澇災害的概率，如圖 7-14 所示。

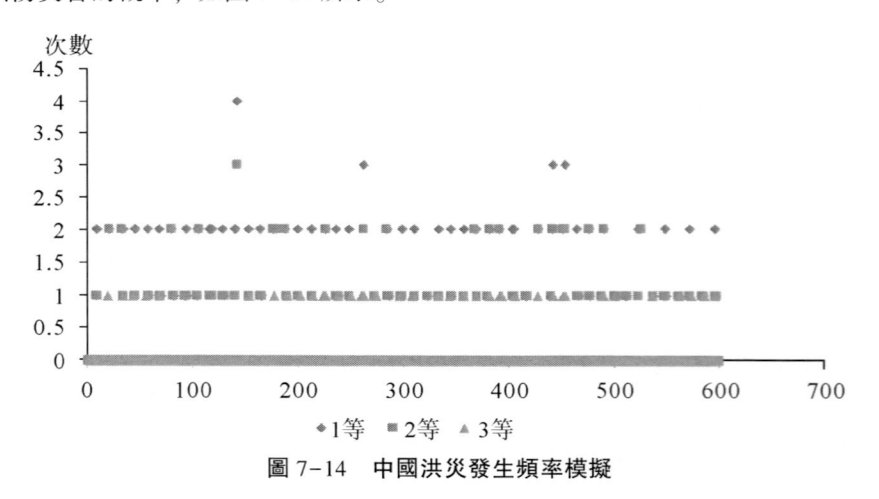

圖 7-14　中國洪災發生頻率模擬

### 7.3.2　洪澇巨災損失模擬

根據劉家福和吳錦等的論文，中國年度洪澇災害的損失服從參數為 $\mu = 1.27$ 和 $\sigma = 0.77$ 的對數正態分佈。同樣我們假定洪澇巨災只發生在夏季，每個月是年度損失的 1/3，圖 7-15 是給定參數巨災損失的模擬結果，模擬顯示 50 年運行期間洪澇巨災造成的損失總和為 235.23 億元。由於論文中沒有對樣

本分級，所以我們模擬的結果是全國範圍內發生洪澇巨災時的損失。在稍后章節中，我們會使用巨災損失模擬來檢驗巨災補償基金的可行性。

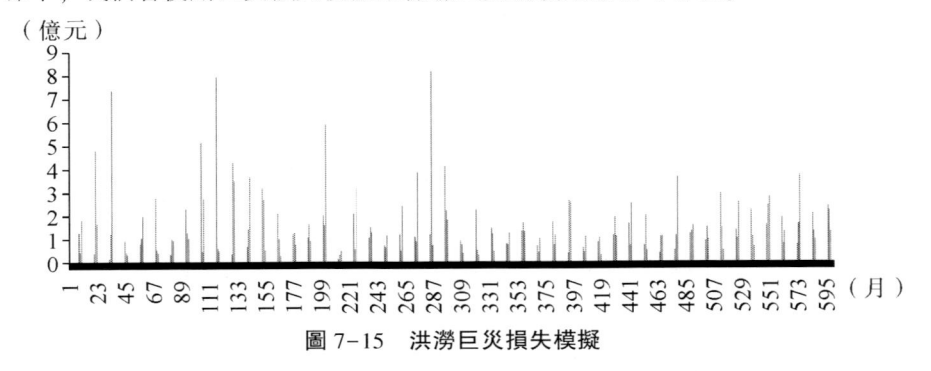

圖 7-15　洪澇巨災損失模擬

### 7.3.3　洪澇巨災補償情況模擬

在給定洪澇巨災發生模擬結果后，我們可以得出相應的巨災補償。可以看出 50 年內需要補償的總額為 161.05 億元，其中 3 等註冊地需要國家帳戶補償額為 80.46 億元，2 等註冊地需要 39.93 億元，1 等註冊地需要 0.87 億元；另外國家帳戶對於 3 等註冊地的公益性補償為 25.96 億元，2 等註冊地為 12.33 億元，1 等註冊地需要 1.51 億元。兩種補償占實際損失（前面小節模擬所得）的比例我們也在表 7-4 中給出，可以看出國家帳戶 50 年的補償總額占到損失的 68.42%，其中 51.50% 來自商業性補償，剩餘 16.92% 來自公益性補償。

從對不同級別註冊地的補償比例來看，3 等註冊地占補償損失的比例為 45.2%，顯著高於 2 等註冊地的 22.21% 和 1 等註冊地的 1.01%，在前面我們分析過，雖然 3 等註冊地的補償倍數 2 倍的設置，遠低於 1 等註冊地的 10 倍，但由於巨災發生頻率和損失不同，其最后的補償總額和補損比反而會更高。這體現了「大災大補、小災小補、補其所需」的巨災補償原則。

表 7-4　　　　　　　　　50 年洪澇巨災補償情況模擬

|  | 1 等 | 2 等 | 3 等 | 合計 |
|---|---|---|---|---|
| 商業性補償（億元） | 0.87 | 39.93 | 80.46 | 121.26 |
| 公益性補償（億元） | 1.51 | 12.33 | 25.96 | 39.8 |
| 小計 | 2.38 | 52.26 | 106.42 | 161.06 |
| 商業補償損失占比（%） | 0.37 | 16.97 | 34.16 | 51.50 |
| 公益補償損失占比（%） | 0.64 | 5.24 | 11.04 | 16.92 |
| 小計 | 1.01 | 22.21 | 45.20 | 68.42 |

### 7.3.4 洪澇巨災補償基金國家帳戶模擬

下面我們模擬 50 年運行期間多等級註冊地洪澇巨災補償基金的國家帳戶。我們依舊假設國家帳戶初始規模為 150 億元，社會帳戶按照前文設定的多等級註冊地基金認購參數募集資金：3 等註冊地按照當地 GDP 的 0.03% 來募集，2 等註冊地按照 0.02%，1 等註冊地募集金額占 GDP 比例為 0.01%。基金投資收益率仍然使用貸款利率 6%。這裡我們僅考慮洪澇巨災風險，所以與地震巨災補償基金一樣，仍為單一巨災模擬。

從結果來看，國家帳戶經過 50 年的累積，期末資金規模均值在 4,179.11 億元，方差為 100.91 億元，整體來看國家帳戶比較穩定，出現負值的概率為 0（見圖 7-16）。

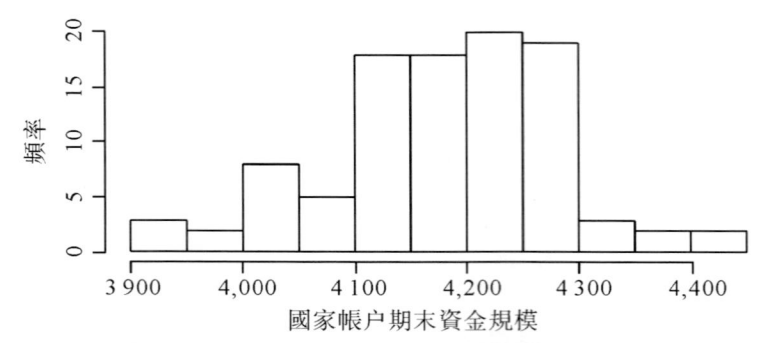

圖 7-16　洪澇巨災影響下國家帳戶期末餘額模擬

從表 7-5 的描述性統計來看，巨災補償對於國家帳戶的累積速度基本沒有影響，國家帳戶最好、最差和中值情況相差不大，也說明了補償基金的穩健性。

表 7-5　　洪澇巨災影響下國家帳戶期末餘額描述性統計　　單位：億元

| | 均值 | 方差 | 中值 | 最小值 | 最大值 | 偏度 | 峰度 |
|---|---|---|---|---|---|---|---|
| 國家帳戶期末資產規模 | 4,179.11 | 100.91 | 4,180.88 | 3,942.41 | 4,412.28 | -0.27 | -0.13 |

從國家帳戶最低餘額模擬結果圖 7-17 和圖 7-18 也可以看出，國家帳戶只有在補償額度超過 2 億元時才會出現略微減少，這也表明巨災補償基金對洪澇巨災的抵禦能力很好。雖然與地震巨災相比，洪澇災害發生的頻率要高得

多，但是由於註冊地較為分散，所以補償額相比於地震巨災反而要小很多，所以同樣的國家初始基金規模，洪澇巨災補償基金累計速度較快。

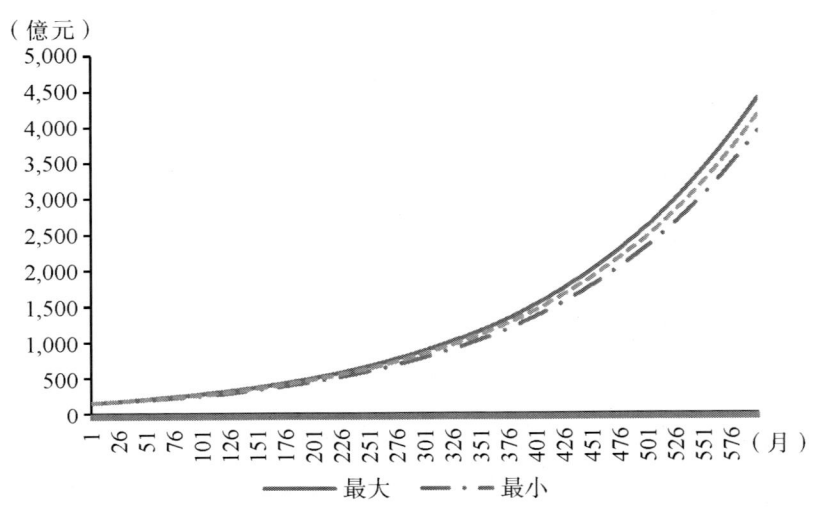

圖 7-17 洪澇巨災影響下國家帳戶最低餘額模擬（50 年）

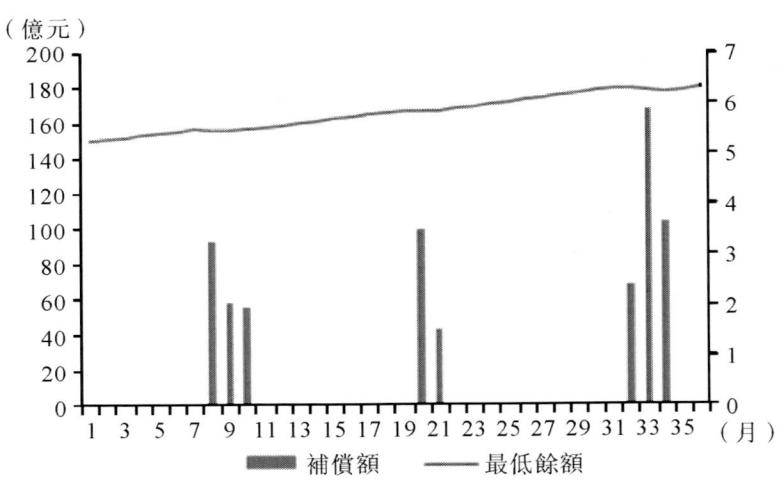

圖 7-18 洪澇巨災影響下國家帳戶最低餘額模擬（3 年）

下面我們通過模擬來檢驗巨災補償基金運作機制能否在滿足現實洪災損失賠償的前提下正常運作。我們首先模擬洪災損失，然後針對損失來檢驗基金國家帳戶的運作情況。模擬結果顯示國家帳戶出現負值的概率依舊為 0。從期末資金規模的描述性統計可以看出，國家帳戶與其對洪災發生次數模擬賠償情況

相比，方差有所增大，但是國家帳戶期末餘額最大和最小值明顯減少。這一點並不奇怪，從前文的模擬就可以看出，巨災損失要比補償規模大，所以我們有這樣的模擬結果也在預料之中，從另一方面來看，這也說明巨災補償基金國家帳戶可以保證目前假定的固定補償倍數的補償（見表7-6）。

表 7-6　　　　　　　　國家帳戶期末餘額模擬　　　　　　　單位：億元

| | 均值 | 方差 | 中值 | 最小值 | 最大值 | 偏度 | 峰度 |
|---|---|---|---|---|---|---|---|
| 國家帳戶期末資金規模 | 3,555.17 | 122.72 | 3,554.57 | 3,306.97 | 3,875.86 | -0.71 | -0.57 |

從國家帳戶累計模擬來看，國家帳戶累計速度與前者對基金認購補償的情況明顯變慢，較慢的累計速度主要是由於實際損失模擬值要高於社會購買基金的值。可以看出前三年，國家帳戶最低餘額的波動很大，基金規模增長速度明顯要小於前者。和前面分析過的一樣，除了補償金額的差別外，影響國家帳戶增長速度很重要的另一個原因，是補償金的使用在時間上更為分散，國家帳戶上長期資金的比重下降、對流動性要求更高，從而影響了國家帳戶資金的增值（見圖7-19、圖7-20）。

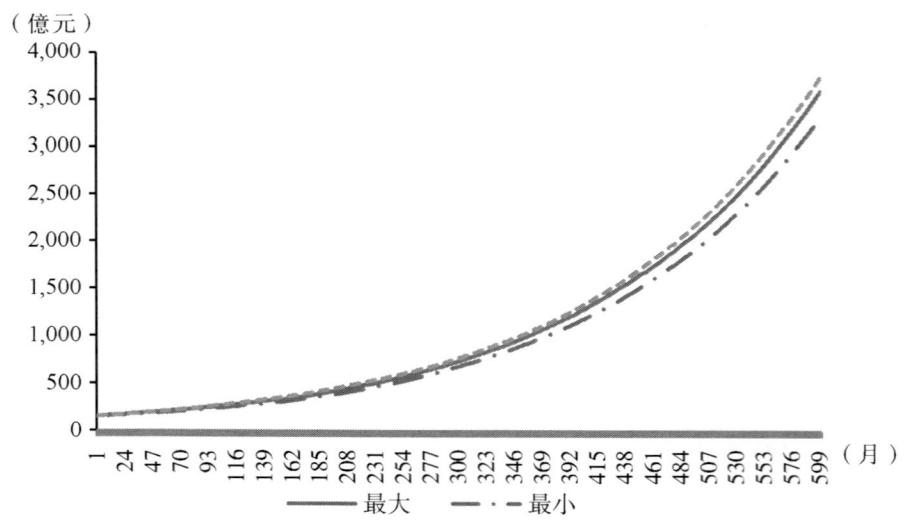

圖7-19　固定補償倍數下和洪澇巨災影響下的國家帳戶最低餘額模擬（50年）

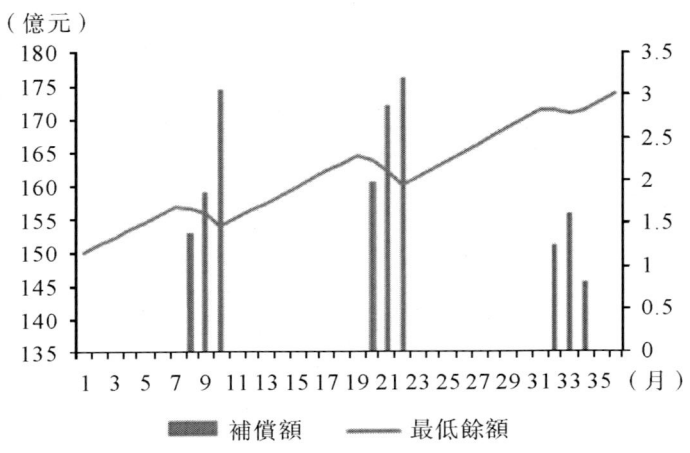

图 7-20 洪涝巨灾影响下的国家帐户最低余额模拟（3 年）

总体来看，我们的巨灾补偿机制基本上可以弥补洪涝灾害带来的损失，虽然实际运作中，基金的国家帐户只是按照注册地购买者对基金持有额的一定倍数补偿，但是我们针对巨灾损失的模拟显示基金完全有能力对实际损失进行补偿。

## 7.4 台风巨灾补偿基金运作模拟

### 7.4.1 台风巨灾注册地分级巨灾发生模拟

台风巨灾补偿基金的模拟与洪水巨灾补偿基金基本相同，仅有的不同在于注册地划分的依据与具体参数的选择。根据台风侵入中国的路径，我们可以根据注册地与台风源地的距离将注册地划分为三级，例如海南省距离南海台风源地的距离很近，所以我们将海南省所有的注册地归为3级注册地。

虽然中国台风巨灾也多发生于夏季，但是发生的季节性与洪灾略有不同，台风发生的时期跨度较长，所以我们将台风巨灾发生的时间限制在每年 6~10 月。与洪水巨灾模拟相同，我们限制每次发生台风巨灾注册地的数目最多为 3。

对于台风发生次数的模拟，我们借鉴施建祥《中国巨灾保险风险证券化研究——台风灾害债券的设计》中的结论：中国台风的分布符合 $P_k = \dfrac{\lambda}{k!} e^{-\lambda}$，

其中 $k$ 為臺風的次數，$P_k$ 為臺風發生 $k$ 次的概率，$\lambda$ 取文中估計值 5.78，三個級別註冊地發生臺風巨災的概率密度函數圖如圖 7-21 所示。圖 7-22 的模擬結果顯示，中國臺風發生的次數為 1 等註冊地 21 次，2 等註冊地略多於 3 等註冊地的次數為 90 次，3 等註冊地 50 年內發生臺風巨災次數 204 次。

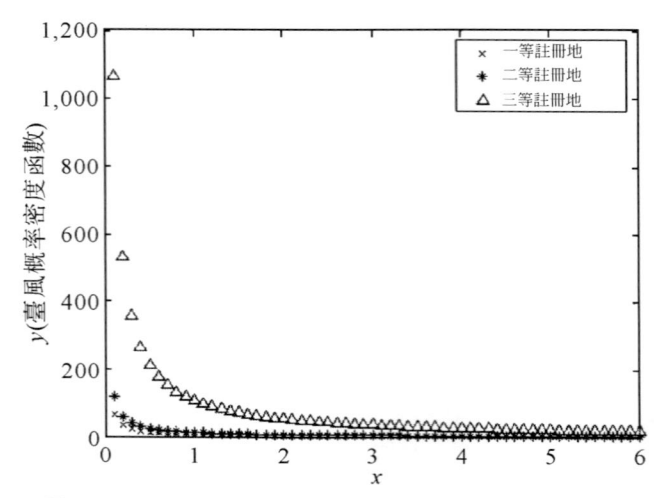

圖 7-21　三級註冊地臺風對數正態分佈概率密度函數圖

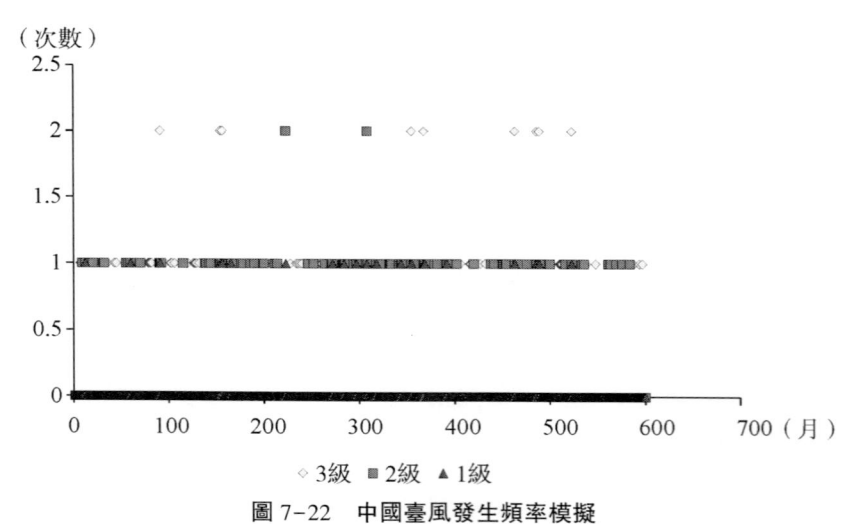

圖 7-22　中國臺風發生頻率模擬

### 7.4.2 臺風巨災損失模擬

與洪水巨災模擬相同，我們使用對數正態分佈來模擬中國全國臺風災害數據，具體參數選擇依據施建祥論文中的估計值 $\mu = 1.45$ 和 $\sigma = 0.24$。在得到年度損失后，我們將其平均分佈在上述臺風發生的月份（6~10月）。模擬結果如圖7-23所示，中國臺風巨災50年損失額為255.87億元，年平均損失額為4.51億元。

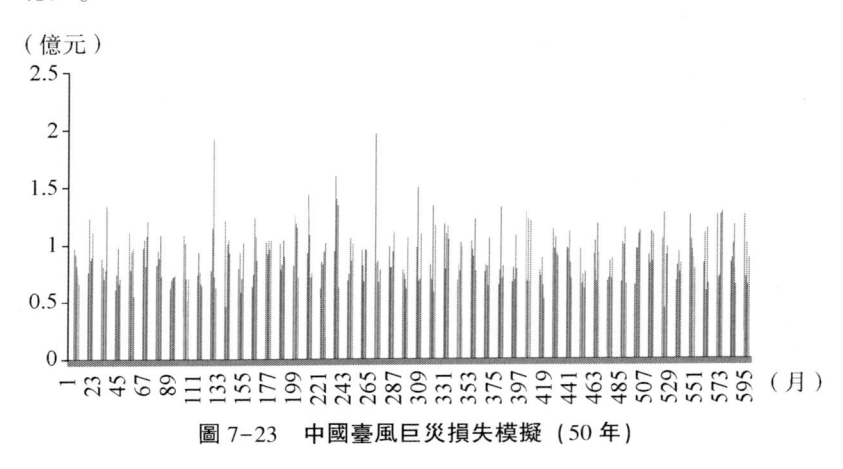

圖7-23　中國臺風巨災損失模擬（50年）

### 7.4.3 臺風巨災分級補償模擬

給定臺風巨災發生模擬結果后，我們可以得出相應的巨災補償模擬，其簡單的統計結果如表7-7所示。可以看出50年內需要補償的總額為114.74億元，其中3等註冊地需要71.62億元，2等註冊地需要41.18億元，1等註冊地需要1.94億元。相應的公益性補償為52.69億元，其中3等註冊地臺風巨災補償為31.12億元，2等19.40億元，1等註冊地只需要補償2.17億元。從國家帳戶補償和公益性補償占巨災的損失來看，商業性補償占到了約44.84%，公益性補償占到了約20.59%，巨災補償基金基本上能覆蓋損失的65.43%。

表7-7　　　　　　臺風巨災損失補償模擬統計　　　　單位：億元

|  | 1等 | 2等 | 3等 | 合計 |
|---|---|---|---|---|
| 商業性補償 | 1.94 | 41.18 | 71.62 | 114.74 |
| 公益性補償 | 2.17 | 19.4 | 31.12 | 52.69 |

表7-7(續)

|  | 1等 | 2等 | 3等 | 合計 |
|---|---|---|---|---|
| 小計 | 4.11 | 60.58 | 102.74 | 167.43 |
| 補償損失占比（%） | 0.76 | 16.09 | 27.99 | 44.84 |
| 補償損失占比（%） | 0.85 | 7.58 | 12.16 | 20.59 |
| 小計 | 1.61 | 23.67 | 40.15 | 65.43 |

### 7.4.4 臺風巨災補償基金國家帳戶模擬

在前文的基礎上，我們模擬了臺風影響下巨災補償基金國家帳戶的餘額情況，如圖7-24所示。在100次模擬中，國家帳戶資金均為正值，出現負值的概率為0。從總體來看，國家帳戶資金經過50年的累計平均保持在3,151.89億元，方差為92.54億元，雖然臺風巨災註冊地大部分集中在東部沿海地區，但是模擬顯示國家帳戶很好地分散了這一風險。

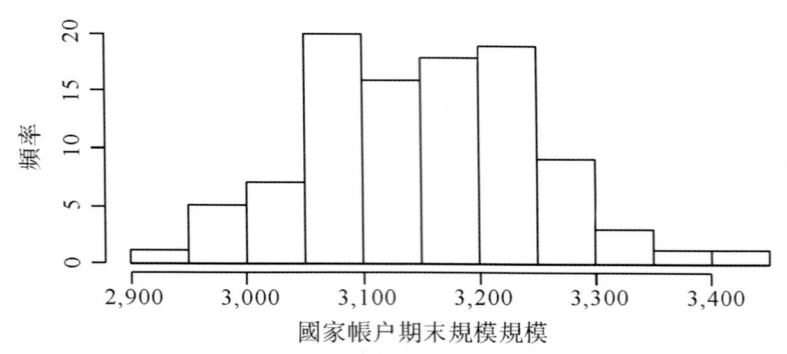

圖7-24 臺風巨災影響下國家帳戶餘額模擬（50年）

從表7-8政府帳戶餘額的累積過程來看，與前兩種巨災類似，國家帳戶餘額長期保持上升的趨勢。短期來看，1億元以下的巨災補償對國家帳戶沒有影響，由於臺風巨災集中發生在每年6~10月，所以這段時期內國家帳戶餘額會出現一些波動，但隨后的累積完全可以填補這些波動帶來的資金缺口。

表7-8　　臺風巨災影響下國家帳戶期末餘額描述統計　　單位：億元

|  | 均值 | 方差 | 中值 | 最小值 | 最大值 | 偏度 | 峰度 |
|---|---|---|---|---|---|---|---|
| 國家帳戶期末資金規模 | 3,151.89 | 92.54 | 3,153.66 | 2,947.71 | 3,403.44 | 0.08 | -0.35 |

（億元）

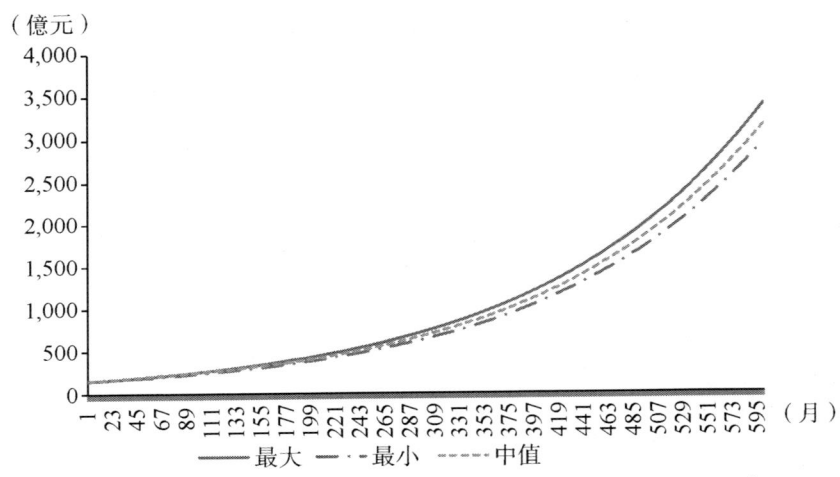

圖7-25 固定補償倍數下臺風巨災影響下國家帳戶餘額模擬（50年）

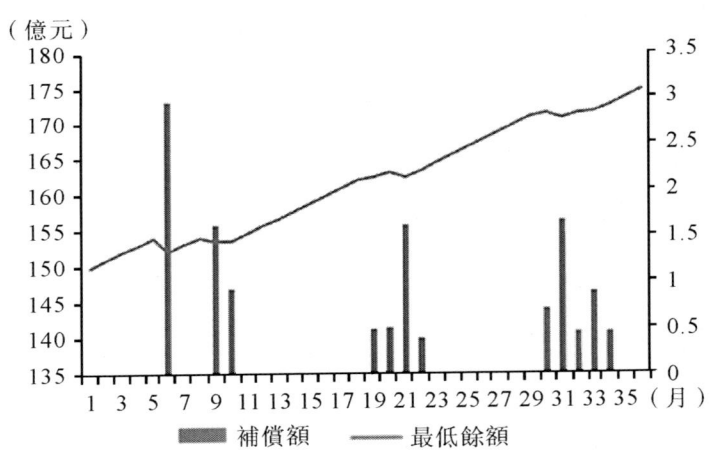

圖7-26 臺風巨災影響下國家帳戶餘額模擬（3年）

我們同樣模擬了國家帳戶對實際損失模擬的表現，如圖7-25和圖7-26及表7-9所示。國家帳戶期末資金基本保持在2,881.87億元，方差為24.51億元。國家帳戶的最壞情形也可以保證期末國家帳戶維持在2,814.66億元，整體表現比巨災發生頻率模擬情形要穩定。因此，即使對於整體的巨災損失，我們的補償機制也可以保持良好運作。

表 7-9　　　　　　　國家帳戶資產期末餘額分佈（100 年）　　　　單位：元

| | 均值 | 方差 | 中值 | 最小值 | 最大值 | 偏度 | 峰度 |
|---|---|---|---|---|---|---|---|
| 國家帳戶期末資金規模 | 2,881.87 | 24.51 | 2,881.55 | 2,814.66 | 2,975.88 | 0.28 | 1.22 |

但是與前面臺風巨災發生次數模擬的賠償相比，從累積過程來看，國家帳戶長期累積速度較低；短期來看，0.6 億元以下的巨災賠付才對國家帳戶沒有影響，所以整體巨災的抵禦能力也略微差些（見圖 7-27、圖 7-28）。

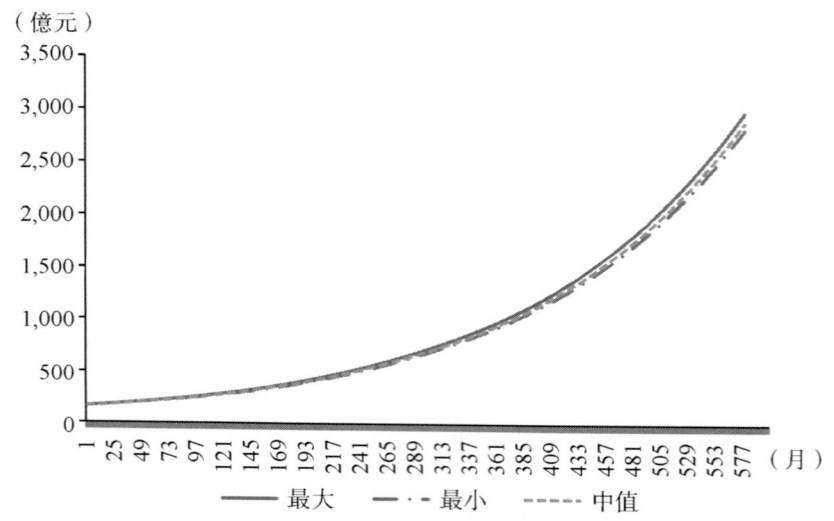

圖 7-27　固定補償倍數下臺風巨災影響下國家帳戶最低餘額模擬（100 年）

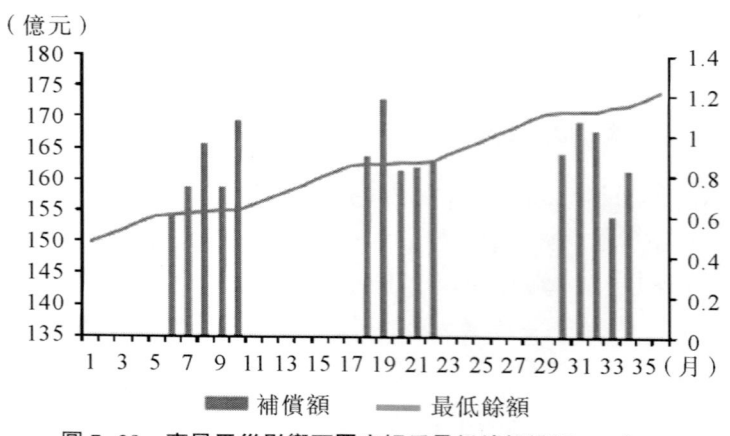

圖 7-28　臺風巨災影響下國家帳戶最低餘額模擬（3 年）

## 7.5 三種巨災綜合模擬

在對單項地震、洪澇和臺風巨災補償基金模擬后，我們在這節將三類巨災綜合起來，建立統一的多種巨災綜合補償基金，然后考察多種巨災發生情況下，我們的巨災補償基金能否在補償發生巨災註冊地的前提下穩定運作。

### 7.5.1 巨災發生頻率與補償模擬

我們使用前文對各巨災模擬參數的設定，將三種巨災綜合起來進行模擬。

表 7-10 是模擬的結果。可以看出，地震巨災的補償要明顯低於其他兩類巨災，主要是因為地震巨災發生的頻率低，主要地震帶的基金購買規模與后兩者註冊地主要集中在東部相比，也要小很多。從註冊地分級來看，1 等註冊地由於發生巨災概率最低，所以獲得補償的額度也最低；3 等註冊地由於發生巨災概率較大，所以儘管補償倍數最低，總的補償額仍然是最大的，這與保險基本理論相符。從模擬結果可以看出，對三種巨災，國家帳戶補償和公益性補償平均達到了損失的 54.87%。

在同時考慮 3 種巨災、3 個級別的註冊地、而國家帳戶的初始資金不變的情況下，50 年中共發生巨災 643 次，總補償額為 390.02 億元，其中公益補償為 109.78 億元，占 15.44%，商業性補償 280.24 億元，占 39.43%；從風險類型上看，地震的補償額為 93.18 億元，其補損比為 13.12%，洪澇的補償額為 148.81 億元，其補損比為 20.94%，而臺風的補償額為 148.02 億元，補損比為 5.75%。

表 7-10 三種巨災風險下模擬的損失與補償情況

| | 地震 | | | | 洪澇 | | | | 臺風 | | | | 合計 |
|---|---|---|---|---|---|---|---|---|---|---|---|---|---|
| | 1等註冊地 | 2等註冊地 | 3等註冊地 | 小計 | 1等註冊地 | 2等註冊地 | 3等註冊地 | 小計 | 1等註冊地 | 2等註冊地 | 3等註冊地 | 小計 | |
| 巨災發生（次） | 5 | 6 | 36 | 47 | 40 | 105 | 128 | 273 | 78 | 109 | 136 | 323 | 643 |
| 商業巨災補償（億元） | 1.62 | 10.65 | 56.96 | 69.23 | 0.65 | 35.24 | 68.03 | 103.92 | 9.91 | 43.79 | 53.39 | 107.09 | 280.24 |
| 公益性補償（億元） | 0.42 | 2.45 | 21.08 | 23.95 | 0.34 | 9.11 | 35.45 | 44.9 | 3.07 | 15.23 | 22.63 | 40.93 | 109.78 |
| 小計 | 2.04 | 13.1 | 78.04 | 93.18 | 0.99 | 44.35 | 103.48 | 148.82 | 12.98 | 59.02 | 76.02 | 148.02 | 390.02 |
| 商業補償損失占比（%） | 0.23 | 1.50 | 8.02 | 9.75 | 0.09 | 4.96 | 9.57 | 14.62 | 1.39 | 6.16 | 7.51 | 15.06 | 39.43 |
| 公益補償損失占比（%） | 0.06 | 0.34 | 2.97 | 3.37 | 0.05 | 1.28 | 4.99 | 6.32 | 0.43 | 2.14 | 3.18 | 5.75 | 15.44 |
| 小計（%） | 0.29 | 1.84 | 10.99 | 13.12 | 0.14 | 6.24 | 14.56 | 20.94 | 1.82 | 8.30 | 10.69 | 20.81 | 54.87 |

### 7.5.2 巨災損失模擬

根據前文提到的關於巨災損失的文獻研究，我們模擬了三類巨災發生的損失，可以看出：由於洪澇和臺風巨災有著很強的季節性，所以模擬損失也表現出很強的季節性；另外地震巨災損失發生的隨機性也可以從損失結果看出：較大規模的損失出現具有不確定性。從模擬中我們看到三種巨災損失總和達到了710.56億元（見7-29）。

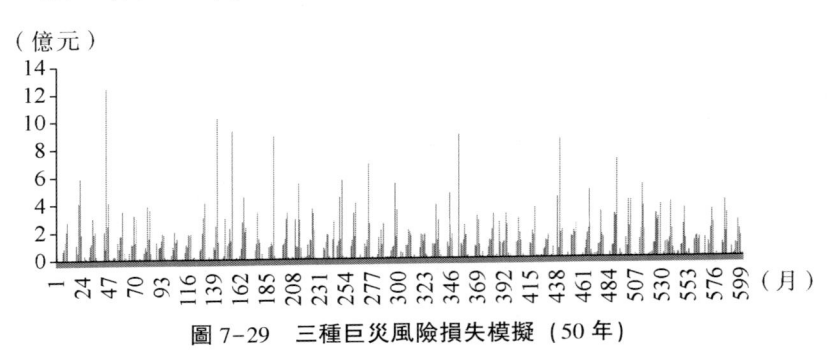

圖 7-29　三種巨災風險損失模擬（50 年）

### 7.5.3 國家帳戶餘額模擬

給定上述參數的設定，我們使用 R 統計軟件對模型進行了 1,000 次模擬，重點研究我們的巨災補償基金運作機制能否保證國家帳戶在 100 年期間中運作良好。另外，我們也分析了不同參數的變化對模擬結果的影響。

首先從各級註冊地補償倍數來看，模擬結果（見圖 7-30）基本穩定：1等註冊地的補償倍數基本保持在 2.5 左右，2 等註冊地補償倍數在 4 左右，3級註冊地波動略大，但是也基本在 8 上下波動。因此，補償倍數的移動平均計算方法既考慮到了不同時期不同級別註冊地發生巨災損失規模的大小，而且很好地平滑了不同損失規模帶來的波動影響。

补偿倍数

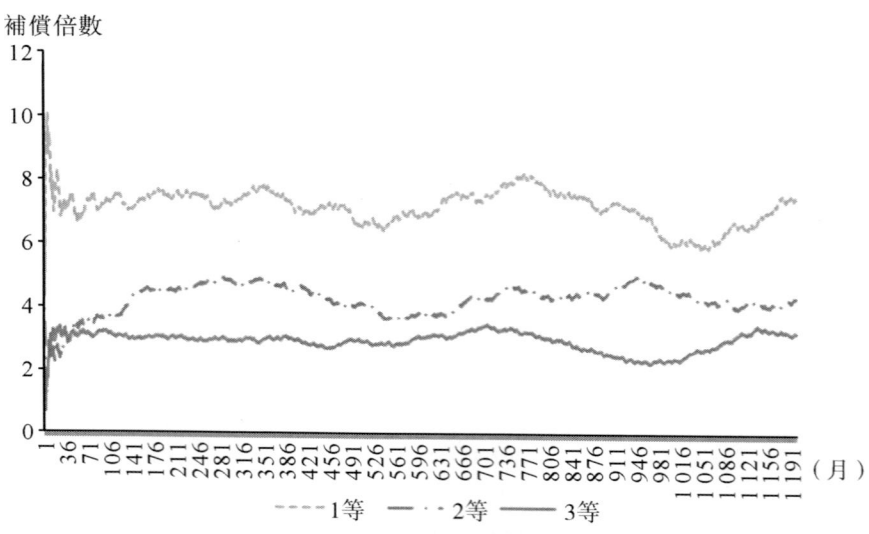

图 7-30　巨灾补偿基金国家帐户补偿倍数模拟结果

　　从 100 年基金运行模拟结果来看，国家帐户余额的描述统计如表 7-11 所示，均值为 25,089.93 亿元，方差 4,855.2 亿元，均值方差比为 5.2，最小值为 7,492.3 亿元。图 7-31 给出了国家帐户基金累积的最小、最大和中间值变化情况，为了更好地看出运行期间国家帐户的变动，我们只画出了 50 年内的累积变化如图 7-32 所示，从该图可以看出国家帐户均未出现透支情况，而且运行期间均保持增长趋势，50 年左右的时候，国家帐户不仅同时兼顾了公益和商业补偿的重任，而且成功地将国家初始投入的 150 亿元扩大至 25,000 亿元左右，国家帐户抵御巨灾风险的能力得到了有力的提升。

表 7-11　　　　　　国家帐户期末资产模拟描述统计　　　　单位：亿元

| | 均值 | 方差 | 中值 | 最小值 | 最大值 | 偏度 | 峰度 |
|---|---|---|---|---|---|---|---|
| 国家帐户期末资产规模 | 25,089.93 | 4,855.2 | 25,139.17 | 7,492.3 | 39,519.76 | -0.05 | -0.03 |

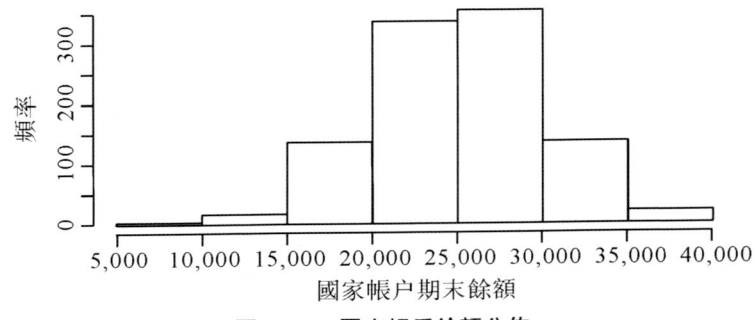

圖 7-31　國家帳戶餘額分佈

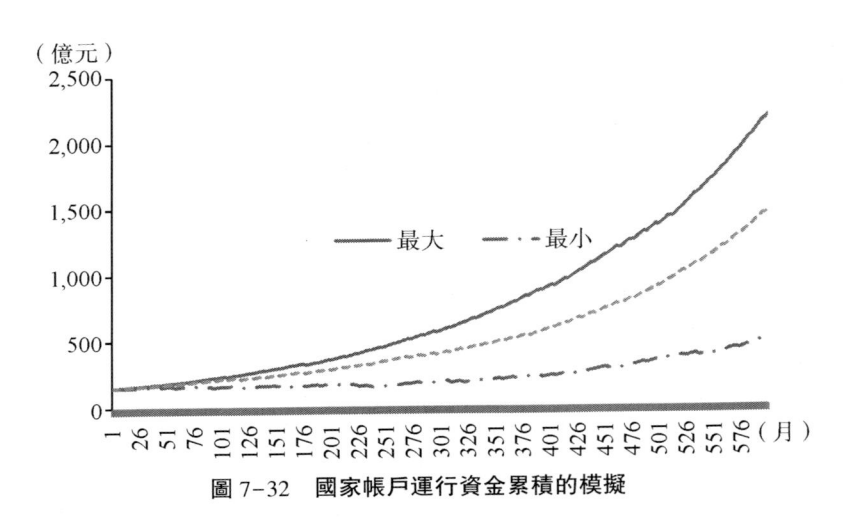

圖 7-32　國家帳戶運行資金累積的模擬

我們同時模擬了不同參數下的巨災補償基金國家帳戶的運行情況。圖7-33是國家帳戶在 GDP 不同增長率下的累積過程，可以看出隨著 GDP 增長率的增加，國家帳戶累積速度也在加快，但是這種提升效應有遞減的現象：增長率從 3% 增加到 4% 所帶來的國家帳戶累積速度提升作用要小於增長率從 2% 增加到 3% 的情況，其原因是，GDP 增長後，一方面使國家和社會的基金投入增加，另一方面，因災造成的損失也會增大、基金的公益性與商業性補償額也會增加。

圖 7-34 給出了不同基金投資收益率對國家帳戶運行的影響。從圖中可以看出，投資收益率對國家帳戶的影響與其他參數相比要更大。當我們將投資收益率從 6% 降低到 5% 時，國家帳戶出現了規模縮小的情況；當收益率增加到 7% 時，國家帳戶累計速度有了明顯的提升。

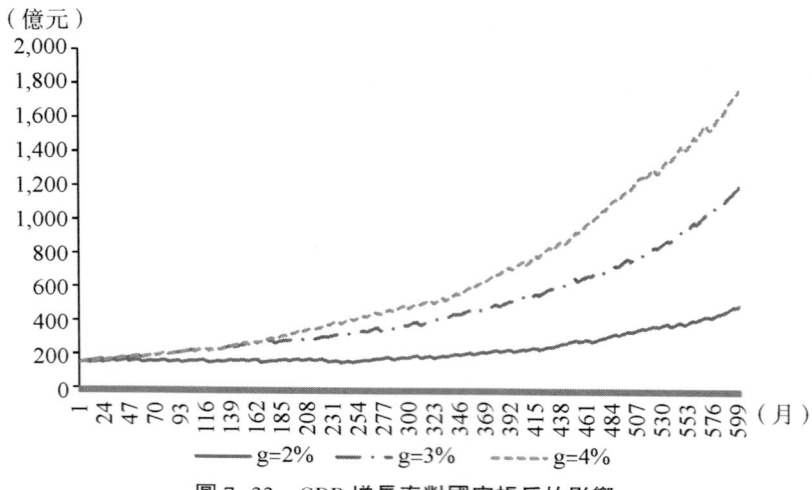

圖 7-33　GDP 增長率對國家帳戶的影響

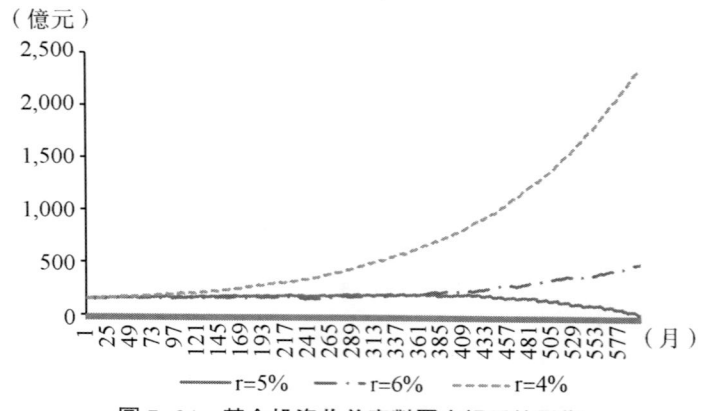

圖 7-34　基金投資收益率對國家帳戶的影響

　　與前兩個參數相比，公益性補償參數對國家帳戶的影響相對較弱，如圖 7-35所示。當公益性補償比例從 0.01% 提高至 0.03% 時，基金完全可以保持正常運轉，但當這一比例提升到 0.05% 時，會導致基金國家帳戶餘額的負增長。如果再考慮到，這是基金投資人對非投資人的一種轉移支付，可能會直接影響基金投資人的投資積極性，這種影響可能會更大。可見，如何控制公益補償和商業補償的比例，也是確保基金正常運轉的重要影響因素之一。

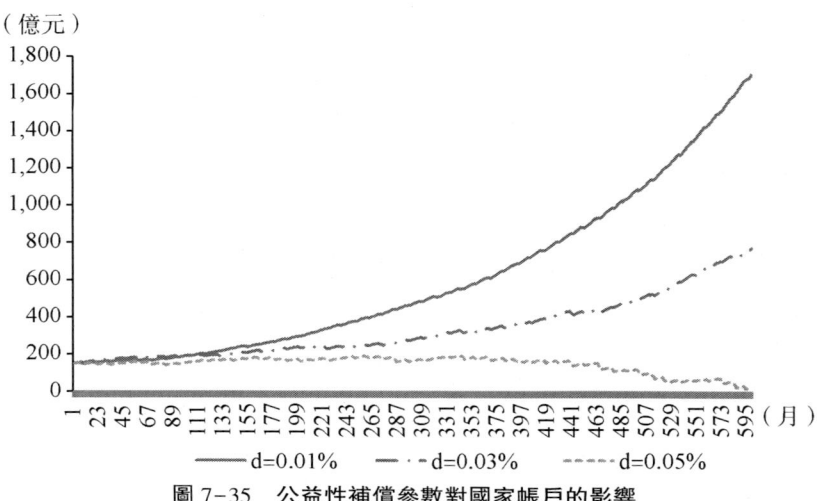

图 7-35 公益性補償參數對國家帳戶的影響

　　最后，我們模擬了不同補償倍數上限對於巨災補償基金運作的影響。當我們將不同級別註冊地的補償倍數上限提高至 7，9 和 15 時，國家帳戶的累積出現了減少，期末規模顯著降低，如圖 7-36 所示。從模擬可以發現，我們的巨災補償基金運行機制可以很好地同時保證未來巨災發生時的公益和商業補償。雖然公益補償倍數和賠付倍數上限參數過高會使得基金規模變小，但是可以看出基金仍未出現透支。當然現實基金運作中，以上參數都會根據巨災發生和經濟運行實際情況設定，可以更好地保證巨災基金的運作。

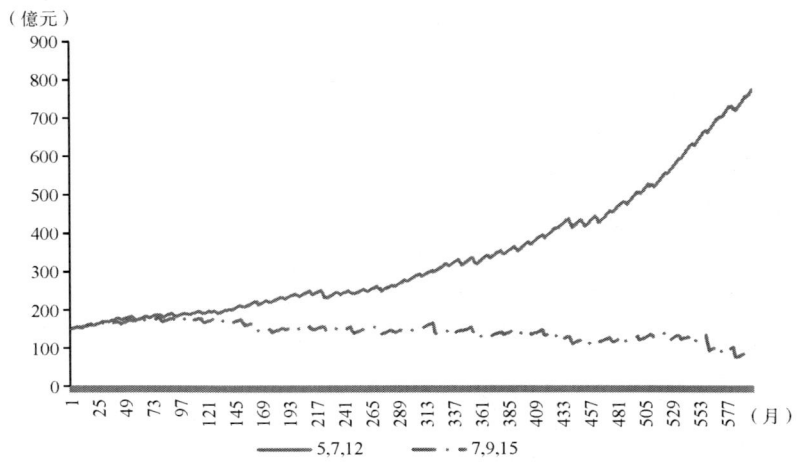

圖 7-36 補償倍數上限對國家帳戶的影響

## 7.6 總結

通過對單項巨災補償基金和多項巨災補償基金的模擬，我們重點考察了單項補償基金的國家帳戶能否保證對未來巨災的補償。從模擬結果來看，無論是運作期末的累積，還是運作週期內的表現，巨災補償基金都可以滿足巨災的補償。

巨災補償基金國家帳戶資金規模的大小很大程度上取決於基金運行期初巨災發生的概率和需要補償的規模。如果在基金成立初期出現需要高額補償的巨災，那麼基金在運行期間對於后期巨災風險的抵禦能力就較弱，同時期末的資金規模就不會太高；反之，國家帳戶會有較快的累積速度，對於巨災風險的抵禦能力就較強。

那麼如何才能有效地提高國家帳戶對巨災風險的應對能力？我們的模擬結果給出了幾種途徑。一是政府提高國家帳戶的初始投入規模，這種方法起效比較快，效果也非常明顯，但是國家一次性投入過高會給財政帶來不小壓力；二是通過市場運作，提高巨災補償基金的投資收益率，但是提高收益率就意味著需要承擔一定的風險，另外這種方式需要一定的時間來達到效果；三是通過對註冊地巨災風險進行準確評估分級，從而可以實現不同註冊地之間巨災風險的分散化；四是在基金成立早期，可以由財政發行一部分特別國債來支持基金的發展，以取得早期較多的初始資金，並獲得更多的社會投資，加快政府帳戶的資金累積速度。當政府帳戶資金累積到一定階段後，就可以償還這些國債，這既可以更好地防範基金成立早期巨災發生可能帶來的衝擊，又能加速政府帳戶的資金累積，有效提高政府帳戶的抗巨災風險能力。

總體來說，我們認為第一種方式可以作為一種臨時的救助，在國家帳戶出現特大巨災補償時臨時使用。第二種方式則可以作為一種長效機制來保證巨災基金的穩定運行，通過市場投資來保證巨災基金運作可以有效減輕政府的負擔，這也是我們巨災補償基金機制的初衷。當然第三種方式是基金設計時必須考量的因素，有效準確地評估註冊地風險也是基金二級市場定價的一個重要因素。第四種方式，我們認為是最容易實施，又最容易見效的措施。

關於模擬中存在的問題等，將在下一章中詳細討論。

# 8 研究展望、存在的問題與討論

雖然前面從多個角度試圖將十分複雜的巨災問題盡量簡化，並試圖以犧牲精確性換取合理性和可操作性，為應對中國的巨災風險提供一套金融的解決方案。但由於時間、人力等多方面的限制，仍然有許多問題還有待進一步研究。

## 8.1 巨災分佈複雜性問題

中國位於大陸與海洋的交接處，東部瀕臨太平洋，西部又地處全球最高的高原。緯度跨度50度左右，氣候變化複雜；中國又地處世界最強大的環太平洋構造帶與特提斯構造帶交匯部位，地質構造複雜，地理環境以及生態環境多變；同時中國又是人口大國，經濟發展良好，城市建設發展迅速，但是建築物對巨災的承受能力卻參差不齊，所有這些因素導致中國不僅是世界上自然災害最嚴重的國家之一，也是巨災分佈最複雜的國家之一。

### 8.1.1 單一巨災分佈的複雜性

即使某單一種類的巨災，也可能由於中國幅員遼闊、自然和經濟因素的不平衡而呈現出複雜性。相關災害研究領域雖然做了很多工作，但要精確地得到中國巨災風險分佈圖，仍然還有相當長的路要走。加之，隨著經濟和社會的發展，許多巨災風險因素也會隨著改變，巨災風險的分佈也會發生變化。比如，隨著南水北調工程的完成，在改善中國北方供水不足的同時，會不會導致其他方面的問題？比如洪澇巨災、干旱巨災是否會重新分佈及如何分佈等，都需要非常深入的研究才能解決。

再例如，雖然臺風的多發地大部分集中在中國的沿海省份，但具體什麼時間、多大級別的臺風、在何處登陸、沿什麼路線、以什麼速度、深入陸地能走多遠等問題，卻幾乎不會重複，每次都會不一樣、甚至非常不一樣。我們也許

能夠得到臺風多發地、多發季、多發形式、多發級別等方面的統計資料，卻很難準確預測下一次臺風的具體情況。

具體到每一種巨災風險的分佈問題，不是本書研究的重點，也不可能由本書來完成，但巨災補償基金本身的運作和發展，離不開相關領域對每種巨災風險本身的深入研究。正如前面的工作所看到的，對巨災的認識越準確，註冊地的劃分就可以更準確、更細緻，基金就可以運行得更為穩健和有效。

### 8.1.2 中國巨災的空間分佈複雜性

中國幅員遼闊、人口眾多，國土覆蓋區域中跨越了五個溫度帶，在地質學家劃分的全球三大地震帶（環太平洋地震帶、歐亞地震帶、海嶺地震帶）中，環太平洋和歐亞地震帶都會對中國產生影響。中國大陸大部分地區位於地震烈度 6 度以上區域，50% 以上的國土面積位於 7 度以上的地震高烈度區域，包括 23 個省會城市和 2/3 的百萬人口以上的大城市。極端複雜多變的地理氣候環境，使華夏民族的居住地擁有肥田沃土的同時，也使得中國成為了世界上自然災害最為頻繁的國家之一。據聯合國的統計資料顯示，近十年來全球發生的 54 起最為嚴重的自然災害中，有 8 起發生在中國。洪澇、干旱、臺風、冰雹、雷電、高溫熱浪、沙塵暴、地震、地質災害、風暴潮、赤潮、森林草原火災和植物森林病蟲害等災害在中國都有發生。

而現如今仍在活動的巨大的緯向構造帶、北東—北北東向構造帶、北西—北北西向構造帶和經向構造帶等，造就了中國的平原、盆地、河流。與此同時，使中國形成了現在的地質、氣候和土壤環境。而這些山體、平原、盆地、河流的分佈就基本決定了中國自然災害的分佈格局。

詳細研究中國各種巨災的空間分佈，不是本書研究的重點，也不是本課題能完成的任務。但巨災空間分佈研究越詳細，越有利於對註冊地做出更為準確的劃分，從而有效提高巨災補償基金的穩定性和運作效率。

### 8.1.3 中國巨災的時間分佈複雜性

中國自古以來就是自然災害比較嚴重的地區。從古至今，特別典型的時期有夏禹災害群發期、兩漢災害群發期、清明災害群發期、清末災害群發期等時期。一般情況下，這些時期的延續時間都會長於 100 年，不僅如此，期間還會有一定的週期性變化。這些巨災的時間分佈或與多種因素有關，但到目前為止，我們仍然沒能明確知曉其中的緣由。這意味著什麼時候會面臨又一個巨災高發期，會持續多長時間，影響會有多久，會有多麼嚴重等問題，都存在極大

的不確定性。

近代以來，清末與民國時期、新中國成立初期以及改革開放時期這三個時期的巨災都較為嚴重，其形成的原因也各有不同。隨著近幾年，中國在發展經濟的同時，沒能很好地保護好環境，導致中國空氣、水體、土壤的多種污染，包括有機物、化學藥品、抗生素、重金屬、有毒尾礦等污染日益嚴重，中國面臨的巨災風險在不斷發生變化，在時間上的不確定性也在增加。

正確瞭解中國巨災的時間分佈，對合理安排巨災補償基金的資產結構、配置方式、流動性、盈利性等極為重要，也是巨災補償基金正常運作後需要深入研究的重要課題。

## 8.2　巨災分佈統計的局限性

本書在劃分巨災的分佈時，主要考慮了以下因素：巨災易發地，巨災發生的概率、頻率，巨災的嚴重程度等。雖然我們選擇了一條不追求精確，只要可接受就可以的思路，極大地降低了對上述參數精確性的要求，但受限於巨災自身的特點和歷史上對巨災統計中存在的諸多問題，相關的統計數據的局限性也是很顯著的。

最顯著的局限性，就是數據沒有可比性和數據缺失的問題。由於巨災風險發生頻率低，但損失巨大，所以，對巨災風險及其損失的統計常常需要跨越數百年甚至數千年的時間來搜集相關數據。如此長時間跨度中，不同時代的統計方法、口徑、表述的方式、準確程度等，很難具有可比性。甚至受限於歷史原因，過去發生的許多巨災完全沒有記載和統計，這就是數據的缺失問題。

相對顯著的局限性，就是對巨災統計和分析時，缺乏統一的標準，也缺乏比較公認的模型。特別是過分依賴保險機構自身的統計數據和模型，可能導致行業偏差和基差風險。

巨災補償基金的建立和運行，不僅可以更好地分散和應對巨災風險，也將有助於推進中國巨災統計相關領域的發展，這與基金本身的穩定運作相輔相成。

## 8.3　對於嚴重程度衡量的偏差

在研究中，面對不同種類的巨災，如何確定一個能同時適用於不同類型巨

災的嚴重程度標準，也是一個挑戰。本書的研究中，借鑑了災度研究的方法。雖然這一方面解決了量化和統計的困難，但並不意味著災度相同的不同類型的巨災就必然有完全相同的嚴重程度。一般情況下，在確定巨災的嚴重程度時，需要綜合考慮巨災的物理等級、損失程度、人員傷亡等因素。但究竟如何以更好的辦法來確保不同種類的巨災之間在統計上和事實上均有可比性，仍然需要更深入的研究。

## 8.4　註冊地劃分的精確性與經濟性的平衡

在確定註冊地時結合巨災發生地的經濟水平具有一定的局限性，產生的原因是巨災影響的自然區域和經濟統計的行政區域之間，並不完全匹配，比如，某一災害的發生可能不僅僅局限在某一個市、縣內，很可能在某些省市縣之間同時發生。由於缺乏更為詳細的，比如一個村、一個鄉或某個山頭或河谷的人口數目和 GDP 水平，在研究中，就只好以目前較容易獲得的縣級行政單位為最小註冊地劃分單位進行了模擬研究。

在未來的實際操作中，完全可以、也完全有必要做更為深入和精細的註冊地劃分，但我們認為，註冊地劃分也不是越細越好，其原因是，過細的註冊地劃分，也可能導致交易成本過高、運作費用過高等問題。這需要根據不同種類巨災風險研究的精細程度和數據的可得性，以及相關區域的經濟發展水平等，具體問題具體分析，以確定一個較為合理的精確程度，實現註冊劃分精確性與實施上的經濟性之間的平衡。

## 8.5　模擬研究中存在的不足與改進方向

本項研究中，前面的理論分析和后面的模擬研究中，因為技術、數據和時間等多方面原因，還存在以下不盡一致和有待進一步探討的問題。

### 8.5.1　註冊地劃分精度問題

在前面的理論分析中，我們設計對每種巨災風險按 10 級分類，而在模擬研究中，我們將全國 1,973 個縣及縣級城市按 3 個等級來處理。雖然級數上存在較大差異，但我們在具體分級處理上，則分別取了兩端和中間的模式，也就

是說，模擬中的1等，囊括了理論分析中的1~3級；模擬中的2等，包含了理論分析中的4~7級；相應的，模擬中的3等，則相當於理論分析中的8~10級，所以，在設定初始補償倍數時，我們分別是按10、5和2倍來設計的。初始補償倍數的設定雖然不完全科學，但隨著基金的運行，按移動平均法計算的補償倍數將逐步稀釋這種影響。所以，這裡的簡化模擬，並不影響所考慮的風險層級範圍和補償倍數變化的範圍，只是在精確性上，會有一定影響，而不會影響基本的趨勢性結論。

詳細、精確地對1,973個縣，甚至縣以下的自然鄉村進行10級註冊劃分，確實是本課題無法完成的任務，但正如在前面的模擬研究指出的一樣，註冊劃分得越準確，基金運行的效率也必將更高、更穩定。事實上，詳細的註冊地劃分，正是實際操作巨災補償基金首先需要解決的問題。

### 8.5.2　補償倍數問題

在理論分析中，我們提出了使用移動平均的方法，根據國內巨災發生情況、分風險種類和註冊地發生情況分別計算補償倍數的調整係數，計算和調整補償倍數的方案。在模擬研究中，我們對不同的風險種類統一將10級分類，簡化為了3等分類，這確實簡化了模擬的難度，但可能使模擬結構與我們的理論模型之間形成一定的差異。考慮到模擬中，我們已經拉開了10倍以上的差異，這之間的誤差將不足以影響整個研究的結論。

同時，這裡也對移動平均和調整係數法提出另一個問題，就是當不同風險種類和註冊地的補償倍數差別過大後，是否需要人為干預，以及最高、最低補償倍數之間，是否需要加以限制的問題。我們的建議是，先不做限制，試運行以後，根據實際情況，有必要時再限制。

### 8.5.3　補償有效性問題

判斷中國巨災補償基金運作有效性的標準，可分別從可持續性、補償金額與損失金額之間的補損比、投入比例的可行性等幾個方面來討論。

從可持續性方面看，模擬的結果顯示，即使在國家帳戶初始投資較低（150億元）、且在基金設立之初（前10年）就遇到重大損失的情況下，國家帳戶雖然可能在短期內會出現支付困難，但通過引入融資手段，國家帳戶仍然可以從社會帳戶將來的收益繳存中獲得足夠的還款能力，並確保巨災補償基金國家帳戶能逐步累積、發展和壯大。

從補損比來看，不同巨災風險種類的比值不完全相同，在單一巨災的模擬

中，不同註冊地的平均補損比，最低的地震風險也可以達到17.92%，較高的如洪澇和臺風，甚至平均可以達到60%以上。在3種巨災的混合模擬中，對災害最嚴重的1級註冊地的補損比，3種巨災均達到了10%以上，這和2008年汶川大地震中，保險的理賠占比僅為0.21%相比，整整提高了50倍，我們認為，從這個意義上講，這一機制的運作是有效的。誠然，如果覺得10%以上的補損比還不夠的話，完全可以提高初始投資額和投資占GDP的比例，以實現更高的補償。

從投資比例看，在我們的模擬中，即使對於風險較高的註冊地，我們設定的投資比例也僅為當地GDP的0.03%，萬分之三的投資比例，應該在可接受的範圍內，而且，這與保險的不同在於，這種投資是一次性的，而不像保費需要不斷交。何況基金還有保值增值的作用和功能，而普通保費，則只是在承保期內有效，過了承保期就無效了。

### 8.5.4 運作成本和稅收問題

基金的運作當然是有成本的，在我們的模擬中，忽略了這個問題。其背後的理由是，首先，基金將更多地以被動投資的方式進行投資以降低投資成本，或以外包的方式減少人員開支和費用；其次，由於巨災補償基金的補償不需要像保險那樣定損，所以，這一部分的成本和費用基本可以忽略不計；最後，基金的銷售，可以通過網上直接按面值銷售，其銷售成本也會遠低於保單。當然，無論如何低，也不可能為零，只是為了簡化相應的模擬工作，沒有將其計入模型。

關於稅收，我們認為，做為兼顧公益的巨災保險基金，政府理當大力支持，在一定的投資金額範圍內的投資及其收益，政府應考慮免稅；即便一定金額以上的投資，也應適當減稅，以吸引更多的投資人參與到巨災補償基金的建設中來，更好地為政府帳戶累積資金，增強基金對巨災風險的應對能力。因此，我們忽略了這一變量。

在未來更進一步的研究中，可將運作成本和稅收因素考慮進去，對相應的模型進行進一步修正和完善。

# 9　課題研究基本結論

　　關於在中國通過對相關理論的分析和研究以及以此為基礎展開的模擬研究，建立和運作全國性的巨災補償基金的問題，課題組得到以下結論：

　　（1）在中國建設巨災補償基金，能夠全面滿足本書提出的五項基本原則的要求，即兼具公益性和商業性，跨地區、跨險種和跨時間風險分散，精確性與經濟性相平衡，可持續性和能將災前預防、災時救助與災後重建相統一這五個方面的要求。

　　（2）對照了國際、國內相關的巨災應對方案，我們認為，巨災補償基金是目前唯一能同時滿足這五個方面要求，並能適應中國巨災保險還很落後這一現實情況的解決方案。

　　（3）巨災補償基金運作機制的核心，是同時設立國家帳戶和社會帳戶，統一運作、獨立核算，社會帳戶以定期繳存一定比例的收益為前提，獲得國家帳戶在巨災發生時的公益和商業補償權利的期權設計。

　　（4）通過雙帳戶設計中社會帳戶累積資金、國家帳戶負責補償和信用保證的分工，可避免巨災補償基金二級市場受到巨災風險的直接衝擊，本書還對二級市場運作中基金的定價、不同註冊地之間的價格換算、價格指數的編製、登記與結算等進行了討論。

　　（5）註冊地相關制度為解決巨災風險難以精算到具體投保人的難題，在追求精確化和經濟可行性之間，尋找到了一種平衡的解決辦法。

　　（6）提出了巨災補償基金註冊劃分的基本原理、方法和標準，以及註冊地更改與註冊地最短持有時間等相關的管理制度。

　　（7）本題在制度建設的基礎上，提出了國家帳戶和社會帳戶的資金變化相關模型和計算方法；同時，提出了以不分風險種類和註冊地的平均單次巨災風險為基礎，分別就風險種類和註冊地計算調整係數，以移動平均的辦法滾動式調整，確定商業補償倍數的完整方案，簡單且適用。

　　（8）提出了巨災補償基金的定價模型和不同註冊地之間的價格換算方法，

並就影響巨災補償基金價格的相關因素進行了討論，為巨災補償基金的發行和交易奠定了基礎。

(9) 通過單項巨災和多項巨災的三級簡化模擬，分別從國家帳戶最低餘額及其變化、補償額/損失額的補損比、多種巨災及多種註冊地之間的補償比例等角度，表明我們提出的巨災補償基金是有效的，而且完全可以實現長期、可持續的運作。

# 附　表

**附表 1　基於三種巨災的巨災補償基金國家帳戶餘額模擬數據示例 1**

| 時間 | V1 | V2 | V3 | V4 | V5 | V6 | V7 | V8 |
|---|---|---|---|---|---|---|---|---|
| 1 | 150 | 150 | 150 | 150 | 150 | 150 | 150 | 150 |
| 2 | 151.081,8 | 150.937,3 | 150.878,1 | 151.034,4 | 150.606,3 | 151.002 | 150.730,7 | 150.858,6 |
| 3 | 151.906,3 | 151.945,2 | 151.196,2 | 151.899,4 | 151.659,3 | 152.028,8 | 151.626,2 | 151.566,8 |
| 4 | 151.987,5 | 152.792,7 | 151.644,6 | 152.904,3 | 152.750,6 | 153.001,2 | 152.717,4 | 152.583,8 |
| 5 | 152.867,8 | 153.710,5 | 152.502,3 | 153.966,4 | 153.348,6 | 153.774,2 | 153.590,3 | 153.139,1 |
| 6 | 153.915,7 | 153.453,7 | 153.529,3 | 154.601 | 154.319,9 | 154.703,5 | 154.692,5 | 153.793,4 |
| 7 | 152.833,9 | 153.339,7 | 154.509,6 | 153.360,4 | 155.123,9 | 155.706 | 155.552,4 | 154.675,4 |
| 8 | 150.447,3 | 153.015,1 | 154.048,6 | 153.663,4 | 154.049,7 | 154.790,4 | 156.233,7 | 155.185 |
| 9 | 150.135,9 | 152.909,7 | 153.262,4 | 153.732,3 | 153.584,1 | 153.705,5 | 155.054,8 | 156.031,7 |
| 10 | 149.769,3 | 153.345,1 | 152.717,8 | 150.841,4 | 150.877,3 | 152.431,7 | 154.878,3 | 156.769,4 |
| 11 | 150.486,6 | 154.358,8 | 153.238,5 | 151.762,6 | 151.969,1 | 153.458,2 | 155.990,1 | 157.813,7 |
| 12 | 151.272,3 | 155.057,4 | 153.925,5 | 152.738,3 | 152.631,2 | 154.536,3 | 156.952,9 | 158.940,8 |
| 13 | 152.367,3 | 155.990,6 | 154.807,5 | 153.326,7 | 153.616,8 | 155.539,2 | 157.897,3 | 160.016,1 |
| 14 | 153.452,6 | 156.481,8 | 155.711,2 | 154.251,7 | 154.569,2 | 156.656,2 | 158.938,7 | 160.883,1 |
| 15 | 154.275,1 | 157.604,1 | 156.339,8 | 155.157,3 | 155.527,6 | 157.604,7 | 160.036,4 | 161.461,1 |
| 16 | 154.654,8 | 158.556,9 | 157.346,6 | 156.255,4 | 156.511,7 | 158.536,9 | 161.177,2 | 162.381,4 |
| 17 | 155.677,2 | 159.367,7 | 157.690,8 | 156.948,3 | 157.329,1 | 159.291,9 | 161.880,9 | 163.506,1 |
| 18 | 156.499,9 | 160.411,8 | 158.752,8 | 157.745,6 | 158.172,3 | 160.188,9 | 162.575 | 164.443,8 |
| 19 | 156.887,8 | 159.039 | 159.787 | 158.719 | 158.51 | 161.182,2 | 163.306,5 | 164.396,7 |
| 20 | 155.905,6 | 159.473 | 157.780,2 | 159.527,1 | 159.217,7 | 162.107,1 | 162.229,5 | 164.334,9 |
| 21 | 154.536,7 | 160.555,8 | 158.384,6 | 158.641,6 | 158.745,7 | 161.161,3 | 162.670,7 | 163.036 |
| 22 | 155.060,9 | 160.413 | 158.625,1 | 158.495,2 | 158.154,9 | 161.528,1 | 163.547 | 162.441,2 |
| 23 | 156.024,1 | 160.836,5 | 159.396,2 | 159.434,5 | 159.150,6 | 162.680,9 | 164.669 | 163.598,5 |
| 24 | 156.695,2 | 161.919 | 160.503,7 | 160.492,9 | 160.140,5 | 163.592,7 | 165.838,1 | 164.762,3 |
| 25 | 157.487,4 | 162.918 | 161.220,8 | 161.258,9 | 160.798,7 | 164.662,7 | 166.906 | 165.790,1 |

附表1（續）

| 時間 | V1 | V2 | V3 | V4 | V5 | V6 | V7 | V8 |
|---|---|---|---|---|---|---|---|---|
| 26 | 158.360,6 | 163.862,4 | 162.356,1 | 162.288,9 | 161.948,3 | 165.650,5 | 167.948,9 | 166.941,8 |
| 27 | 159.500,1 | 164.975,9 | 163.515,5 | 163.274,1 | 163.052,3 | 166.826,4 | 168.775,2 | 168.124,2 |
| 28 | 160.613,7 | 166.021,3 | 164.292,3 | 164.012 | 163.954,1 | 168.006,3 | 169.852,2 | 169.168,9 |
| 29 | 161.283,2 | 167.200,4 | 164.912,5 | 165.041,3 | 164.617,2 | 168.955,6 | 170.644,9 | 170.363,7 |
| 30 | 162.216,3 | 167.560,5 | 165.198,8 | 165.633,9 | 165.379,7 | 169.626,6 | 170.553,9 | 169.536,4 |
| 31 | 163.262,9 | 168.618,2 | 166.172,9 | 166.221,3 | 165.557,5 | 169.023,6 | 170.717,1 | 168.596,6 |
| 32 | 163.328,7 | 167.658,4 | 164.812,6 | 165.913,8 | 166.513,2 | 167.832,8 | 171.602,1 | 168.628,9 |

附表2 基於三種巨災的巨災補償基金國家帳戶餘額模擬數據示例2

| 時間 | max | min | median | min 情況下補償與補償總額 |
|---|---|---|---|---|
| 1 | 150 | 150 | 150 | 0 |
| 2 | 150.856,1 | 150.446,4 | 150.746,3 | 0.635,366 |
| 3 | 151.749,9 | 151.531,1 | 151.794,3 | 0 |
| 4 | 152.159,5 | 152.561,1 | 152.844,9 | 0.060,685 |
| 5 | 153.197,1 | 153.612,1 | 153.860,4 | 0.045,457 |
| 6 | 154.043,9 | 154.297,1 | 154.823,5 | 0.417,276 |
| 7 | 154.491,5 | 155.146,7 | 154.632,4 | 0.256,842 |
| 8 | 154.278,9 | 154.787,3 | 155.086,4 | 1.470,655 |
| 9 | 152.641,9 | 154.554,5 | 156.198 | 1.342,833 |
| 10 | 153.176,5 | 154.470,5 | 156.375,6 | 1.193,604 |
| 11 | 154.261,4 | 155.286,7 | 157.196,8 | 0.293,523 |
| 12 | 155.370,8 | 156.178,3 | 158.320,9 | 0.222,944 |
| 13 | 156.331,8 | 156.874,9 | 159.451,2 | 0.422,973 |
| 14 | 157.344,3 | 157.863,9 | 160.587,7 | 0.134,646 |
| 15 | 158.455,1 | 157.724,8 | 160.955,5 | 1.268,432 |
| 16 | 159.503,2 | 158.854 | 161.355,4 | 0 |
| 17 | 160.529,5 | 159.756,5 | 162.372 | 0.232,995 |
| 18 | 161.517,4 | 158.741 | 163.266,2 | 2.156,081 |

附表2(續)

| 時間 | max | min | median | min 情況下補償與補償總額 |
|---|---|---|---|---|
| 19 | 160.664,4 | 159.590,9 | 162.011,6 | 0.286,32 |
| 20 | 160.400,1 | 160.352,6 | 162.398 | 0.379,472 |
| 21 | 158.953,9 | 158.736,2 | 162.803,7 | 2.761,891 |
| 22 | 158.458,7 | 157.744,3 | 163.432,2 | 2.130,045 |
| 23 | 159.337,5 | 158.619,7 | 164.594,5 | 0.258,368 |
| 24 | 160.090,7 | 159.296,6 | 165.297 | 0.461,937 |
| 25 | 161.173,2 | 159.851,9 | 166.448,4 | 0.587,57 |
| 26 | 162.016 | 160.794,9 | 167.538,2 | 0.203,276 |
| 27 | 163.126 | 161.727,7 | 168.668,7 | 0.218,925 |
| 28 | 164.207,3 | 162.512 | 169.844,3 | 0.372,631 |
| 29 | 165.217,4 | 163.673,6 | 171.039 | 0 |
| 30 | 166.243,4 | 164.024,1 | 171.150,7 | 0.817,448 |
| 31 | 167.318,4 | 165.174,9 | 170.835,8 | 0.019,628 |
| 32 | 167.915,8 | 165.257,5 | 168.436,2 | 1.094,216 |

附表3　單一註冊地地震巨災基金國家帳戶餘額模擬數據示例1

| 時間 | V1 | V2 | V3 | V4 | V5 | V6 | V7 | V8 |
|---|---|---|---|---|---|---|---|---|
| 1 | 150 | 150 | 150 | 150 | 150 | 150 | 150 | 150 |
| 2 | 150.737,4 | 150.647 | 150.737 | 151.019,8 | 150.657,4 | 150.937,7 | 150.879,7 | 150.056 |
| 3 | 151.571 | 151.617,2 | 151.423,3 | 152.104,1 | 151.330,4 | 151.185,8 | 151.898,1 | 151.038,9 |
| 4 | 152.523,9 | 152.705,1 | 152.366,7 | 153.194,5 | 152.402,2 | 151.399,4 | 152.812,8 | 152.076,7 |
| 5 | 153.616,9 | 152.846,8 | 153.323,5 | 154.116,1 | 153.494,7 | 152.269,5 | 153.838,3 | 153.151,1 |
| 6 | 154.716,1 | 153.730,9 | 154.421,2 | 155.188 | 154.278,5 | 153.057,3 | 154.799,5 | 153.789,3 |
| 7 | 155.599,7 | 154.558 | 154.709,6 | 156.022,5 | 155.300,9 | 154.055,2 | 155.784,3 | 154.866,1 |
| 8 | 156.676 | 155.448,8 | 154.886,5 | 157.081 | 156.266,9 | 155.117,8 | 156.768,2 | 155.818,6 |
| 9 | 157.792,4 | 155.695,3 | 155.562,7 | 157.723,8 | 157.381,2 | 156.185 | 157.318,3 | 156.780,8 |
| 10 | 158.914,9 | 156.536,5 | 156.130,1 | 157.941,6 | 158.359,6 | 156.802,1 | 157.866,6 | 157.597,8 |
| 11 | 159.846,1 | 157.320,4 | 156.592 | 158.959,9 | 159.310,2 | 157.524,5 | 158.825,1 | 158.72 |

附表3(續)

| 時間 | V1 | V2 | V3 | V4 | V5 | V6 | V7 | V8 |
|---|---|---|---|---|---|---|---|---|
| 12 | 160.980,1 | 157.867,9 | 156.923,5 | 159.777,7 | 159.794,9 | 158.247,9 | 159.890,6 | 159.848,4 |
| 13 | 161.512,2 | 157.279,6 | 157.747 | 160.856,7 | 160.052,9 | 159.058,4 | 160.718,6 | 160.614,4 |
| 14 | 162.296,9 | 157.114,3 | 158.378,1 | 161.997,1 | 160.466,4 | 160.082,5 | 161.800,4 | 161.579,2 |
| 15 | 163.367,8 | 158.164,5 | 158.627,5 | 162.938,6 | 161.558,3 | 161.104,6 | 162.634,6 | 162.660,9 |
| 16 | 164.460,3 | 158.912,6 | 159.367 | 164.090,6 | 162.296,4 | 162.243,5 | 163.565,5 | 163.811,5 |
| 17 | 165.533,2 | 159.547,2 | 160.501,8 | 165.042,9 | 163.400,8 | 163.208,3 | 164.145,3 | 164.537,1 |
| 18 | 166.699,4 | 160.683,6 | 160.568,8 | 166.114,9 | 164.536,7 | 164.319,5 | 165.061 | 164.995,7 |
| 19 | 167.752,4 | 161.826,2 | 161.688,1 | 167.111,1 | 165.557,5 | 164.722,8 | 165.838,8 | 165.664 |
| 20 | 168.931 | 162.699,5 | 162.806,5 | 168.286,5 | 166.413,6 | 165.833,1 | 166.554,5 | 166.542 |
| 21 | 170.074 | 163.251,8 | 162.696 | 169.468,4 | 167.092,9 | 166.998 | 167.366,9 | 167.072,6 |
| 22 | 171.024,4 | 164.109,7 | 163.667,1 | 170.484,5 | 167.979 | 168.074,6 | 167.985,3 | 167.956,8 |
| 23 | 171.740,1 | 165.038,7 | 164.727,6 | 171.123,7 | 169.143,6 | 168.706,6 | 169.068 | 169.111,4 |
| 24 | 172.771,4 | 165.211 | 165.201 | 172.295 | 170.175,4 | 169.862,9 | 170.217,3 | 170.137,6 |
| 25 | 173.829,8 | 166.115,9 | 166.365,5 | 173.479,5 | 171.344,4 | 171.055,2 | 171.013,5 | 170.266,2 |
| 26 | 175.042,6 | 167.03 | 166.966 | 174.469,2 | 172.028,2 | 172.174,9 | 171.2 | 171.178,8 |
| 27 | 176.06 | 167.994,6 | 167.929,6 | 175.623,8 | 172.907 | 173.064,6 | 172.400,3 | 172.043,5 |
| 28 | 177.233,8 | 168.685,2 | 169.084,3 | 176.810,6 | 173.830,1 | 173.828,2 | 173.607,3 | 173.079,3 |
| 29 | 177.751,5 | 169.656,7 | 170.199 | 177.75 | 174.854,5 | 174.543 | 174.763,3 | 174.169,5 |
| 30 | 177.994,5 | 170.851,2 | 171.396,3 | 178.764,6 | 175.812,3 | 175.761,9 | 175.700,3 | 175.096 |
| 31 | 179.011,5 | 171.864,5 | 172.579,4 | 180.005,3 | 176.360,8 | 176.826,2 | 175.986,3 | 175.995,4 |
| 32 | 180.151,4 | 173.027 | 173.417,6 | 180.947,9 | 177.509,4 | 177.456,8 | 176.715,9 | 177.222,9 |

附表4　單一註冊地地震巨災基金國家帳戶餘額模擬數據示例2

| 時間 | max | min | median | 補償 | 公益性補償 |
|---|---|---|---|---|---|
| 1 | 150 | 150 | 150 | 0 | 0 |
| 2 | 150.737,4 | 150.745 | 150.844,2 | 0.278,082 | 0.055,57 |
| 3 | 151.571 | 151.827,9 | 151.621,1 | 0 | 0 |
| 4 | 152.523,9 | 152.916,9 | 152.709 | 0 | 0 |
| 5 | 153.616,9 | 153.667,7 | 153.803 | 0.286,328 | 0.057,893 |
| 6 | 154.716,1 | 154.640,4 | 154.418,2 | 0.105,71 | 0.021,054 |

附表4(續)

| 時間 | max | min | median | 補償 | 公益性補償 |
| --- | --- | --- | --- | --- | --- |
| 7 | 155.599,7 | 155.066,3 | 155.265,1 | 0.540,423 | 0.138,513 |
| 8 | 156.676 | 155.531,5 | 156.333,5 | 0.535,9 | 0.106,558 |
| 9 | 157.792,4 | 156.200,9 | 156.831,5 | 0.347,246 | 0.093,983 |
| 10 | 158.914,9 | 156.209,8 | 157.295,8 | 0.922,517 | 0.183,128 |
| 11 | 159.846,1 | 157.325 | 158.329,4 | 0 | 0 |
| 12 | 160.980,1 | 158.446,4 | 159.374,7 | 0 | 0 |
| 13 | 161.512,2 | 158.494,2 | 160.193,2 | 0.860,017 | 0.219,856 |
| 14 | 162.296,9 | 159.332,4 | 161.326,6 | 0.222,827 | 0.067,551 |
| 15 | 163.367,8 | 160.160,1 | 162.326,4 | 0.255,186 | 0.050,446 |
| 16 | 164.460,3 | 160.707,4 | 163.240,4 | 0.493,341 | 0.097,445 |
| 17 | 165.533,2 | 161.741 | 164.394,5 | 0.090,121 | 0.017,786 |
| 18 | 166.699,4 | 162.680,3 | 164.996,8 | 0.173,648 | 0.034,242 |
| 19 | 167.752,4 | 163.538,6 | 166.140,8 | 0.245,9 | 0.048,449 |
| 20 | 168.931 | 164.598,5 | 166.256,1 | 0.079,843 | 0.017,784 |
| 21 | 170.074 | 165.043,3 | 166.901,4 | 0.590,84 | 0.127,806 |
| 22 | 171.024,4 | 165.683,3 | 168.077 | 0.419,837 | 0.106,511 |
| 23 | 171.740,1 | 166.853,4 | 169.259,1 | 0 | 0 |
| 24 | 172.771,4 | 168.011,1 | 170.135,1 | 0.015,883 | 0.003,116 |
| 25 | 173.829,8 | 169.165,6 | 171.328,7 | 0.023,836 | 0.004,673 |
| 26 | 175.042,6 | 170.060,4 | 172.484,4 | 0.241,569 | 0.053,123 |
| 27 | 176.06 | 170.883,7 | 173.200,7 | 0.310,529 | 0.060,777 |
| 28 | 177.233,8 | 172.073 | 174.381,1 | 0.008,459 | 0.001,654 |
| 29 | 177.751,5 | 173.265,6 | 175.325,8 | 0.010,743 | 0.002,556 |
| 30 | 177.994,5 | 171.097 | 176.519,3 | 2.827,79 | 0.553,364 |
| 31 | 179.011,5 | 172.062,6 | 177.721,6 | 0.197,106 | 0.039,677 |
| 32 | 180.151,4 | 172.897,7 | 178.957,8 | 0.284,419 | 0.088,314 |
| 33 | 181.223,9 | 173.815,1 | 180.156,8 | 0.247,138 | 0.048,13 |

附表4(續)

| 時間 | max | min | median | 補償 | 公益性補償 |
|---|---|---|---|---|---|
| 34 | 182.307,6 | 174.805,4 | 181.395,6 | 0.190,535 | 0.037,075 |
| 35 | 183.343,3 | 175.883,1 | 182.556,4 | 0.122,041 | 0.023,728 |
| 36 | 184.358,8 | 177.032,3 | 183.518,9 | 0.060,69 | 0.019,65 |
| 37 | 185.458,1 | 178.006,9 | 184.623,9 | 0.211,807 | 0.049,553 |

附表5　多等級註冊地地震巨災基金國家帳戶餘額模擬數據示例

| 時間 | V1 | V2 | V3 | V4 | V5 | V6 | V7 | V8 |
|---|---|---|---|---|---|---|---|---|
| 1 | 150 | 150 | 150 | 150 | 150 | 150 | 150 | 150 |
| 2 | 151.157,5 | 151.157,5 | 151.157,5 | 151.157,5 | 151.157,5 | 149.105,5 | 151.157,5 | 151.157,5 |
| 3 | 108.574,1 | 152.321,6 | 152.321,6 | 152.321,6 | 152.321,6 | 150.259,3 | 152.321,6 | 152.321,6 |
| 4 | 109.526,1 | 153.492,3 | 153.492,3 | 153.492,3 | 153.492,3 | 151.419,7 | 153.492,3 | 153.492,3 |
| 5 | 110.483,7 | 154.669,7 | 154.669,7 | 154.669,7 | 154.669,7 | 152.586,7 | 154.669,7 | 154.669,7 |
| 6 | 94.039,15 | 155.853,8 | 155.853,8 | 155.853,8 | 155.853,8 | 138.16 | 155.853,8 | 155.853,8 |
| 7 | 94.920,92 | 157.044,7 | 109.715,3 | 157.044,7 | 157.044,7 | 139.262,3 | 157.044,7 | 154.527,5 |
| 8 | 95.807,91 | 136.580,2 | 89.014,11 | 158.242,3 | 158.242,3 | 140.371 | 158.242,3 | 155.712,5 |
| 9 | 96.700,16 | 137.676,3 | 89.872,39 | 159.446,7 | 159.446,7 | 141.486,1 | 147.975,9 | 156.904,3 |
| 10 | 97.597,69 | 138.778,7 | 90.735,78 | 160.658 | 160.658 | 142.607,6 | 149.129,8 | 158.102,8 |
| 11 | 98.500,53 | 139.887,4 | 91.604,31 | 161.876,1 | 161.876,1 | 143.735,5 | 150.290,3 | 159.308,2 |
| 12 | 99.408,71 | 141.002,5 | 92.478,02 | 163.101,2 | 163.101,2 | 144.869,8 | 151.457,4 | 143.238,7 |
| 13 | 100.322,3 | 142.124,1 | 93.356,91 | 164.333,2 | 164.333,2 | 146.010,7 | 152.631,2 | 144.371,4 |
| 14 | 101.241,2 | 143.252 | 94.241,03 | 165.572,2 | 165.572,2 | 147.158,1 | 153.811,7 | 145.510,6 |
| 15 | 102.165,6 | 144.386,4 | 95.130,41 | 166.818,2 | 166.818,2 | 148.312 | 154.999 | 146.656,4 |
| 16 | 103.095,4 | 145.527,4 | 96.025,06 | 168.071,3 | 168.071,3 | 149.472,6 | 156.192,9 | 147.808,6 |
| 17 | 104.030,7 | 146.674,8 | 96.925,02 | 169.331,5 | 169.331,5 | 150.639,8 | 157.393,7 | 148.967,5 |
| 18 | 104.971,5 | 147.828,9 | 97.830,31 | 170.598,8 | 170.598,8 | 151.813,7 | 158.601,4 | 150.133 |
| 19 | 105.917,9 | 148.989,5 | 98.740,97 | 171.873,3 | 171.873,3 | 152.994,2 | 159.815,9 | 151.305,2 |
| 20 | 106.869,9 | 150.156,8 | 99.657,02 | 173.155 | 173.155 | 154.181,5 | 161.037,3 | 152.484,1 |
| 21 | 107.827,4 | 151.330,8 | 100.578,5 | 174.444 | 174.444 | 155.375,6 | 162.265,7 | 153.669,7 |
| 22 | 108.790,6 | 152.511,5 | 101.505,4 | 175.740,2 | 175.740,2 | 156.576,6 | 163.501,1 | 154.862,1 |
| 23 | 109.759,4 | 153.698,9 | 102.437,8 | 177.043,6 | 177.043,6 | 157.784,3 | 164.743,4 | 156.061,2 |
| 24 | 110.733,9 | 154.245,5 | 103.375,7 | 178.354,8 | 178.354,8 | 158.999 | 165.992,9 | 157.267,3 |

附表5(續)

| 時間 | V1 | V2 | V3 | V4 | V5 | V6 | V7 | V8 |
|---|---|---|---|---|---|---|---|---|
| 25 | 111.714,1 | 155.443,3 | 104.319,2 | 179.673,1 | 179.673,1 | 160.220,5 | 167.249,4 | 158.480,2 |
| 26 | 112.700,1 | 156.648 | 105.268,2 | 180.998,9 | 180.998,9 | 161.449 | 168.513,1 | 159.7 |
| 27 | 113.691,9 | 157.859,5 | 106.222,8 | 182.332,2 | 182.332,2 | 162.684,6 | 169.783,9 | 160.926,8 |
| 28 | 114.689,5 | 159.077,9 | 107.183,1 | 183.673 | 183.673 | 163.927,1 | 171.062 | 162.160,5 |
| 29 | 115.692,9 | 160.303,3 | 108.149 | 185.021,3 | 185.021,3 | 165.176,7 | 172.347,3 | 163.401,3 |
| 30 | 116.702,2 | 161.535,6 | 109.120,5 | 186.377,2 | 186.377,2 | 166.433,5 | 173.639,8 | 164.649,2 |
| 31 | 117.717,4 | 162.775 | 110.097,8 | 187.740,8 | 187.740,8 | 167.697,3 | 174.939,7 | 165.904,1 |
| 32 | 118.738,6 | 164.021,4 | 111.080,9 | 189.112,1 | 189.112,1 | 168.968,4 | 176.247 | 167.166,2 |

# 主要參考文獻

［1］ AUFFRET P. Catastrophe Insurance Market in the Caribbean Region: Market Failures and Recommendations for Public Sector Intervention. SSRN, 2003.

［2］ BROWNE M J, HOYT R E. The Demand for Flood Insurance: Empirical Evidence ［J］. Journal of Risk and Uncertainty, 2000, 20（3）: 291-306.

［3］ Freeman P. K., Scott K1, 2005, Comparative Analysis of Large Scale Catastrophe Compensation Schemes. In OECD No. 8: Catastrophic Risks and Insurance, pp. 187-234.

［4］ Gollier, C, 2005, Some Aspects of the Economics of Catastrophe Risk Insurance. In: In OECD No. 8: Catastrophic Risks and Insurance, pp. 13-301.

［5］ Henriet, D., Michel-Kerjan, E, 2008, Looking at Optimal Risk-Sharing in a Kaleidoscope: The (Market Power, Information) Rotational Symmetry. Working Paper, Wharton Risk Management andDecision Processes Center, Philadelphia, PA.

［6］ Kleindorfer, P., Kunreuther, H. Challenges Facing the Insurance Industry in Managing Catastrophe Risk. In: Froot, K1 (Ed.), the Financing of Catastrophe Risk ［J］. Univ. of Chicago Press, Chicago, 1999: 149-189.

［7］ Kunreuther, H. Disaster Mitigation and Insurance: Learning from Katrina ［J］. Annals of the American Academy of Political and Social Science, 2006, 604（1）: 208-227.

［8］ Lewis, C. M. and K. C. Murdock.「Alternative Means of Redistributing Catas trophic Risk in a National Risk Management System」, in: Froot, K. (Ed.), The Financing of Catastrophe Risk, University ofChicago Press, Chicago and London, 1999.

［9］ Priest, G. L., 1996,「The Government, the Market, and the Problem of Catastrophic Loss ［J］. Journal of Risk and Uncertainty」, pp. 12（2-3）219-237.

［10］ Wind 數據庫，中國環境數據庫（EPS）.

[11] 曾軍. 中國國債問題研究 [D]. 成都：四川大學，2003.

[12] 陳東. 建立中國巨災補償基金制度研究 [D]. 成都：西南財經大學，2010.

[13] 陳培善，林邦慧. 極值理論在中長期地震預報中的應用 [J]. 地理物理學報，1973（16）6-24.

[14] 陳棋福，陳凌. 利用國內生產總值和人口數據進行地震災害損失預測評估 [J]. 地震學報，1997（11）：640-649.

[15] 陳香. 福建省臺風災害風險評估與區劃 [J]. 生態學雜誌，2007，26（6）.

[16] 陳曉楠，黃強，邱林，等. 基於混沌優化神經網路的農業干旱評估模型 [J]. 水利學報，2006，37（2）：247-252.

[17] 陳雪君. 巨災補償基金交易制度研究 [D]. 成都：西南財經大學，2011.

[18] 程巍，王金玉，潘德惠. 開放式基金巨額贖回情況下預留現金比例的確定方法 [J]. 數理統計與管理，2005（3）.

[19] 方芳. 中國開放式基金贖回風險的分析與防範 [D]. 成都：西南財經大學，2007.

[20] 高海霞，姜惠平. 巨災損失補償機制：基於市場配置與政府干預的整合性架構 [J]. 保險研究，2011（9）：11-18.

[21] 高海霞，王學冉. 國際巨災保險基金運作模式的選擇與比較 [J]. 財經科學，2012，11：30-36.

[22] 葛全勝，鄒名，鄭景雲，等. 中國自然災害風險綜合評估初步研究 [M]. 北京：科學出版社，2008：234-235.

[23] 谷洪波，顧劍. 中國重大洪澇災害的特徵、分佈及形成機理研究 [J]. 山西農業大學學報（社會科學版），2012（11）：1,164-1,169.

[24] 谷洪波，劉新意，劉芷妤. 中國農業重大干旱災害的分佈、特徵及形成機理研究 [J]. 西南農業學報，2014（1）：369-373.

國家圖書館出版品預行編目(CIP)資料

中國巨災補償基金運作機制研究 / 潘席龍 著. -- 第一版.
-- 臺北市：崧燁文化，2018.08

　　面 ;　　公分

ISBN 978-957-681-459-4(平裝)

1. 災難救助 2. 基金 3. 中國

548.31　　　　107012784

書　名：中國巨災補償基金運作機制研究
作　者：潘席龍 著
發行人：黃振庭
出版者：崧燁文化事業有限公司
發行者：崧燁文化事業有限公司
E-mail：sonbookservice@gmail.com
粉絲頁　　　　　　網　址：
地　址：台北市中正區重慶南路一段六十一號八樓 815 室
8F.-815, No.61, Sec. 1, Chongqing S. Rd., Zhongzheng Dist., Taipei City 100, Taiwan (R.O.C.)
電　話：(02)2370-3310　傳　真：(02) 2370-3210
總經銷：紅螞蟻圖書有限公司
地　址：台北市內湖區舊宗路二段 121 巷 19 號
電　話：02-2795-3656　傳真：02-2795-4100　網址：
印　刷：京峯彩色印刷有限公司（京峰數位）

　　本書版權為西南財經大學出版社所有授權崧博出版事業股份有限公司獨家發行電子書繁體字版。若有其他相關權利及授權需求請與本公司聯繫。

定價：400 元

發行日期：2018 年 8 月第一版

◎ 本書以POD印製發行